역술대가의 숨겨온 필살기

實用 육효학

박재범 · 고윤상

창조명리

▌철학박사 문봉 박재범
- 국제뇌교육대학원 실용명리 전공 주임교수
- 글로벌사이버대학교 동양학과 겸임교수
- 서울교육대학교 평생교육원 동양철학 교수
- 전)서강대학교 경영대학원 외래교수
- 전)동국대학교 동양미래예측학 최고위 과정 지도교수
- 한국동양문화교육원(KOCE) 대표
- 문봉명리학회 회장
- 국가공무원 25년 재직후 명예퇴직
- 2009년 대통령표창(제 171263호 국가사회발전에 이바지한 공로)
- 2020년 사)아시아문화학술원(인문사회21) KCI등재지 학술이사

▌동양학자 흥인 고윤상
- 동국대학교 미래융합교육원 동양철학 교강사
- 국제뇌교육대학원 동양학 석사과정
- 글로벌사이버대학교 동양학과 동양학전공
- 글로벌사이버대학교 동양학과 학생회장
- 현)미소아이디 대표이사
- 국가공인 평생교육사 2급
- 명리, 작명, 육효 강사
- 직업, 적성 심리상담사

명리·관상·육효등 수강 및 문의 : 문봉명리학회 ☎ 031.393.8125

육효를 사랑하시는 분들에게...

나노 사회를 살아가야 하는 현대인들에게는 무엇보다도 올바른 철학과 효율적인 선택적 사고가 너무도 중요한 시기라 할 것입니다. 이러한 시기에 효율적인 메타(META)적 사고방식은 어느 때보다 필요한 시점입니다. 이러한 메타적 사고는 중국 한(漢, 기원전 202년 ~ 220년)대에도 있었습니다. 서한의 경방은 인간이 인식하는 상(象)과 수(數)를 통하여 미래에 대한 효과적인 전략을 수립하고자 하였고 효과적인 전략에는 올바른 선택을 하기 위한 선택적 도구가 필요하게 되었습니다.

모든 상황에 대한 올바른 판단과 선택적 사유방식에서 시작한 것이 경방역전이고 경방역에서 출발하여 현재까지 끊임없이 이용되고 있는 것이 육효학입니다.

육효학은 주역 64괘를 자연의 시간과 공간에 따라 다시 배치하고 음양오행의 상생상극과 육친을 활용하여 인간 삶 속에서 벌어지는 여러 가지 상황에 효율적인 선택을 위한 선택적 도구로써 만들어진

응용 술수역학이라고 할 것입니다.

　한때는 역술의 발전에 말미암아 많은 술수역학에 밀려 육효학이 역학인들로부터 외면당했던 시기도 있었지만 어느 술수역학 보다도 구조적이고 체계적인 술수학이라는 것이 최근 제도권을 통하여 석, 박사 연구 논문들이 발표되고 밝혀짐에 따라 역학인의 관심이 높아 가고 있습니다.

　이 책은 육효의 책들이 술수학의 특성상 사례 중심으로 소개되고 있어 육효학의 과학적 구조와 학리에 대하여 알려지지 못하는 아쉬운 점을 보완하여 실용 역학을 전공하는 분들에게는 술수역학의 기초 교재로 사용할 수 있도록 하고, 명리에 대한 기초적인 지식만으로도 육효를 쉽게 활용할 수 있도록 도표와 그림을 활용하여 익히게 하자는데 그 의의가 있었습니다.

　따라서 실용육효학은 제7장으로 구성하였습니다. 제1장에서는 술수역학의 기원과 역에 대하여 간략하게 소개하였고, 제2장은 육효를 활용하기 위하여 필요한 역학이론들을 정리하였습니다. 제3장은 본격적으로 육효학을 배우기 위한 경방역학의 기초이론을 설명하였고 제4장에서는 육효학의 기본용어와 주요 판단원리를 기술하였습니다. 또한 육효괘반을 작성하는 방법을 설명하여 누구나 괘반을 짜고 이해 할 수 있도록 하였습니다. 제5장은 육효학의 판단원리와 점단례를 통한 활용방법들을 증산복역을 예를 제시하고 풀이방법을 논하였습니다. 제6장은 각 점단의 예를 들어 현대적으로 해석하는 방법을 실었습니다. 마지막으로 복서정종의 십팔문답을 부록으로 구성하여 마무리 하게 되었습니다.

고대로부터 현대까지 복서에서 메타까지 삶을 살아가는 모습과 방법은 모두 다릅니다. 하지만 육효학의 판단과 점단은 예나 지금이나 우리에게는 표현하는 방식이 다를 뿐 미래를 예측하고 대비하려는 인간의 사유의 방식은 어느 시대를 막론하고 같게 표현되어 질 것입니다. 다만 이것을 선택하고 적용하는 방식에서는 개개인의 사유에 따라 다양한 형태로 표현되어 질 뿐 입니다. 이것이 메타의 사회를 살아가는 우리에게 올바른 철학적 사유와 판단을 하기 위한 선택적 도구로 육효가 활용되어져야 하고 올바로 실용육효학을 익혀야 하는 이유입니다.

끝으로 이 책을 기획하고 만들다 보니 술수역학이 현대사회에 올바로 평가 받기 위해 밤낮으로 연구하시고 노력하신 결과물들로 인해 학자님들께 머리가 숙여지게 됩니다. 지면을 빌어 깊은 감사를 드립니다. 선현의 학자님들께서 보시기에 많이 미흡하더라도 큰 변화를 위한 작은 움직임이라 생각하시어 넓은 아량으로 이해해 주시고 질책 해주시기를 바랍니다.

壬寅年 壬寅月
박재범·고윤상

추천사

글로벌사이버대학교 동양학과 학과장
교육학 박사 박영창

육효는 주역의 괘효에 간지를 붙이고 간지 오행의 생극제화 작용으로 당면한 문제의 길흉화복을 해석하는 학문이다. 한대의 경방에 의해 창안된 육효학은 괘를 화출하여 간지에 오행과 육친을 배정하고 통변하는 원리가 명리학과 일맥상통하고 있으며 초창기 명리학의 이론형성에 큰 영향을 주었다. 명리학은 사람이 출생한 년월일시를 사주 팔자로 표출하고 출생시의 대자연의 기운이 사주에 깃들어 있고 그 타고난 음양오행의 기운이 개인의 운명에 영향을 미친다고 보는 학문체계이다.

물론 같은 시각에 출생한 사람이라고 해도 숙명적으로 운명이 정해진 것이 아니고 다양한 사주외적 환경의 영향을 받아 다양하고 복잡한 삶의 궤적을 그리게 된다. 명리학은 출생시에 타고난 음양오행의 기운을 기본으로 삼아 사주 팔자를 생극제화론, 회합형충론, 물상론, 격국론, 용신론, 신살론, 납음론 등의 이론체계로 해석하게 된다. 육효학은 특정한 사건을 질문하는 시점에 내포된 대자연의 기운을 괘효에 간지로 표출하고 오행생극제화론, 형충파해론, 육친론 등의 이론으로 해결책을 찾는다. 명리학과 육효학은 귀신에 의존하는 것이 아니고 특정한 시점에 내포된 대자연의 기운을 간지로 표출하고 음양오행의 생극제화 작용을 이론화한 학설이고, 귀신과 전혀 무관한 것이며, 정연한 이론체계를 갖춘 학문인 것이다.

특정시점에 포함된 대자연의 기운을 간지로 표출하고 음양오행 생극제화의 이론으로 운명을 해석하고 사건을 예측하는 점에서 명리학과 육효학은 일맥상통하는 점이 있다.

본서의 저자인 문봉 박재범 교수님은 제도권의 학자로서 명리학, 관상학, 육효학에 능통하시며 성실하고 너그러운 성품으로 많은 제자를 양성하시고 후학들에게 좋은 가르침을 주시는 분으로 추천인과 오랜 인연을 맺어오신 분입니다. 그리고 공동저자인 고윤상님은 추천인이 학부장으로 재직하던 시기에 동양학과 학생회장을 역임하고 학부를 졸업하신 분으로 재학시절에 교수학생간 친목도모와 학과 발전에 도움을 주신 분이신데, 이번에 평소 친분이 두터운 두 분이 본서를 출간하시는 것을 진심으로 축하드리며 무궁한 발전을 기원하는 마음을 담아 추천사를 쓰는 바입니다.

만물이 소생하는 임인년 봄에 용인의 서재에서
박영창 배상.

법학 석사, 동양학 박사
설 진 관 (薛 鎭 觀)

역(易)을 잘 논(論)한다는 것은 문점자(問占者)가 요구하는 문점사항에 대해 얼마나 가장 근접한 답을 구할 수 있는가 입니다. 그리고 그것은 말장난이나 막연한 추측의 언어적 일탈이 아닌 역학적 논거(論據)에 인간의 순수 감정이 이입될 때 비로소 명확한 판단을 구할 수 있는 것입니다.

수 많은 역학자(易學者)들은 그것을 해결하기 위해 다양한 방법을 연구해왔고 그 결과 육효학(六爻學)의 실효성이 가장 높다는 사실을 알게 되었습니다. 국내에서 1980년대까지는 사주명리학과 더불어 육효학(六爻學)의 연구는 거의 필수과정으로 여겨왔습니다. 육효학(六爻學)이 점학(占學)으로서의 가치는 누구나 주지(周知)한 사실이었지만 그간의 육효학(六爻學)을 다룬 역서들은 대부분 복서정종(卜筮正宗)이나 증산복역(增刪卜易)을 번역했거나 그 일부분을 발췌하는데 지나지 않아 무사자통(無師自通)이 거의 어려운 것으로 여겨졌습니다.

자연스럽게 많은 역학자(易學者)들은 육효학(六爻學)을 배우는데 엄두를 내지 못하게 됨에 따라 작금의 역학자(易學者)들은 물론이고 이름있는 역학자(易學者)들 조차도 육효학(六爻學)을 제대로 아는 이가 드문 현실이 되고 말았습니다.

그러던 중 사계(斯界)의 큰 학자이신 국제뇌교육대학원의 박재범 교수님과 그의 문하 고윤상님께서 『실용육효학(實用六爻學)』을 출간한다는 소식이 들려왔고, 최근 그 원고의 초록을 살펴보는 기회가 있었습니다.

저자들의 『실용육효학(實用六爻學)』에는 기본이론에서부터 작괘법, 납갑법, 비신, 동효와 변효의 통변법, 육수 설시법 등을 자세히 설명하여 육효학(六爻學)이 어렵다는 오해를 일소하기에 충분했고, 특히 6장의 '육효의 통변'은 실제 점학 실례를 실어놓아 육효학(六爻學)을 구체화한 특징이 있다고 할 것입니다. 저자들은 여기에 그치지 않고 육효학(六爻學)의 백미(白眉)라 할 수 있는 '십팔문답(十八問答)'편을 부록으로 삽입하여 입문자에서 전문가에 이르기까지 모두에게 상용되는 훌륭한 지침서임이 틀림없다는 확신이 들었습니다.

육효학(六爻學)은 상수역학(象數易學)의 종결판이라고도 할 수 있습니다. 그런점에서 저자들은 육효학(六爻學)의 정수를 제대로 밝혀놓았다고 할 수 있습니다. 이에 본인은 이 『실용육효학(實用六爻學)』만 제대로 습득할 경우 무불통지(無不通知)의 경지에 이를 것이라는 믿음에 터잡아 사계(斯界)의 모든 역학자(易學者)들에게 실용육효학(實用六爻學)의 일독(一讀)을 권하는 바입니다.

부산 대신동에서
설진관 배상

인하대학교 경영학부 교수
경영학 박사 이익현

  소위 아리스토텔레스의 철학과 스콜라 철학의 후광으로 새로운 형이상학적 방법을 창안한 독일의 철학자 페히너(Gustav Theodor Fechner)는 귀납적 형이상학의 3대 원칙을 주장했다. 그 하나는 유비추리(類比推理)이고, 그 둘은 실용성의 원리이며, 마지막 원칙은 오랜 전통을 지닌 문화 등의 이론은 개연성이 높으므로 무시해서는 안된다는 것이다.

  易經이 伏羲氏부터 현재에 이르기까지 수천 년의 세월을 전해져 내려오고 있다는 것은 그만큼 연구할만한 가치가 있다는 의미이다. 이러한 易經을 근원으로 五行說을 도입하여 이로부터 파생되는 상생, 상극의 이론으로 卦爻를 해석한 한나라 초기의 경방에 의해 창시된 학문이 발전되어 현재에 이르게 된 학문이 육효학(六爻學)이다.

  육효학은 그 본질이 占學이며 따라서 占卜人의 直觀을 전제로 한다. 여기서의 직관은 일반적인 의미의 직관이 아니라 수십 년의 경험과 시행착오를 거쳐 형성된 전문가 직관을 의미한다. 즉 오행의 공식

만으로 쉽게 접근할 수 있는 이론이 아니라 卦象을 살피고 그 안에 숨어 있는 내용까지도 해석할 수 있는 오랜 경험을 바탕으로 하는 뛰어난 직관이 필요하다는 것이다. 하지만 오랜 경험도 좋은 지침서와 참된 스승이 있으면 충분히 극복할 수 있다. 이번에 이러한 경험의 보완과 함께 육효학의 숨어 있는 내용까지도 해석할 수 있도록 육효의 길잡이가 될 수 있는 寶書가 출간되었다. 문봉 박재범 교수님의 『실용육효학』이 바로 그것이다.

교수님은 지난 30여 년 동안 占學을 비롯하여 相學과 命學 등 東洋五術의 모든 분야를 넘나들며 수많은 강의와 실관 경험을 거쳐오셨다. 그럼에도 불구하고 거듭하여 출간을 미루시다가 수많은 弟子들과 同道들의 성원에 이끌려 그동안의 강의와 현장에서 축적된 지식을 이번 기회에 한 권의 책으로 執筆하셨다. 그동안 육효학과 관련된 적지 않은 책들이 세상에 나왔으나 책을 접할 때마다 어느 정도 답답함이 없지 않았다. 그러나 이번에 발간된 박재범 교수님의 역작은 그동안 육효와 관련된 연구를 하면서 궁금했었거나 이론상 답답하게 생각했던 同道諸賢들의 疑問들을 시원하게 해결해 줄 것이라 믿어 의심치 않는다. 육효학을 사랑하는 사람으로서 이렇게 육효학에 대한 제대로 된 책 한 권이 세상에 첫선을 보이게 된 것을 다시 한번 기쁘게 생각한다.

제1장 역(易)과 점(占)

1. 역(易)이란 · 18
2. 역경(易經)의 기원(起源)과 발전(發展) · · · · · · · 19
3. 복(卜)과 서(筮) · 21
4. 상수역(象數易)과 의리역(義理易) · · · · · · · · · · 23

제2장 역(易)의 기초(基礎)

1. 하도(河圖)와 낙서(洛書) · · · · · · · · · · · · · · · · 28
2. 음양(陰陽)과 오행(五行) · · · · · · · · · · · · · · · · 30
3. 천간(天干), 지지(地支), 육십갑자(六十甲子), 공망(空亡) · · 36
4. 왕상휴수사(旺相休囚死) · · · · · · · · · · · · · · · · 39
5. 합(合), 충(冲), 형(刑), 파(破), 해(害) · · · · · · · · · 40
6. 육십갑자(六十甲子) 납음(納音) · · · · · · · · · · · · 43

제3장 육효(六爻)의 기초(基礎)

1. 육효학(六爻學) · 46
2. 괘(卦)와 효(爻) · 47

   3. 사상(四象)과 팔괘(八卦)의 형성(形成) ········ 49
   4. 팔궁(八宮)과 육십사괘(六十四卦) ·········· 52
   5. 팔궁(八宮)의 함의(含意) ················ 58

제4장 육효의 기본(基本)

   1. 괘(卦)를 얻는법 ···················· 68
   2. 육효의 구성(構成)과 괘반 작성법 ·········· 77
   3. 월건(月建)과 일진(日辰) ··············· 82
   4. 육효팔궁(六爻八宮)과 납갑납지(納甲納支) ····· 91
   5. 비신(飛神)과 복신(伏神) ··············· 95
   6. 생왕묘절(生旺墓絶) ·················· 96
   7. 동효(動爻)와 변효(變爻) ··············· 99
   8. 육친(六親) ······················ 101
   9. 육수(六獸) ······················ 109
  10. 괘신(卦身)과 신명(身命) ·············· 117

제5장 육효의 응용(應用)

   1. 세응론(世應論) ···················· 120
   2. 용신론(用神論) ···················· 123
   3. 효위론(爻位論) ···················· 134
   4. 오행생극론(五行生剋論) ··············· 139
   5. 팔신(八神)과 팔효(八爻) ·············· 146
   6. 반음(反吟)과 복음(伏吟) ·············· 147
   7. 진신(進神)과 퇴신(退神) ·············· 151
   8. 회두생(回頭生)과 회두극(回頭剋) ········· 153

9. 일충(日沖)과 월파(月破) ·················· 155
10. 관귀(官鬼) ·································· 164
11. 독정(獨靜), 독발(獨發), 진정(盡靜), 진발(盡發) ····· 174
12. 양현(兩現) ································· 180
13. 공망(空亡) ································· 183
14. 육효의 합(合)과 충(沖) ·················· 191
15. 응기(應期) ································· 206

제6장 육효의 통변(通變)

1. 신수점(身數占) ····························· 210
2. 공명점(功名占), 구직점(求職占) ········ 219
3. 대인점(待人占), 소식점(消息占) ········ 226
4. 천시점(天時占) ····························· 233
5. 혼인점(婚姻占) ····························· 238
6. 질병점(疾病占) ····························· 245
7. 구재점(求財占), 재수점(財數占) ········ 250
8. 수명점(壽命占) ····························· 256
9. 부부점(夫婦占) ····························· 261
10. 출산점(出産占), 임신점(姙娠占) ······ 264
11. 실물점(實物占) ····························· 268
12. 관재점(官災占), 소송점(訴訟占) ······ 274
13. 가택점(家宅占) ····························· 279
14. 출행점(出行占) ····························· 283
15. 매매점(賣買占) ····························· 287
16. 시험점(試驗占) ····························· 292

17. 이사점(移徙占) · 297
18. 평생점(平生占) · 299

제7장 부록
육효(六爻) 십팔문답(十八問答) · · · · · · · · · · · · · · · · · 302
참고문헌(參考文獻) · 315

제 1 장
역(易)과 점(占)

1. 역(易)이란
2. 역경(易經)의 기원(起源)과 발전(發展)
3. 복(卜)과 서(筮)
4. 상수역(象數易)과 의리역(義理易)

제1장 역(易)과 점(占)

1. 역(易)이란?

중국 최초의 자전인 『설문해자』에 의하면 易이란? 석역(蜥易), 언정, 수궁 등으로 불리는 도마뱀의 일종으로 도마뱀의 색깔이 변하는 것처럼 두루 바뀐다는 의미를 가진 상형(象形)문자이다.

비서(秘書)에 의하면 음양의 뜻에 따라 일(日)과 월(月)을 합하여 易을 만들었다 라고 하였고, 주역『계사전 上』편에 의하면 易은 하늘과 땅이 서로 움직이고 교감하여 형상을 만들었고 일정한 원칙과 분별에 따라 만들어진 형상들이 각각의 자리를 이룸으로써 만물이 곡진하게 살아 변화되어 가는 과정이라고 하였다.

易은 인류의 삶 속에 나타나는 구체적인 조짐들은 항상 변화(변역變易)하고 있으며 이 변화들은 아주 간단한 원리로 변화(간역簡易)하고 있고 변화되는 모든 사물과 현상들(조짐)은 변하지 않는 원칙(불역不易)을 통하여 우주 만물에 대한 생성 원리와 과정을 말해주고 있다.

2. 역경(易經)의 기원(起源)원과 발전(發展)

중국의 황하문명에서 시작된 고대의 사람들은 만물이 변화하는 원리는 하늘과 땅에 있다고 생각하였다. 하늘(해, 달, 별, 바람, 비)의 일정하고 변하지 않은 현상을 따라 땅(地)이 순응하여 자연이 만들어졌고, 모든 생명체는 생성변화 되는 자연속에서 존재할 수 있었기 때문이다.

자연 속에서 인간은 어느 생명체보다도 뛰어난 지혜를 통하여 하늘과 땅의 변화와 사물을 음(━ ━)과 양(━)으로 구분하기 시작한다. 역은 모든 사물과 현상을 음양으로 구분하고 기록하는 데서 역경이 시작되었다.

역의 기원은 일찍이 반고(班固)의 『한서(漢書)』「예문지(藝文志)에 "역의 도는 깊고 넓어서 사세 사람의 성인과 세 시대를 거쳐 발전하였다."라고 하였다.[1]

역경은 기원전 4800년경 하도와 낙서에서 유래 하였다고 전한다. 전설에 따르면 황하에 나타난 등에 그림이 그려져 있는 말이 나타났고, 낙수에서 등에 문자가 새겨진 거북이가 출현한 것을 보고 복희씨에 의하여 선천팔괘가 만들어지고, 문자로 표현되기 전 8개의 대표적인 괘상을 통하여 3천5백년의 긴 기간 동안 사용되어지기 시작하였다. 이후 요순시대를 거쳐 기원전

---

1) 易道深矣, 人更三聖, 事歷三古

1200년경 은나라 말기에 주나라 문왕이 유리에 갇혀 있을 때 복희씨의 선천팔괘를 근거로 하여 후천팔괘(문왕팔괘)와 64괘가 만들어지게 된다. 공자가 출현하기전 6백년동안 순수 부호로서의 8괘를 중첩하여 우주 만물의 변화를 설명하는 법칙의 체계를 갖추게 되는데 이는 복서(卜筮)를 통하여 우주 만물의 변화를 하늘에 뜻을 묻고 순응하고자 하는 사회적 분위기를 반영한 것이었다. 이 시기 변화한다는 의미의 易이라는 글자를 사용하기 시작하였고 조잡하기는 하지만 복서의 기록을 통하여 미래를 대비하는 기능을 포함하게 된다.

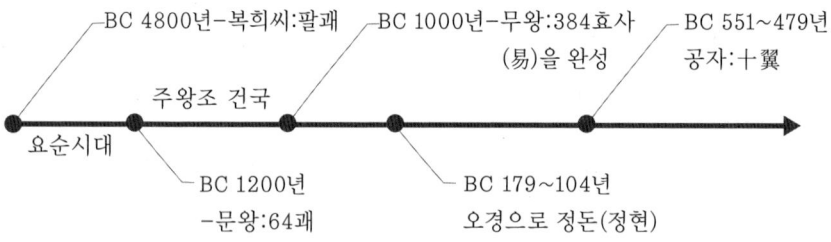

기원전 1000년경 무왕에 의해 상나라가 무너지고 주나라가 건국된후 384효를 지어 역경을 완성하였다. 역경의 종류에는 신농씨『연산역』, 헌원씨『귀장역』, 그리고 주나라의『주역』등 삼역설(三易說)이 전해지고 있다. 주나라 관제를 적은 책인『주례(周禮)』에는 '태복이 삼역의 법을 관장하는데 첫째는『연산역』, 두번째는『귀장역』, 세번째는『주역』이며 근본이 되는 괘는 여덟 개이며 모두 육십사괘가 있다.'라고 한다. 하지만 현재는 연산역과 귀장역은 전해지지 않고 주나라의 주역(周易)만이 현재까지 전해진다.

BC 550년경 공자는 알 수 없는 신명(神明)의 가르침에서 벗어나 인간중심의 철학적 유가 이론서로서의 역으로 발전하게 된다. 공자는 단전上下, 상전上下, 계사전上下, 설괘전, 서괘전, 잡괘전등 10편을 차례로 짓고 역경을 주석한 역전을 완성하였다.

이후 십익(十翼)이라 명(名)하고 한무제때 동중서(董仲舒.BC.176?-BC.104) 중국 전한(前漢)시대의 유학자에 의하여 『주역』이 『시경』, 『상서』, 『예기』, 『춘추』와 함께 오경(五經)에 포함되게 된다. 주역은 역경과 역전이 분리되어 연구되어 전해 오다가 한말(漢末) 정현(鄭玄?)[1] 에 의하여 역경과 역전이 결합된 형태로 현대까지 이어져 내려 오는 것이 오늘날의 주역이다.

3. 복(卜)과 서(筮)

고대로부터 인간은 삶의 미래에 대한 불안과 공포를 점(占)을 통해 하늘의 뜻(조짐)을 미리 가늠하여 대비 하고자 하였다. 따라서 자연 변화에 순응하여 살아야 하는 인간에게는 일찍부터 복서(卜筮)가 발달하게 되었다.

『설문해자』에 의하면 卜은 거북의 등껍질이나 동물의 뼈를

---

1) 정현(鄭玄 ?) 중국 후한(後漢)시대의 유학자

태워 그 갈라지는 모습을 보는 등의 방법을 통해 길흉을 점치는 것이고, 서(筮)는 시초(蓍草)라는 풀을 가지고 그 수(數)를 헤아려 괘상을 보고 길흉을 점치는 것을 말한다.

卜筮는 점친 결과를 말하는 것이라고 하면 占은 점친 결과의 길흉을 판단하는 것을 말한다. 처음에는 복서를 전문적으로 담당하는 관직을 두고 국가의 대사를 점쳐 담당하게 하였다.[1]

주역 64괘 384효는 상고시대부터 지속적으로 점을 친 결과를 기록한 점서이다. 占이란 앞으로 다가올 일에 대해 미리 알고 대비하고자 하는 지혜의 도구였다.

과거 순자(BC. 298~236)는 "易을 잘하는 자는 占을 치지 않는다."[2] "현명함으로 어리석음을 대신한다면 卜을 칠 필요 없이도 길흉을 알게 되고, 다스림으로 어지러움을 정리하고, 전쟁하지 않고도 승리하는 법을 알게 된다"[3] 점을 칠 필요가 없다는 것을 역설하기도 하였지만 이는 占이 특별한 능력이 있거나 합리적인 판단을 할 수 있는 사람만이 하는 것이 아니고 누구나 이성적이고 합리적으로 점을 활용하여 미래를 대비할 것이며 점에 의존하지 말 것을 경계하려 하는 것이다.

易이 천지와 더불어 서로 같은지라 그러므로 어기지 아니하나니, 그 지식은 만물에 두루 미치고, 道는 천하를 구제하는지라 그러므로 잘못되지 아니하며 두루 행해도 흘러 넘치지 아니하여 하늘을

---

1) 『尙書』「洪範」稽疑
2) 『筍子』善爲「易」者不占, 善爲「禮」者不相, 其心同也.
3) 『筍子』以賢易不肖, 不待卜而後知吉. 以治伐亂, 不待戰而後知克.

즐거워하고 命을 아는지라 그러므로 근심치 아니하며 (자신의) 땅에 편안히 해서 아주 인자한지라 그러므로 능히 (만물을) 사랑하나니라. 천지의 변화함을 본떠서 그 범위를 벗어나지 않으며 만물을 극진히 이루어서 빠뜨리지 아니하며, 밤낮의 道에 통하여 아는지라. 그러므로 神은 (일정한) 방소가 없고 易은 (정해진) 몸체가 없느니라. 한번은 음으로 변화하고 한번은 양으로 변화함을 道라고 하니 이를 잇는 것은 善이오, 이를 이룬 것은 性이라. 인자한 자가 보고 仁이라 하며, 지혜로운 자가 보고 知라 이른다.[1]

이렇듯 易과 占은 천지만물의 변화 현상과 인간사의 삶을 연구해 낸 점서이자 철학으로써의 인간문화의 결실이다.

4. 상수역(象數易)과 의리역(義理易)

공자가 「十翼」을 지어 『역경』을 완성한 이후 사마천의 『사기』, 반고의 『한서』, 범엽 『후한서』등에서는 역경은 상수역과 의리역으로 나뉘어져 연구, 발전되었다고 한다.

상수(象數)역이란 상(象)과 수(數)를 합한 개념으로 상(象)은 해(日), 달(月), 남(男), 여(女)의 형상을 말하며 수(數)는 사물의 형상을 수(數)로 나타낸 것이다.

---

1) 『繫辭傳』 : 與天地相似 故 不違, 知周乎萬物而道濟天下 故 不過 旁行而不流 樂天知命 故 不憂 安土 敦乎仁 故 能愛. 範圍天地之化而不過 曲成萬物而不遺 通乎晝夜之道而知. 故 神无方而易无體. 一陰一陽之謂 道 繼之者 善也 成之者 性也. 仁者 見之 謂之仁 知者 見之 謂之知.

역경은 괘(卦)와 괘사(卦辭) 그리고 384개의 효(爻)와 효사(爻辭)가 있다. 상수역은 역경의 괘상과 괘의 변화를 중심으로 연구하여 길흉을 판단하게 된다. 상수역의 학자로는 한(漢)나라 맹희, 경방, 초연수 등이고 송(宋)나라의 진단, 소옹등이 대표적이다.

상수역은 공자가 상구에게 상구는 초나라 한비자홍과 강동사람 교자용자에게 연나라 주자가수, 광자승우에게 광자승우는 제나라 전하에게 전수한 이후 전하는 우관, 복생, 양하에게 우관은 전왕손에서 전왕손은 시구, 맹희, 양구하에게 전수하였고 맹희는 초연수에게 초연수는 경방에게 전해졌다.

현대에는 경방의 『경씨역전』만이 전해지고 있다. 경방의 역학 이후 상수역은 관방역과 민간역으로 구분되고 관방역은 금문과 고문으로 나뉘어져 연구된다. 상수역은 음양이나 천인감응 등을 배제하고 오로지 각종 도식을 통해 역경을 설명 하는 것이지만 소옹은 황극경세도에 천인 감응을 반영하여 인류 역사의 발전과정을 상수로써 설명하고자 하였다.

의리역은 역경의 괘와 괘사, 효사등의 의미와 이치로써 해석하고 설명하는 것이다. 의리역의 대표적인 학자인 왕필은 도식을 통한 역경의 해석방법이 아닌 괘사등에 나타난 사물의 특징을 중심으로 연구하였다. 의리의 기본적인 관점은 사물의 의미를 올바로 알면 사물의 특징을 이해할수 있다는 역경의 새로운 관점이었다. 왕필이후 송대 호원, 정이, 이굉, 양만리 등으로 의리역은 계승 발전 되었다.

　상수역은 함축된 의미로 표현된 괘와 괘사를 도식과 수를 통해 해석함으로써 역경을 인간에게 필요한 점서로서 활용될 수 있도록 하였다. 반면 의리역은 점서로서의 기능적인 측면보다 국가와 백성이 함께 행복해지는 방법론적으로 연구, 발전 되었다, 상수역과 의리역은 다른 시각에서 발전되었지만 현대의 역학은 길흉을 판단하는 기능과 행복해지는 지혜를 제시하는 방법으로써 상호 보완적으로 함께 발전되어져야 할 것이다.

제 2 장
역(易)의 기초(基礎)

1. 하도(河圖)와 낙서(洛書)
2. 음양(陰陽)과 오행(五行)
3. 천간(天干), 지지(地支), 육십갑자(六十甲子), 공망(空亡)
4. 왕상휴수사(旺相休囚死)
5. 합(合), 충(冲), 형(刑), 파(破), 해(害)
6. 육십갑자(六十甲子) 납음(納音)

제2장 역(易)의 기초(基礎)

1. 하도(河圖)와 낙서(洛書)

"「하도」는 복희씨가 천하에 왕 노릇할 때에 황하에서 용마가 출현하니, 마침내 그 문양을 본받아 8괘를 만들었다. 「낙서」는 우임금이 치수할 때에 신령한 거북이 등에 무늬를 보고 9개의 수가 있어 우임금이 그 순서에 따라 9류를 만들었다."[1]

하도와 낙서는 천도의 변화를 오행의 상생상극의 이치를 통해 아래로는 북쪽(水), 위로는 남쪽(火)을, 왼쪽으로는 동쪽(木) 오른쪽으로는 서쪽(金)을, 그리고 중앙으로 중앙(土)방위를 나타내고 있다.

하도의 검은 점은 짝수로 흰 점은 홀수로 되어있어 흑백으로 음양을 구분하고 있다. 1. 3. 5. 7. 9는 홀수로 양을 나타내고 2. 4. 6. 8. 10은 짝수로 음수 지수(地數)라고 한다. 하도는 양수를 모두 더하면 25가 되고 음수를 모두 더하면 30이 된다. 음양을 모두 더하면 55수를 가지게 된다. 하도의 구성은

---

[1] 완역 성리대전 역학계몽1,학고방, 2018

1. 2. 3. 4. 5의 처음 생겨난 생수에 5를 더해서 만들어진 6. 7. 8. 9. 10의 완성된 성수와 함께 생수는 안쪽에 성수는 밖에 위치하여 짝을 이루고 있다. 이 짝에 오행을 결합하여 상생의 관계를 이루고 있다.

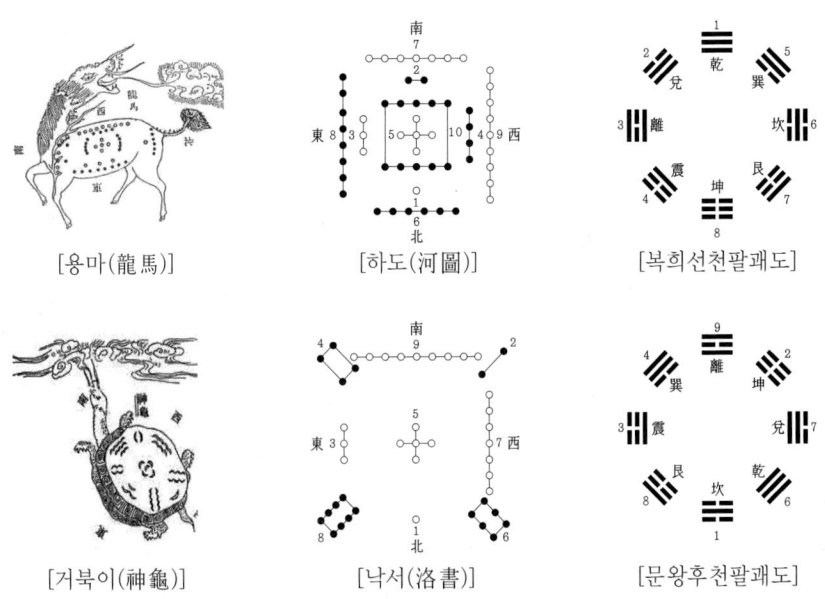

[용마(龍馬)]   [하도(河圖)]   [복희선천팔괘도]

[거북이(神龜)]   [낙서(洛書)]   [문왕후천팔괘도]

낙서에서는 중앙의 10이 빠져서 1에서 9까지의 수로 이뤄지며 전체를 합하면 45가 된다. 하도는 왼쪽으로 돌아가면서 생(生)을 이룬다면 낙서는 오른쪽으로 돌아가며 극(克)을 하고 있다.

수(水)	화(火)	목(木)	금(金)	토(土)
1,6	2,7	3,8	4,9	5,10

하도와 낙서는 주역의 근원이자 모든 역학의 핵심 원리로 오

행의 수리와 음양오행 이론의 하나로 역학의 한 부분이다.

2. 음양(陰陽)과 오행(五行)

1) 음(陰)과 양(陽)

『계사전 上』에는 '어떠한 변화에도 한결 같이 한번 음하고 한번 양하는 것을 도(道)'라고 한다.[1)]

역경은 음(━ ━)괘와 양(━)괘로 구성되는데『설문해자』에는 '태양의 빛을 받는 상태를 陽이라 하고 태양의 빛을 보지 못하는 상태를 陰'이라 하였다. 음은 어둡다는 것으로 물의 남쪽, 산의 북쪽을 말하며, '흐릴 음(霒)에서 雲자를 생략하고 언덕 皇를 뜻하는 阝를 붙여 음(陰)이라고 하였다'고 한다. '陽은 양(昜)으로 연다는 의미로 一자와 勿자를 합하여 길다, 굳센 것이 많다'는 의미라고 한다. 이렇듯 원시 시대에는 모든 자연의 법칙과 사물의 형상을 표현한다.

이후 음양은 남북등의 방위와 천기(天),기후(氣候)를 나타내는 의미로 사용되었고, 춘추시대에는 육기(六氣)중 '이기(二氣)로 파악하여 음양이 실체적인 존재로써 발전되었다.[2)] 뿐만

---

1) 『繫辭傳 上』'一陰一陽之謂 道'
2) 『春秋左傳』「僖公十六年」"君失問, 是陰陽之事, 非吉凶所生也",「文公四年」"於是乎賦湛露, 則天子當陽,諸侯用命也",「襄公二十八年」陰不堪陽",「昭公元年」"六氣

아니라 강유, 진퇴, 부귀등 추상적인 것에도 음양으로 구분해 부여하여 진한 시대에는 천문관과 자연관 그리고 사회관의 핵심사상으로 발전하였다.

『황제내경』에는 "음양과 사계절의 운기란 만물의 시종이며 근본이라 도를 얻은 것이고 이를 따르면 재해나 악질이 생기지 않는다. 따라서 음양은 천지의 도로써 만물의 기강이고 변화의 부모이며 생사본시 이고 신명의 창고다."라며 음양을 천지 만물의 근본으로 보고 음양은 서로 반대의 성질을 가지고 있지만 상보적인 관계로 음이 있으면 양이 있고 양이 있으면 음이 반드시 있다. 즉 반대되는 모든 개념들을 상징하고 음양의 운동을 통해 만물이 서로 대립하고 의존하면서 형성, 변화, 발전하여 생존 한다고 하였다.

음			양		
역(易)	육효(六爻)	동효	역(易)	육효(六爻)	동효
--	∥	∦	—	│	✗

역은 음양에서 출발하였다. 천지가 생기기 이전을 무극이라고 하며 무극이 동하여 시공간에서 하나의 기(氣)가 되고 하나의 기가 음양으로 나뉘어 양의(兩儀)가 되고 음양이 변화하여 사상을 형성하고 사상이 음양과 합하여 팔괘가 되었다고 한다.

日陰·陽·風·雨·晦·明也",「昭公四年」"陽城大室:則冬無愆陽, 夏無伏陰, 春無凄風","昭公二十一年」"陽不克也",「昭公二十四年」"無陽猶不克, 陽不克莫, 王及圍陽而還"

또한 『주역』 「설괘전」에서는 괘효를 음양으로 보고 "음과 양을 나누고 강유를 번갈아 쓰는 까닭에 역은 육위(六位)로써 변화의 양상을 내보이게 된다.[1]

> "옛날 성인께서 「易」을 지음에 그윽이 신명의도를 알아 시초를 사용해 卦를 구하는 법을 창출하고, 天圓地方의 數를 三, 二의 數에 의거해 파악하며, 陰,陽의 구조에서 변화를 살펴 괘를 수립하고, 강유의 체계에서 변화양상을 발휘하여 변동의 爻를 얻어내, 그로써 도덕에 화순하고 의리에 합당하게 하여 窮理盡性하여 天命에 이르도록 하였다.[2]

이렇듯 음양은 천지만물의 변화와 생성을 주관하는 근본정신으로 인식하고 사용되어져 왔다. 우주만물의 변화의 과정을 통해 발전된 음양은 추연(鄒衍)과 동중서에 의해 체계화된 음양오행설로 구조화 되었다.

2) 오행과 상생상극(相生相克)

오행의 원초적인 의미는 자연계의 다섯가지 물질이다. 고대로부터 이어오던 오행개념을 전국시대 "추연"이 역사변화(인간사)의 원리인 오행 상생상극 원리로 설명함으로써 오행은 상호작

---

[1] 「說卦傳」第二章. "昔者聖人之作易也, 將以順性命之理. 是以立天之道, 曰陰與陽. 立地之道, 曰柔與剛. 立人之道, 曰仁與義. 兼三才而兩之, 故易六畫而成卦. 分陰分陽, 迭用柔剛, 故易六位而成章".
[2] 「說卦傳」第一章. "昔者, 聖人之作易也, 幽贊神明而生蓍. 參天兩地, 而倚數. 觀變於陰陽, 而立卦. 發揮於剛柔, 而生爻. 和順於道德, 而理於義, 窮理盡性, 以至於命".

용을 일으키는 활물(活物)이 되었다. 오행의 "행"은 움직임을 뜻하고 다섯가지 물질이 서로 상호관계 속에서 작용을 주고 받으면서 유기적으로 움직이는 자연계를 설명하는 개념으로 사용하고 있다.

오행으로는 목(木), 화(火), 토(土), 금(金), 수(水)를 말하며 서로 상호작용을 하고 있다.

> 나무는 덮어 씌워진 것이니, 땅의 덮개를 뚫고 나오는 것이다. 글자가 '싹틀 철(屮)'자의 아래에 뿌리가 난 것이며, 그 때는 봄이다. 화는 타오르는 (염화 炎火)것으로, '불꽃 炎'자의 위에 있는 '불 火'자를 형상화한 것이고, 그 때는 여름이라고 했다. 토는 토하는[吐] 것으로, 정기를 머금기도 하고 토하기도 해서 물건을 내는 것이라고 했다. 金은 금지시키는 것으로, 음기가 처음 일어나서 만물이 금지되는 것이다. 土가 金을 낳고, 글자에 土자가 들어 있으며, 土자 양옆의 점 ' ; '은 금이 흙[土] 속에 들어 있는 형상이고, 그 시절은 가을이라고 했다. 水는 그 글자가 샘물이 합쳐져 흐르고, 가운데에는 陽의 기운이 미미하게 있음을 상징한 것으로, 시절로는 겨울이라고 했다.[1]

'오행(五行)'은 『상서』에 최초로 등장한다.[2] 『상서』「洪範」편

---

1) 蕭吉,『五行大義』金秀吉, 尹相喆譯,『五行大義』, "木者, 冒也. 言冒地而出, 字從屮 下象其根也 其時-春, 火者, 炎上也. 其字炎而上象形者也. 其時-夏, 土者, 吐生 者也, 金者, 禁也. 陰氣始起, 萬物禁止也. 土生於金, 字從左右注象金在金在土 中之形也. 其時-秋也, 其字象泉並流, 中有微陽之氣. 其時-冬. 尸子云 : 冬, 終 也. 萬物至此終藏也".
2) 「甘誓」,「洪範」등 2부분에 나타남.

에 나타난 오행은 첫째가 물이고, 둘째가 불이며, 셋째가 나무이고, 넷째가 쇠이며, 다섯째가 흙이다. 물은 아래로 흐르고, 불은 위로 타오르며, 나무는 휘어지거나 곧은 것이고, 쇠는 구부릴 수 있으며, 토는 곡식을 생산한다. 아래로 흐르는 물은 짠맛이 나고, 위로 타오르는 불은 쓴맛이 나며, 휘어지거나 곧은 나무는 신맛을 내고, 마음대로 구부러지는 쇠는 매운맛을 내며, 곡식을 생산하는 흙은 단맛이 난다.[1]

자연의 생장소멸(生長消滅)에 관한 이론체계이다. 오행설은 추연에 의하여 이론체계로 발전하여 오행이 목, 화, 토, 금, 수의 순서로 서로 생하고 목은 토를 극하고 화는 금을 극하며 토는 수를 극하고 수는 화를 극한다는 상생상극 이론이다.

오행의 상생상극은 오행의 상극이 자연의 법칙뿐 아니라 인간의 삶에 동일하게 적용된다는 추연의 오덕종시설에 근거를 둔다. 오덕종시설은 자연의 법칙을 왕조의 흥망성쇠에 적용함으로 왕조의 정통성이 순리임을 주장한 이론으로 예를 들면 "황제의 土德을 하왕조의 木德이 이겨내고 하왕의 木德을 상왕조의 金德이 이기고 상왕조의 金德을 주왕조의 火德이 이긴다."는 주장이다.

동중서는 오행의 이치를 논리적이고 도덕적으로 적용하여 인

---

[1] 『尙書』「洪範」"五行, 一曰水, 二曰火, 三曰木, 四曰金, 五曰土, 水曰潤下, 火曰炎上, 木曰曲直, 金曰從革, 土爰稼穡, 潤下作鹹, 炎上作苦, 曲直作酸, 從革作辛, 稼穡作甘"

간답게 살수있도록 체계화 하는데 노력하였다.

> 하늘에는 五行이 있으니 첫 번째가 木이고, 두 번째가 火이며, 세 번째가 土이고, 네 번째가 金이며, 다섯 번째가 水이다. 木은 五行의 시작이고, 水는 五行의 끝이며, 土는 五行의 가운데이다. 이것은 하늘이 지은 질서의 순서이다. 木은 火를 生하고, 火는 土를 生하며, 土는 金을 生하고, 金은 水를 生하며, 水는 木을 生한다. 이것이 父子관계이다. 木은 왼쪽에 있고, 金은 오른쪽에 있고, 火는 앞에 있으며, 水는 뒤에 있고, 土는 中央에 있다. 이는 그 父子의 순서인 것이다. 서로 받아 넓게 펴는 것으로 木은 水를 받고, 火는 木을 받고, 土는 火를 받고, 金은 土를 받고, 水는 金을 받는데, 주는 자는 모두 父가되고, 받는 자는 모두 자식이 된다. 받는 것을 인연으로 그 父가 그 자식이 따르도록 하는 것이 天의 道가 되는 것이다. 그러므로 木이 이미 生하여 火를 길러내고, 金이 이미 죽었을 때는 水가 그 안에 감추어져 있으니, 火는 木을 만나서 陽을 길러내고, 水는 金을 剋하여 죽임으로 陰이 자라고, 土가 火를 섬김에 충성을 다하므로, 五行이란 孝子와 忠臣의 행위인 것이다. [1]

한초 유안의 『회남자』에서는 천지의 운행방법과 28수에 오행이 나타나 있으며, 『백호통의』에서는 현재 사용되고 있는 오행과 거의 일치하며, 인체의 오장에 배치된 오행이 황제내경과 일

---

1) 鍾肇鵬編,『春秋繁露校釋』, 河北人民出版社,"有天五行 一曰木 二曰火 三曰土 四曰金 五曰水, 木 五行之始也, 水 五行之終也, 土 五行之中也, 此其天次之序也, 木生火 火生土 土生金 金生水 水生木 此其父子也, 木居左 金居右 火居前 水居後 土居中央此其父子之序, 相受而布 是故木受水而火受木 土受火 金受土 水受金也, 諸授之者皆其父也 受之者 皆其子也, 常人其父以使其子 天之道也, 是故木已生而火 養之, 金已死已水藏之, 火樂木而養以陽 水剋金而喪以陰, 土之事火竭其忠 故五行者 乃孝子忠臣之行也".

치하고 있음을 알 수 있다.

臟은 '肝·心·脾·肺·腎.' 色은 '靑·赤·黃·白·黑.' 時는 '春·夏·長夏·秋·冬.' 日은 '甲乙·丙丁·戊己·庚辛·壬癸.' 味는 '酸·苦·甘·辛·鹹.' 音은 '角·徵·宮·商·羽.'로 배속하였다.[1]

[오행 상생상극도]

이렇듯 오행의 상생상극은 음양과 더불어 인간의 삶에 꼭 필요한 기본적인 요소를 다양한 방법으로 표현한 것이다.

3. 천간(天干), 지지(地支), 육십갑자(六十甲子), 공망(空亡)

1) 10천간(天干)과 12지지(地支)

---

[1] 『黃帝內徑靈樞下』, 黃帝曰 : 願聞五變. 岐伯曰 : 肝爲牡藏, 其色靑, 其時春, 其音角, 其味酸, 其日甲乙 ; 心爲牡藏, 其色赤, 其時夏, 其日丙丁, 其音徵, 其味苦 ; 脾爲牝藏, 其色黃, 其時長夏, 其日戊己, 其音宮, 其味甘 ; 肺爲牡藏, 其色白, 其音商, 其時徵, 其日庚辛, 其味辛 ; 腎爲牡藏, 其色黑, 其時冬, 其日壬癸, 其音羽, 其味鹹.是爲五變". 崔亨株譯,

간지(干支)는 10천간과 12지지을 총칭하는 말이다. 십천간(十天干)은 하늘의 기운을 글자로 나타낸 것으로 갑, 을, 병, 정, 무, 기, 경, 신, 임, 계(甲乙丙丁戊己庚辛壬癸)의 10가지가 있고, 십이지지(十二地支)는 하늘에 있는 기운이 내려와 땅에 시간과 공간을 나태낸 글자로 자, 축, 인, 묘, 진, 사, 오, 미, 신, 유, 술, 해(子丑寅卯辰巳午未申酉戌亥)를 말한다.

오행	목(木)		화(火)		토(土)		금(金)		수(水)	
천간	甲	乙	丙	丁	戊	己	庚	辛	壬	癸
천간음양	+	-	+	-	+	-	+	-	+	-
후천수	3	8	2	7	5	10	4	9	1	6
지지	寅	卯	巳	午	辰	戌	丑	未	申	酉	亥	子
지지음양	+	-	-	+	+	-	-	+	+	-	-	+
방위	동(東)		남(南)		중앙(中央)		서(西)		북(北)	
계절	봄(春)		여름(夏)		사계(四季)		가을(秋)		겨울(冬)	
오색	청(靑)		적(赤)		황(黃)		백(白)		흑(黑)	
오장	간(肝)		심(心)		비(脾)		폐(肺)		신(腎)	
육부	담(膽)		소장(小腸)		위(胃)		대장(大腸)		방광(膀胱)	
오미	신맛(酸)		쓴맛(苦)		단맛(甘)		매운맛(辛)		짠맛(鹹)	
오관	눈		혀		입		코		귀	
음오행	ㄱ,ㅋ		ㄴ,ㄷ,ㄹ,ㅌ		ㅇ,ㅎ		ㅅ,ㅈ,ㅊ		ㅁ,ㅂ,ㅍ	

[오행의 분류-천간,지지]

지지는 지상의 변화를 계절과 방위등 12동물로 표현하여 다양한 의미가 내재 되어있다. 10간과 12지지의 음양과 오행 배속은 위의 표와 같다.

2) 육십갑자(六十甲子)

천간과 지지가 합하여 구성된 것으로 천간 10개 즉, 갑(甲), 을(乙), 병(丙), 정(丁), 무(戊), 기(己), 경(庚), 신(辛), 임(壬), 계(癸)와 12지지 자(子), 축(丑), 인(寅), 묘(卯), 진(辰), 사(巳), 오(午), 미(未), 신(申), 유(酉), 술(戌), 해(亥)를 순서대로 붙여 보면 60개가 나오게 된다. 즉 천간의 첫자(甲)와 지지의 첫자(子)의 합을 시작으로 천간의 마지막(癸)과 지지의 마지막(亥)을 조합한 것을 육십갑자라 한다. 다시 돌아오는 61번째의 갑자(甲子)가 되면 환갑(還甲) 즉 일갑(一甲)이라고 한다.

갑자 (甲子)	을축 (乙丑)	병인 (丙寅)	정묘 (丁卯)	무진 (戊辰)	기사 (己巳)	경오 (庚午)	신미 (辛未)	임신 (壬申)	계유 (癸酉)
갑술 (甲戌)	을해 (乙亥)	병자 (丙子)	정축 (丁丑)	무인 (戊寅)	기묘 (己卯)	경진 (庚辰)	신사 (辛巳)	임오 (壬午)	계미 (癸未)
갑신 (甲申)	을유 (乙酉)	병술 (丙戌)	정해 (丁亥)	무자 (戊子)	기축 (己丑)	경인 (庚寅)	신묘 (辛卯)	임진 (壬辰)	계사 (癸巳)
갑오 (甲午)	을미 (乙未)	병신 (丙申)	정유 (丁酉)	무술 (戊戌)	기해 (己亥)	경자 (庚子)	신축 (辛丑)	임인 (壬寅)	계묘 (癸卯)
갑진 (甲辰)	을사 (乙巳)	병오 (丙午)	정미 (丁未)	무신 (戊申)	기유 (己酉)	경술 (庚戌)	신해 (辛亥)	임자 (壬子)	계축 (癸丑)
갑인 (甲寅)	을묘 (乙卯)	병진 (丙辰)	정사 (丁巳)	무오 (戊午)	기미 (己未)	경신 (庚申)	신유 (辛酉)	임술 (壬戌)	계해 (癸亥)

[육십갑자]

3) 공망(旬空亡)

천간 10개와 지지 12개가 순서대로 합하고 남는 지지 2개가 공망이다.

	1	2	3	4	5	6	7	8	9	10	공망
갑자 순	갑자 (甲子)	을축 (乙丑)	병인 (丙寅)	정묘 (丁卯)	무진 (戊辰)	기사 (己巳)	경오 (庚午)	신미 (辛未)	임신 (壬申)	계유 (癸酉)	戌亥
갑술 순	갑술 (甲戌)	을해 (乙亥)	병자 (丙子)	정축 (丁丑)	무인 (戊寅)	기묘 (己卯)	경진 (庚辰)	신사 (辛巳)	임오 (壬午)	계미 (癸未)	申酉
갑신 순	갑신 (甲申)	을유 (乙酉)	병술 (丙戌)	정해 (丁亥)	무자 (戊子)	기축 (己丑)	경인 (庚寅)	신묘 (辛卯)	임진 (壬辰)	계사 (癸巳)	午未
갑오 순	갑오 (甲午)	을미 (乙未)	병신 (丙申)	정유 (丁酉)	무술 (戊戌)	기해 (己亥)	경자 (庚子)	신축 (辛丑)	임인 (壬寅)	계묘 (癸卯)	辰巳
갑진 순	갑진 (甲辰)	을사 (乙巳)	병오 (丙午)	정미 (丁未)	무신 (戊申)	기유 (己酉)	경술 (庚戌)	신해 (辛亥)	임자 (壬子)	계축 (癸丑)	寅卯
갑인 순	갑인 (甲寅)	을묘 (乙卯)	병진 (丙辰)	정사 (丁巳)	무오 (戊午)	기미 (己未)	경신 (庚申)	신유 (辛酉)	임술 (壬戌)	계해 (癸亥)	子丑

4. 왕상휴수사(旺相休囚死)

오행(木, 火, 土, 金, 水)의 관계에서 계절에 따라 발생하는 운기에 왕쇠강약을 말한다. 왕상휴수사는 춘하추동의 계절 순서에 따라 오행의 운기가 왕(旺)하고 상(相)하며 휴(休)하고 수(囚)하며 사(死)하는 왕쇠강약의 차례를 말한다.

계절	오행				
	목(木)	화(火)	토(土)	금(金)	수(水)
춘(春)	왕(旺)	상(相)	사(死)	수(囚)	휴(休)
하(夏)	휴(休)	왕(旺)	상(相)	사(死)	수(囚)
추(秋)	사(死)	수(囚)	휴(休)	왕(旺)	상(相)
동(冬)	상(相)	사(死)	수(囚)	휴(休)	왕(旺)
사계(四季) 辰,未,戌,丑(月)	수(囚)	휴(休)	왕(旺)	상(相)	사(死)

[오행의 왕상휴수사]

5. 합(合), 충(冲), 형(刑), 파(破), 해(害)

1) 천간의 合, 冲

천간과 지지는 각각 따로 합하고 충하고 형, 파, 해를 할 수 있다

천간의合	
甲	己
乙	庚
丙	辛
丁	壬
戊	癸

천간의冲	
甲	庚
乙	辛
丙	壬
丁	癸

▶천간합(合): 甲己合, 乙庚合, 丙辛合, 丁壬合, 戊癸合
▶천간충(冲): 甲庚冲, 乙辛冲, 丙壬冲, 丁癸冲

2) 지지의 合, 冲, 刑, 破, 害

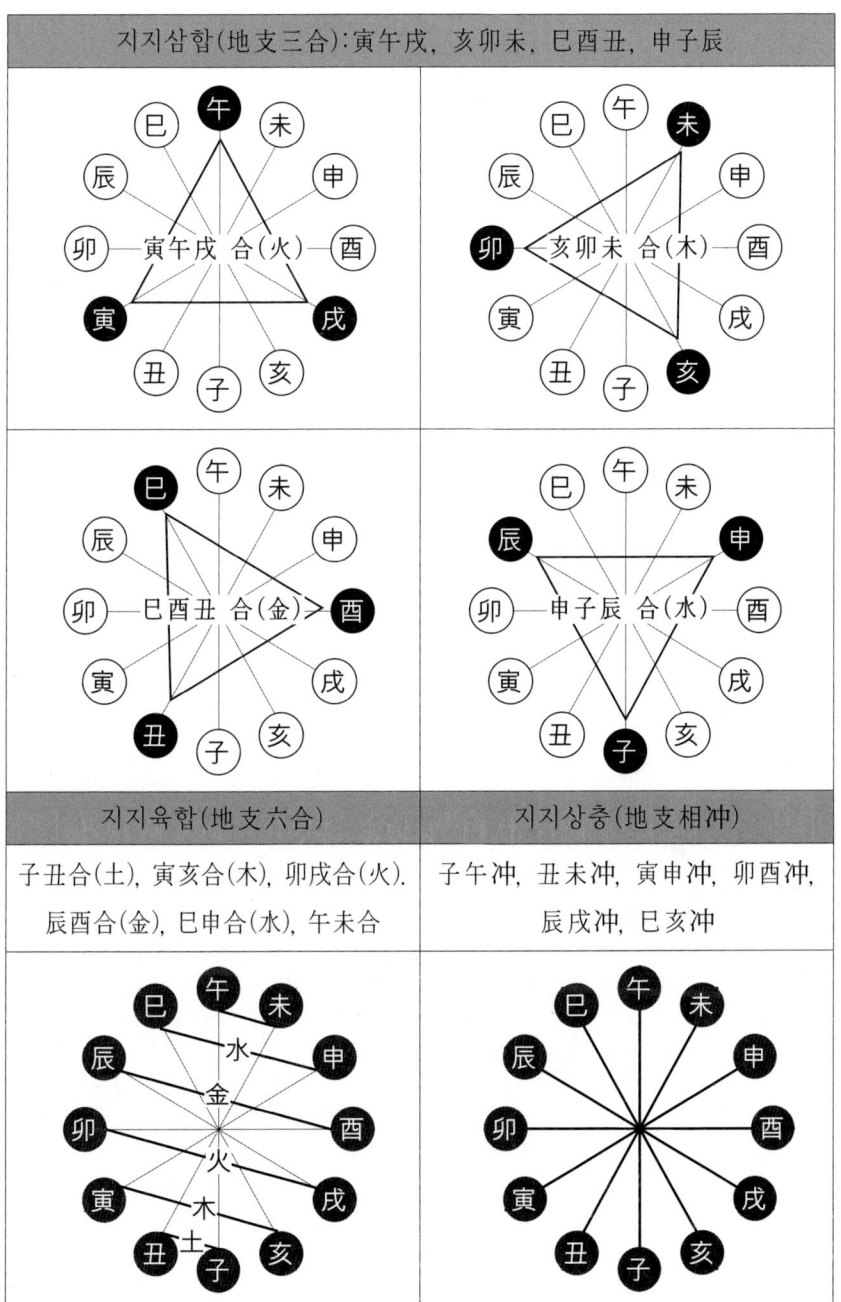

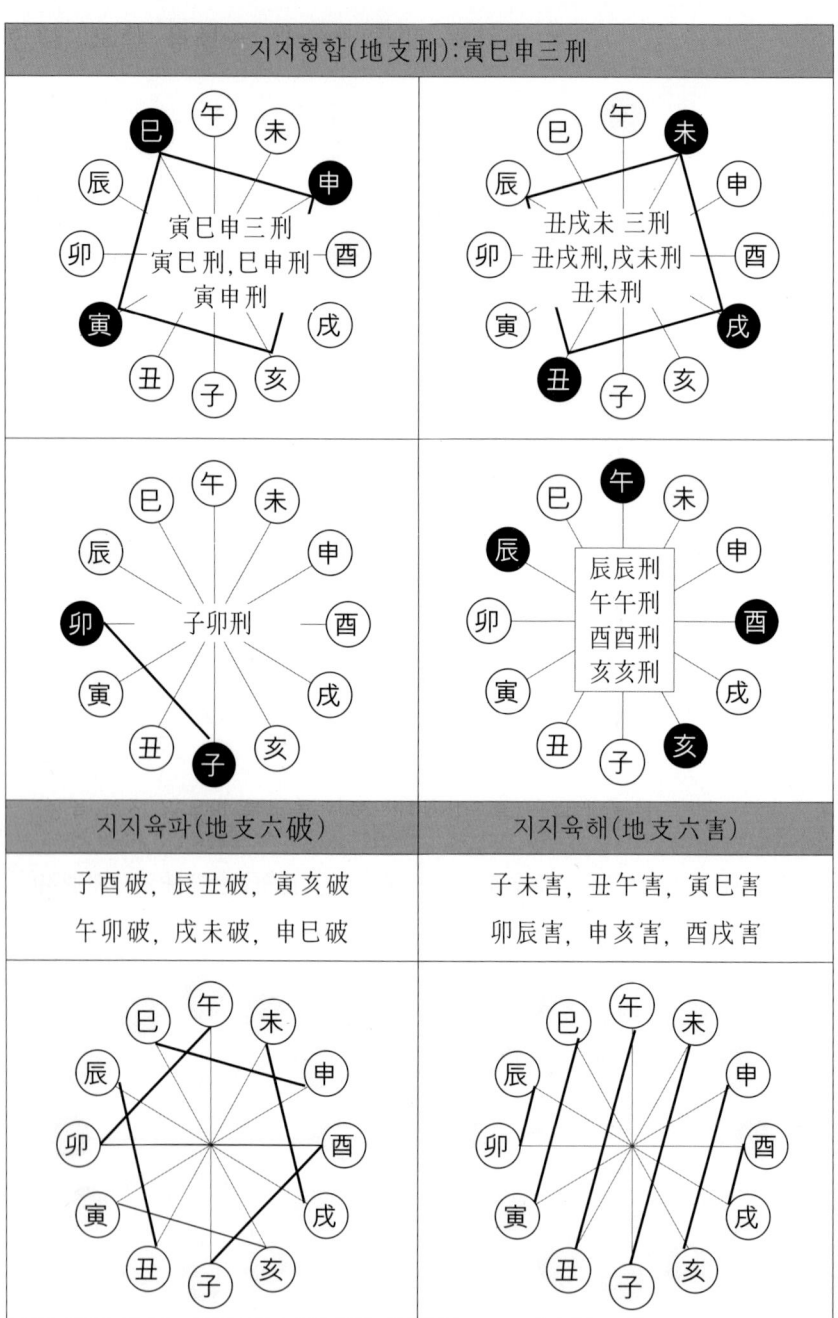

6. 육십갑자(六十甲子) 납음(納音)

 납음오행 이란? 초나라 귀곡자가 형상을 수리로 풀어 정리한 것으로 60갑자를 오행으로 분류한 것을 말한다. 납음오행의 오행 분류방법은 당나라 이전에 만들어진 명리학의 년주 중심으로 60갑자를 소리(궁, 상, 각, 치, 우)에 의해 나누어 놓은 것인데 소리오행으로 붙이고 이치를 취하여 오행의 성질과 변화를 밝힌 것이다.

甲子 乙丑	丙寅 丁卯	戊辰 己巳	庚午 辛未	壬申 癸酉
海中金 해중금	爐中火 노중화	大林木 대림목	路傍土 노방토	劍鋒金 검봉금
甲戌 乙亥	丙子 丁丑	戊寅 己卯	庚辰 辛巳	壬午 癸未
山頭火 산두화	澗下水 간하수	城頭土 성두토	白鑞金 백랍금	楊柳木 양류목
甲申 乙酉	丙戌 丁亥	戊子 己丑	庚寅 辛卯	壬辰 癸巳
泉中水 천중수	屋上土 옥상토	霹靂火 벽력화	松栢木 송백목	長流水 장류수
甲午 乙未	丙申 丁酉	戊戌 己亥	庚子 辛丑	壬寅 癸卯
沙中金 사중금	山下火 산하화	平地木 평지목	壁上土 벽상토	金箔金 금박금
甲辰 乙巳	丙午 丁未	戊申 己酉	庚戌 辛亥	壬子 癸丑
覆燈火 복등화	天河水 천하수	大驛土 대역토	叉釧金 차천금	桑柘木 상자목
甲寅 乙卯	丙辰 丁巳	戊午 己未	庚申 辛酉	壬戌 癸亥
大溪水 대계수	沙中土 사중토	天上火 천상화	石榴木 석류목	大海水 대해수

[육십갑자 납음오행표]

제 3 장
육효(六爻)의 기초(基礎)

1 육효학(六爻學)
2 괘(卦)와 효(爻)
3 사상(四象)과 팔괘(八卦)의 형성(形成)
4 팔궁(八宮)과 육십사괘(六十四卦)
5 팔궁(八宮)의 함의(含意)

제3장 육효(六爻)의 기초(基礎)

1. 육효학(六爻學)

　육효학은 한(漢)대 초기 상수학을 대표하는 경방[1]이 한대인(漢代人)들의 사상과 문화를 반영한 역학관을 바탕으로 주역에 오행의 상생상극 이론을 활용하여 음양오행과 상수역을 결합하여 『주역』의 괘효를 해석하여 길흉을 판단하는 경방만의 독특한 이론체계이다.

> "음양이 운행하니 한번은 춥고 한번은 더우며, 오행이 서로 작용하여 한번은 길하고 한번은 흉하다. 이로써 신명의 덕을 통하여 만물을 실정을 분류한다. 그러므로 역으로 천하의 이치를 판단하고 인륜을 정하여 왕도를 밝힌다" [2]

　경방은 주역 64괘를 오행에 따라 구분하여 팔궁으로 나누어 배치하고, 괘효에 오행의 간지인 육십갑자를 붙여 오행의 상생

---

[1] (京房 B.C 77~37)은 중국 서한(西漢:지금의 하남성 청풍 서남부 지방)사람으로 성이(李)씨로 자는 군명(君明) 관직은 대중대부(大中大夫)와 제군의 태수를 지냈다. 금문학파로 경방역의 맹희의 제자인 초연수에게 역을 배워 경방역의 창시자이다. 「역사상사전 55P.부산대학교출판부」
[2] 경방 『경씨역전』 하권 역주, 최정준, 비움과소통, 2016

상극을 통하여 길흉을 판단하였다.

"적산하여 괘를 따라 궁을 일으키니, 乾. 震. 坎. 艮. 坤. 巽. 離. 兌의 팔괘가 섞여서 이기(二氣)의 양은 음에 들어가고, 음은 양의 이기(二氣)에 들어가 서로 교감하고 작용하여 멈추지 않는다. 그러므로 낳고 낳은 것을 易이라 이르니, 천지(天地)안에 통하지 않음이 없다."라고 말하였다.[1]

이후 육효학은 후대의 학자들에 의하여 명리학의 이론인 합형충파해, 세응, 12운성, 신살, 용신론등을 다양하게 활용하여 인간의 관계와 미래의 길흉을 예측하는 대표적인 상수역학으로 발전한 동양 응용술수 학문이다.

2. 괘(卦)와 효(爻)

괘(卦)는 '걸다'라는 의미로 사물의 형상이나 조짐 등이 드러나거나 나타났다는 것이다. 역경은 사물의 형상이나 조짐을 괘라는 부호로써 표현한 것이고, 『계사전(繫辭傳)』에서는 '괘는 만물을 표상하는 것이며, 표상하는 것은 본받는 것이다.'고 하였다. 모든 존재를 표현하는 상징적 기호로 사용하였다는 것이다.

---

[1] 京氏易傳』下卷. "績算隨卦起宮, 乾坤震巽坎離艮兌, 八卦相盪二氣, 陽入陰陰入陽, 二氣交互不停. 故曰生生之謂易, 天地之內, 無不通也"

『설문해자(說文解字)』에서는 '괘(卦)는 점(占)하는 소이(所以)이다.' 괘는 본래 점법과 깊은 관계가 있는 상징적 기호임을 규정하고 있다. 효(爻)에 대하여 공자는 "우주만물의 조짐과 변화를 부호로서 표현한 것이 효(爻)라 하였다. 효를 변화하여 길흉을 나타내고 잘못을 알 수 있다."라고 하였다. 효는 우주만물이 음양을 통해 끊임없는 관계들 속에 변화한다는 무한한 변화의 의미를 나타낸다.

괘(卦)는 음효(- -)와 양효를(—) 한 개의 효(爻)로 하여 3개씩 구성하여 소성괘라 하고 소성괘와 소성괘가 서로 천지(天地), 건곤(乾坤), 강유(剛柔), 음양(陰陽), 이기(理氣)의 원리에 따라 대성괘(6개 효)가 된다.

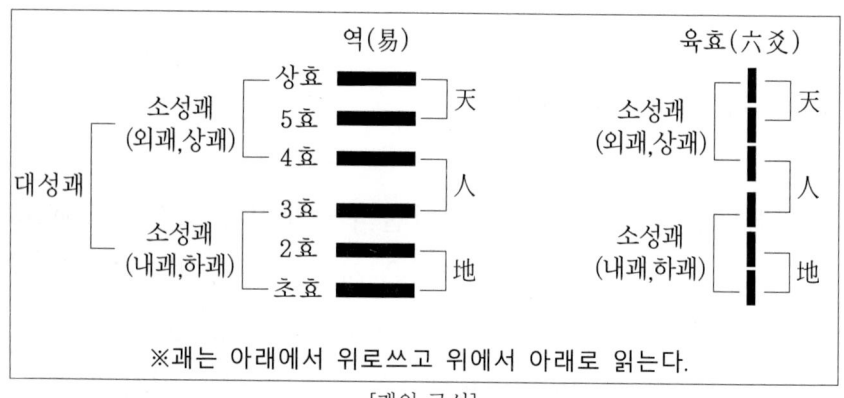

[괘의 구성]

두 개의 소성괘로 구성된 64개의 대성괘는 아래에서부터 위로 쓰고 괘명에 따라 위에서부터 아래로 읽는다. 대성괘 여섯 개의 효는 초효와 2효는 지(地)로, 3효와 4효는 인(人)으로, 5효와 상효는 천(天)으로 하여 중국의 천지인 삼재사상으로 천도(天道)는 음양, 지도(地道)는 강유(剛柔), 인도(人道)는 인의(仁義)를 말한다.

金		火		木		水		土	
양(陽)	음(陰)	음(陰)	양(陽)	음(陰)	양(陽)	양(陽)	음(陰)		
건(乾)	태(兌)	이(離)	진(震)	손(巽)	감(坎)	간(艮)	곤(坤)		
⚊ ⚊ ⚊	⚋ ⚊ ⚊	⚊ ⚋ ⚊	⚋ ⚋ ⚊	⚊ ⚊ ⚋	⚋ ⚊ ⚋	⚊ ⚋ ⚋	⚋ ⚋ ⚋		

3. 사상(四象)과 팔괘(八卦)의 형성(形成)

『주역』「계사전」에 의하면 "易에는 태극이 있으니 양의(兩儀)를 낳고 양의는 사상(四象)을 낳고 사상은 팔괘를 낳는다.[1]"라고 하였다. 팔괘가 태극, 양의, 사상의 단계를 거쳐 형성되었음을 설명한 것이다.

양의는 태극이 천지로 나뉘어진 것이다. 양의는 하늘과 땅, 건, 곤, 귀천, 동정, 강유등의 사물과 현상의 상호관계를 음양으로 구분한 것으로 "역에 사상(四象)이 있는 것은 보이고자 하는 바가 있기 때문이다.[2] 라고 하여 사상이 구체적인 자연현상을 상징한 것이다.

---

1) 『주역(周易)』, 「계사전(繫辭傳)」 "易有太極是生兩儀兩儀生四象四象生八卦"
2) 『주역(周易)』, 「계사전(繫辭傳)」 "易有四象所以示也"

오나라의 정치학자 우번은 "사상은 사시(四時)이다. 양의는 건곤(乾坤)이다. 건괘의 2효와 5효가 곤괘로 가서 감(坎)·이(離)·진(震)·태(兌)를 이룬다. 진은 봄, 태는 가을, 감은 겨울, 이는 여름이며, 그래서 양의가 사상을 낳는다고 한다"라고 말한 것, 맹희(孟喜)와 경방(京房)이 괘기설(卦氣說)에 의해 사상을 사시로 보고 여기에 십간십이지(十干十二支), 오행 등을 배합한 것, 『건착도 乾鑿度』의 팔괘방위설(八卦方位說) 등이 그것이다.

당나라의 공영달이 사상을 금(金)·목(木)·수(水)·화(火)라고 한 것도 오행설에 입각한 것이었다. 전국시대 이래의 오행설에서 탈피하여 사상에 대한 독창적인 자연 철학을 수립한 인물은 송대의 소옹(邵雍)이다. 소옹은 철저히 《주역》의 계사전을 계승, 발전시켰다.

계사전의 음양(陰陽)·동정(動靜)·강유(剛柔)·천지(天地)의 개념과 그 철학에 입각하여, "천(天)은 동(動), 지(地)는 정(精)에서 생겨났고, 동과 정이 교차하여 천지의 변화가 이루어진다"고 전제하고, "동이 시작되어 양·동이 극하면 음이 발생하며, 정이 시작되고 유·정이 극하면 강이 발생한다"고 하여, 동에서 천의 음양 운동이 발생하고 정에서 지의 강유 변화가 발생한다고 하였다. 또한 "동이 큰 것은 태양(太陽), 동이 작은 것은 소양(少陽), 정이 큰 것은 태음(太陰), 정이 작은 것은 소음(少陰)이라 한다"고 하여 물질 운동의 상반된 양면인 동과

정, 그리고 운동의 정도를 태·소로 구별하였다. 일반적으로 사상을 태양·소양·태음·소음이라고 하는 것은 여기에 연유한다.

소옹은 地의 사상을 태강·소강·태유·소유라 하여, 천지의 변화를 각각 네 가지로 구별하고 여기에 구체적인 자연 현상을 분속시켰다. 즉, 태양은 해[日]·더위[暑], 소양은 별[星]·낮, 태음은 달[月]·추위[寒], 소음은 별[辰]·밤이라고 하고, 태강은 불[火]·바람, 소강은 돌[石]·우레[雷], 태유는 물[水]·비[雨], 소유는 흙[土]·이슬[露]이라고 하였다.[1]

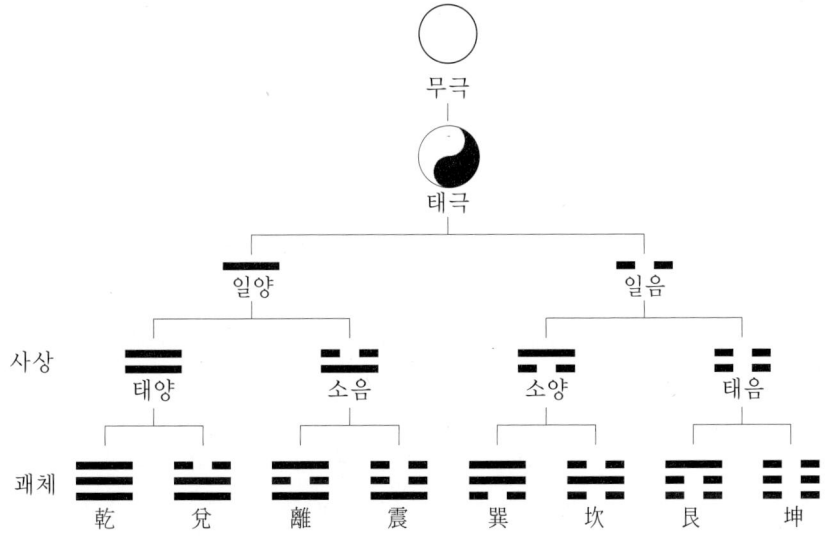

[사상과 8괘생성도]

팔괘는 '건(乾, ☰). 진(震, ☳). 감(坎, ☵). 간(艮, ☶). 곤(坤, ☷). 손(巽, ☴). 리(離, ☲). 태(兌, ☱)'로써 우주만물의

---

1) [네이버 지식백과]사상 [四象] (한국민족문화대백과, 한국학중앙연구원)

모든 현상을 여덟개 괘의 변화를 통하여 나타낸 것이다.

『주역(周易)』, 「계사전(繫辭傳)」에 "옛날 복희씨가 천하에 왕 노릇할 때에 하늘을 우러러 보아서는 상을 보고, 내려다 보아서는 땅의 법을 보고 새와 짐승의 무늬와 땅의 마땅함을 보아 가까이서는 몸(身)에서 취하고, 멀리서는 물(物)에서 취하여, 이에 비로소 팔괘(八卦)를 지어 신명(神明)의 덕(德)에 통하고 만물의 실상을 유별하였다."라고 하였다.

팔괘는 우주 만물이 형성되기 이전에 복희씨가 만든 선천팔괘와 우주 만물이 형성된 이후 자연과 인류 사회의 모습을 반영한 후천 팔괘가 있다.[1]

4. 팔궁(八宮)과 육십사괘(六十四卦)

경방의 『경씨역전』에 의하면 팔괘는 음양(陰陽)의 이기(二氣)로 이루어졌으며, 음양의 이기(二氣)가 상호작용을 통하여 만물을 낳는 것을 易이라 보고 음양의 소장(消長)에 의한 괘변론을 제시하였다. 예를들어 건곤(乾坤)괘가 음양의 소장에 따라 괘가 변하여 64괘를 이룬다는 것이다.

음양소장에 의하여 팔괘로 이루어진 대성괘를 팔궁괘(八宮卦)라 하고 '건(乾). 진(震). 감(坎). 간(艮). 곤(坤). 손(巽). 리(離). 태

---

[1] 본서 제2장 하도낙서편 선후천팔괘도참조, P20

(兌)'로 배열하고, 『주역』「설괘전(說卦傳)에 의하여 "건은 하늘로 부로 칭하고 곤은 땅으로 모라 칭하며, 진은 첫 번째로 남자(陽卦)를 얻어 장남이라 하고, 손은 첫 번째로 여자(陰卦)를 얻어 장녀라 이르고, 감은 두 번째로 남자를 얻어 중남으로, 이는 두 번째로 여자를 얻어 중녀라 이르고, 간은 세 번째로 남자를 얻어 소남이라 하고, 태는 세 번째로 여자를 얻어 소녀라고 한다."[1]

건괘(乾卦)는 구(姤), 돈(遯), 비(否), 관(觀), 박진(剝晉), 대유(大有) 卦를 곤괘(坤卦)는 복(復), 임(臨), 태(泰), 대장(大壯), 쾌(夬), 수(需), 비(比)卦로 팔궁괘가 일음 일양하는 소식과정에 의하여 64괘를 구성하는 것이다.

괘체	☰	☱	☲	☳	☴	☵	☶	☷
괘명	건(乾)	태(兌)	이(離)	진(震)	손(巽)	감(坎)	간(艮)	곤(坤)
괘상	하늘(天) 건상련	연못(澤) 태상절	불(火) 이허중	우뢰(雷) 진하련	바람(風) 손하절	물(水) 감중련	산(山) 간상련	땅(地) 곤삼절
괘덕	강건	기쁨	밝음	움직임	파고듬	험하다	멈춤	유순하다
괘수	선천 1	선천 2	선천 3	선천 4	선천 5	선천 6	선천 7	선천 8
가족	아버지	소녀	중녀	장남	장녀	중남	소남	어머니
방향	서북	서방	남방	동방	동남	정북	동북	서남
동물	말	양	꿩	용	닭	돼지	개	소

팔괘의 구성

1) 『周易』「說卦傳』. "乾, 天地, 故稱乎父. 坤, 地也. 故稱乎母. 震, 一索而得男, 故謂之長男. 巽, 一索而得女, 故謂之長女. 坎, 再索而得男, 故謂之中男. 離, 再索而得女, 故謂之中女. 艮, 三索而得男, 故謂之少男. 兌, 三索而得女, 故謂之少女."

1) 乾金宮 건금궁

乾爲天	天風姤	天山遯	天地否
父 戌 ∣ 世	父 戌 ∣	父 戌 ∣	父 戌 ∣ 應
兄 申 ∣ 身	兄 申 ∣ 命	兄 申 ∣ 應	兄 申 ∣
官 午 ∣	官 午 ∣ 應	官 午 ∣ 命	官 午 ∣ 身
父 辰 ∣ 應	兄 酉 ∣	兄 申 ∣	財 卯 ∥ 世
財 寅 ∣ 命	孫 亥 ∣ 身 (伏)財寅	官 午 ∥ 世 (伏)財寅	官 巳 ∥
孫 子 ∣	父 丑 ∥ 世	父 辰 ∥ 身 (伏)孫子	父 未 ∥ 命 (伏)孫子

風地觀	山地剝	火地晉	火天大有
財 卯 ∣	財 寅 ∣	官 巳 ∣	官 巳 ∣ 應
官 巳 ∣ 命 (伏)兄申	孫 子 ∥ 世 (伏)兄申	父 未 ∥	父 未 ∥ 身
父 未 ∥ 世	父 戌 ∥ 命	兄 酉 ∣ 世,身	兄 酉 ∣
財 卯 ∥	財 卯 ∥	財 卯 ∥	父 辰 ∣ 世
官 巳 ∥ 身	官 巳 ∥ 應	官 巳 ∥	財 寅 ∣ 命
父 未 ∥ 應 (伏)孫子	父 未 ∥ 身	父 未 ∥ 應,命 (伏)孫子	孫 子 ∣

2) 兌金宮 태금궁

兌爲澤	澤水困	澤地萃	澤山咸
父 未 ∥ 世	父 未 ∥ 命	父 未 ∥ 身	父 未 ∥ 應,命
兄 酉 ∣ 命	兄 酉 ∣	兄 酉 ∣ 應	兄 酉 ∣
孫 亥 ∣	孫 亥 ∣ 應	孫 亥 ∣	孫 亥 ∣
父 丑 ∥ 應	官 午 ∥ 身	財 卯 ∥ 命	兄 申 ∣ 世,身
財 卯 ∣ 身	父 辰 ∣	官 巳 ∥ 世	官 午 ∥ (伏)財卯
官 巳 ∣	財 寅 ∥ 世	父 未 ∥	父 辰 ∥

水山蹇	地山謙	雷山小過	雷澤歸妹
孫 子 ∥ 命	兄 酉 ∥ 身	父 戌 ∥	父 戌 ∥ 應
父 戌 ∣	孫 亥 ∥ 世	兄 申 ∥	兄 申 ∥ 命
兄 申 ∥ 世	父 丑 ∥	官 午 ∣ 世,命 (伏)孫亥	官 午 ∣ (伏)孫亥
兄 申 ∣ 身	兄 申 ∣ 命	兄 申 ∣	父 丑 ∥ 世
官 午 ∥ (伏)財卯	官 午 ∥ 應 (伏)財卯	官 午 ∥ (伏)財卯	財 卯 ∣ 身
父 辰 ∥ 應	父 辰 ∥	父 辰 ∥ 應,身	官 巳 ∣

3) 離火宮 이화궁

離爲火	火山旅	火風鼎	火水未濟
兄 巳 ｜ 世,身	兄 巳 ｜	兄 巳 ｜ 身	兄 巳 ｜ 應
孫 未 ‖	孫 未 ‖ 身	孫 未 ‖ 應	孫 未 ‖
財 酉 ｜	財 酉 ｜ 應	財 酉 ｜	財 酉 ｜ 命
官 亥 ｜ 應,命	財 申 ‖　(伏)官 亥	財 酉 ｜ 命	兄 午 ‖ 世 (伏)官 亥
孫 丑 ‖	兄 午 ‖ 命	官 亥 ｜ 世	孫 辰 ｜
父 卯 ｜	孫 辰 ‖ 世 (伏)父 卯	孫 丑 ‖　(伏)父 卯	父 寅 ‖ 身

山水蒙	風水渙	天水訟	天火同人
父 寅 ｜	父 卯 ｜ 身	孫 戌 ｜	孫 戌 ｜ 應,身
官 子 ‖ 身	兄 巳 ｜ 世	財 申 ｜	財 申 ｜
孫 戌 ‖ 世 (伏)財 酉	孫 未 ‖　(伏)財 酉	兄 午 ｜ 世,命	兄 午 ｜
兄 午 ‖	兄 午 ‖ 命 (伏)官 亥	兄 午 ‖　(伏)官 亥	官 亥 ｜ 世,命
孫 辰 ｜ 命	孫 辰 ｜ 應	孫 辰 ｜	孫 丑 ‖
父 寅 ‖ 應	父 寅 ‖	父 寅 ‖ 應,身	父 卯 ｜

4) 震木宮 진목궁

震爲雷	雷地豫	雷水解	雷風恒
財 戌 ‖ 世	財 戌 ‖	財 戌 ‖	財 戌 ‖ 應
官 申 ‖ 身	官 申 ‖ 命	官 申 ‖ 應,身	官 申 ‖
孫 午 ｜	孫 午 ｜ 應	孫 午 ｜	孫 午 ｜ 身
財 辰 ｜ 應	兄 卯 ‖	孫 午 ‖	官 酉 ｜ 世
兄 寅 ‖ 命	孫 巳 ‖ 身	財 辰 ｜ 世,命	父 亥 ｜　(伏)兄 寅
父 子 ｜	財 未 ‖ 世 (伏)父 子	兄 寅 ‖　(伏)父 子	財 丑 ‖ 命

地風升	水風井	澤風大過	澤雷隨
官 酉 ‖	父 子 ‖	財 未 ‖ 身	財 未 ‖ 應
父 亥 ‖ 命	財 戌 ｜ 世,身	官 酉 ｜	官 酉 ｜ 身
財 丑 ‖ 世 (伏)孫 午	官 申 ‖　(伏)孫 午	父 亥 ｜ 世 (伏)孫 午	父 亥 ｜　(伏)孫 午
官 酉 ｜	官 酉 ｜	官 酉 ｜ 命	財 辰 ‖ 世
父 亥 ｜ 身 (伏)兄 寅	父 亥 ｜ 應,命 (伏)兄 寅	父 亥 ｜　(伏)兄 寅	兄 寅 ‖ 命
財 丑 ‖ 應	財 丑 ‖	財 丑 ‖ 應	父 子 ｜

5) 巽木宮 손목궁

巽爲風	風天小畜	風火家人	風雷益
兄 卯 ∣ 世	兄 卯 ∣	兄 卯 ∣	兄 卯 ∣ 應
孫 巳 ∣	孫 巳 ∣	孫 巳 ∣ 應,命	孫 巳 ∣ 身
財 未 ∥ 身	財 未 ∥ 應,命	財 未 ∥	財 未 ∥
官 酉 ∣ 應	財 辰 ∣ (伏)官酉	父 亥 ∣ (伏)官酉	財 辰 ∥ 世 (伏)官酉
父 亥 ∣	兄 寅 ∣	兄 丑 ∥ 世,身	兄 寅 ∥ 命
財 丑 ∥ 命	父 子 ∣ 世,身	兄 卯 ∣	父 子 ∣

天雷无妄	火雷噬嗑	山雷頤	山風蠱
財 戌 ∣	孫 巳 ∣	兄 寅 ∣	兄 寅 ∣ 應
官 申 ∣	財 未 ∥ 世,命	父 子 ∥ 身 (伏)孫巳	父 子 ∥ (伏)孫巳
孫 午 ∣ 世,命	官 酉 ∣	財 戌 ∥ 世	財 戌 ∥ 身
財 辰 ∥	財 辰 ∥	財 辰 ∥ (伏)官酉	官 酉 ∣ 世
兄 寅 ∥	兄 寅 ∥ 應,身	兄 寅 ∥ 命	父 亥 ∣
父 子 ∣ 應,身	父 子 ∣	父 子 ∣ 應	財 丑 ∥ 命

6) 坎水宮 감수궁

坎爲水	水澤節	水雷屯	水火旣濟
兄 子 ∥ 世	兄 子 ∥ 身	兄 子 ∥ 命	兄 子 ∥ 應,身
官 戌 ∣	官 戌 ∣	官 戌 ∣ 應	官 戌 ∣
父 申 ∥ 命	父 申 ∥ 應	父 申 ∥	父 申 ∥
財 午 ∥ 應	官 丑 ∥ 命	官 辰 ∥ 身 (伏)財午	兄 亥 ∣ 世,命 (伏)財午
官 辰 ∣	孫 卯 ∣	孫 寅 ∥ 世	官 丑 ∥
孫 寅 ∥ 身	財 巳 ∣ 世	兄 子 ∣	孫 卯 ∣

澤火革	雷火豊	地火明夷	地水師
官 未 ∥ 身	官 戌 ∥ 命	父 酉 ∥	父 酉 ∥ 應
父 酉 ∣	父 申 ∥ 世	兄 亥 ∥ 命	兄 亥 ∥
兄 亥 ∣ 世	財 午 ∣	官 丑 ∥ 世	官 丑 ∥ 命
兄 亥 ∣ 命 (伏)財午	兄 亥 ∣ 身	兄 亥 ∣ (伏)財午	財 午 ∥ 世
官 丑 ∥	官 丑 ∥	官 丑 ∥ 身	官 辰 ∣
孫 卯 ∣ 應	孫 卯 ∣	孫 卯 ∣ 應	孫 寅 ∥ 身

7) 艮土宮 간토궁

艮爲山		
官 寅 ∣	世,命	
財 子 ∥		
兄 戌 ∥		
孫 申 ∣	應,身	
父 午 ∥		
兄 辰 ∥		

山火賁		
官 寅 ∣		
財 子 ∥		
兄 戌 ∥	應,身	
財 亥 ∣		(伏)孫申
兄 丑 ∥		(伏)父午
官 卯 ∣	世,命	

山天大畜		
官 寅 ∣	命	
財 子 ∥	應	
兄 戌 ∥		
兄 辰 ∣	身	(伏)孫申
官 寅 ∣	世	(伏)父午
財 子 ∣		

山澤損		
官 寅 ∣	應	
財 子 ∥	命	
兄 戌 ∥		
兄 丑 ∥	世	(伏)孫申
官 卯 ∣	身	
父 巳 ∣		

火澤睽		
父 巳 ∣		
兄 未 ∥		(伏)財子
孫 酉 ∣	世,身	
兄 丑 ∥		
官 卯 ∣		
父 巳 ∣	應,命	

天澤履		
兄 戌 ∣	命	
孫 申 ∣	世	(伏)財子
父 午 ∣		
兄 丑 ∥	身	
官 卯 ∣	應	
父 巳 ∣		

風澤中孚		
官 卯 ∣		
父 巳 ∣	命	(伏)財子
兄 未 ∥	世	
兄 丑 ∥		(伏)孫申
官 卯 ∣	身	
父 巳 ∣	應	

風山漸		
官 卯 ∣	應,命	
父 巳 ∣		(伏)財子
兄 未 ∥		
孫 申 ∣	世,身	
父 午 ∥		
兄 辰 ∥		

8) 坤土宮 곤토궁

坤爲地	
孫 酉 ∥	世
財 亥 ∥	
兄 丑 ∥	身
官 卯 ∥	應
父 巳 ∥	
兄 未 ∥	命

地雷復		
孫 酉 ∥		
財 亥 ∥		
兄 丑 ∥	應,命	
兄 辰 ∥		
官 寅 ∥		(伏)父巳
財 子 ∣	世,身	

地澤臨	
孫 酉 ∥	
財 亥 ∥	應
兄 丑 ∥	
兄 丑 ∥	
官 卯 ∣	世
父 巳 ∣	命

地天泰		
孫 酉 ∥	應	
財 亥 ∥	身	
兄 丑 ∥		
兄 辰 ∣	世	
官 寅 ∣	命	(伏)父巳
財 子 ∣		

雷天大壯	
兄 戌 ∥	
孫 申 ∥	
父 午 ∣	世,命
兄 辰 ∣	
官 寅 ∣	
財 子 ∣	應,身

澤天夬	
兄 未 ∥	
孫 酉 ∣	世
財 亥 ∣	身
兄 辰 ∣	
官 寅 ∣	應
財 子 ∣	命

水天需		
財 子 ∥	命	
兄 戌 ∣		
孫 申 ∥	世	
兄 辰 ∣	身	
官 寅 ∣		(伏)父巳
財 子 ∣	應	

水地比	
財 子 ∥	應
兄 戌 ∣	
孫 申 ∥	身
官 卯 ∥	世
父 巳 ∥	
兄 未 ∥	命

5. 팔궁(八宮)의 함의(含意)

1) 건금궁(乾金宮)의 함의

천시(天時)	얼음(氷), 우뢰(雷天), 서리(霜), 우박
계절(季節)	戌亥의 年月日, 午金(庚)의 年月日
지리(地理)	서북방, 대도시, 명승지
신체(身體)	머리(首), 뼈(骨), 폐(肺)
인물(人物)	군주, 대통령, 군수, 장관, 유명인, 노인
음식(飮食)	말고기, 구운고기, 귀하고 맛있는 것, 뼈가 많은 것, 나무에서 열리는 과일, 머리고기, 원형음식, 새로운 물건
정물(靜物)	금은보화, 거울, 귀중품, 나무칼, 칼
가택(家宅)	넓은집(屋舍), 강당, 대궐, 역사(驛舍), 서북향의 대가옥(大家屋)
출산(出産)	순산(가을일경우는 귀공자가 되고 여름일 경우는 결손자, 서북간을 보고 출산하라
명예(名譽)	名得, 무관, 판사, 검사, 역관(驛官), 서북향의 큰 가옥
사업(事業)	일이 이루어진다, 가을에는 유리하지만 여름에는 불리하다.
출행(出行)	이익이 있다. 서북향에 큰 득이 있고 여름에는 이익이 없다.
질병(疾病)	머리의 병, 여름철 점에는 폐병, 늑골의 병, 상초(上焦)의 病
동물(動物)	말(馬), 코끼리(大象), 두루미

2) 태금궁(兌金宮)의 함의

천시(天時)	비, 연못(雨澤), 별(星), 초승달(新月)

계절(季節)	추절. 8월(秋節,八月), 酉金 年月日時, 2.4.9의 月日
지리(地理)	수변가(澤水邊), 더러운 연못, 붕괴된 제방
신체(身體)	입(口), 혀(舌), 구설
인물(人物)	무당(巫堂), 가수(歌手), 배우(排優), 코미디
음식(飮食)	염소고기, 미꾸라지, 맵고 쓴맛 있는 음식
정물(靜物)	금은보화, 거울, 귀중품, 나무칼, 칼
가택(家宅)	가정은 불편, 구설예방, 추절점(秋節占)은 경사(慶事), 하절점(夏節占)은 주의
출산(出産)	출산이 어렵다. 여아(女兒) 출산, 추절(秋節)이 좋으니 서방이 吉
명예(名譽)	판검사등에 임용, 수산청에 임용
사업(事業)	이익이 없다, 재물로는 구설이다, 추절(秋節)은 길조(吉兆)
출행(出行)	원행은 삼가라, 구설분쟁, 서방향은 吉, 무난수, 여인과는 주의.
질병(疾病)	입(口), 혀(舌), 인후(咽喉), 기관지병, 체증, 기가 치밀어 오르는 것(氣逆)
동물(動物)	소, 못속에 사는 물고기

3) 이화궁(離火宮)의 함의

천시(天時)	태양(太陽), 번개, 무지개, 달무리, 노을
계절(季節)	5월(夏五月), 午 年月日時, 火 年月日時
지리(地理)	남방건조지대(南方乾燥地帶), 온혈(溫穴), 厥地面陽
신체(身體)	눈(眼), 상초(上焦), 얼굴

인물(人物)	중녀(中女), 문인(文人), 눈이 아픈사람
음식(飮食)	마른고기, 꿩고기, 불고기, 명태, 오징어
정물(靜物)	토석(土石), 모과, 황색동물, 토중물
가택(家宅)	가정안락(家庭安樂), 화재주의(火災注意), 동절(冬節)占은 불리, 남향주택
출산(出産)	순산(順産), 中女生, 남방향 이득
명예(名譽)	이름을 얻음, 남쪽에 취임, 여자관리(女子官吏), 화력발전소 임명
사업(事業)	성사되고 吉, 남쪽에 희소식, 매매거래 吉.
출행(出行)	출행하라 자신(自身)있다.
질병(疾病)	눈병, 마음의 병, 상초열병(上焦熱病)
동물(動物)	꿩, 거북, 거미, 개(犬), 벌

4) 진목궁(辰木宮)의 함의

천시(天時)	우뢰(雷), 지진(地震)
계절(季節)	춘삼월(春三月), 묘년월일(卯年月日), 4.3.8의 月
지리(地理)	동방(東方), 수목(樹木), 대로(大路), 번잡한 도시, 죽림(竹林)
신체(身體)	足, 肝, 머리털(毛), 성음(聲音)
인물(人物)	장남
음식(飮食)	제육
정물(靜物)	대나무(竹), 파초(芭蕉), 억새풀, 싸리나무
가택(家宅)	가정은 불안, 때때로 놀라운 일이 생기고, 봄철(春節) 占은 吉, 가을철(秋節) 占은 안락(安樂)

출산(出産)	태동(胎動)이 불안, 묘방(卯方)으로 출산하라, 가을철(秋節) 태동은 장남이나 난산
명예(名譽)	명성을 떨친다(名振), 권력(官權)을 잡는다, 재무관리자에 임용된다.
사업(事業)	동방(東方)에 이익, 산림(山林) 죽림(竹林)에 吉, 활동적일수록 득재(得財)
출행(出行)	동방(東方)이 吉, 서방(西方)이 불리(不利)
질병(疾病)	발병(足病), 간(肝)과 늑골(肋骨)의 병, 경기증(驚氣症)
동물(動物)	용(龍), 뱀, 뱀장어

5) 손목궁(巽木宮)의 함의

천시(天時)	바람(風)
계절(季節)	춘하교체기(春夏交替節)
지리(地理)	동남(東南), 산림(山林), 채소밭, 화과원(花果園)
신체(身體)	넓적다리(股)
인물(人物)	유순(柔順), 장녀(長女), 과부(寡婦) 수사(秀士, 덕행과 학술이 뛰어난 선비)
음식(飮食)	산채, 닭고기, 기타조육(其他鳥肉) 산미소채(酸味蔬菜, 신맛이 나는 채소요리)
정물(靜物)	죽물(竹物), 목향(木香), 직립물(直立物), 가공물(加工物) 가내공업
가택(家宅)	가정안택(家庭安宅), 춘절(春節)은 吉, 추절(秋節)은 不吉
출산(出産)	순산(順産), 초산(初産)은 여아(女兒), 동남향(東南向) 추절생(秋節生)은 난산(難産)
명예(名譽)	行하면 명예가 있다.
사업(事業)	시장거래에는 세배 이득, 산림거래는 이득多 추절(秋節)은 不利

출행(出行)	출행하면 吉, 동남향(東南向) 이득
질병(疾病)	앞정강이. 무릎. 다리에 병, 감기, 중풍, 동상(凍傷)
동물(動物)	닭, 조류(鳥類)

6) 감수궁(坎水宮)의 함의

천시(天時)	비(雨), 눈(雪), 서리(霜), 이슬(露), 달(月)
계절(季節)	겨울, 子의 年月日, 겨울철, 1,6水日
지리(地理)	북방, 강호(江湖), 계곡, 샘(泉), 우물(井), 못(澤), 물있는 웅덩이
신체(身體)	귀(耳), 피(血), 신장(腎臟)
인물(人物)	외유내강(外柔內剛), 우유부단(優柔不斷), 흉하다, 속이 깊다
음식(飮食)	돼지고기, 물고기, 술(酒), 해산물, 탕(蕩), 음료수, 숙식(宿食) 시고(酸味) 씨가 있는 과실
정물(靜物)	수중물(水中物), 씨가 있는 것, 수구(水具), 활(弓), 술그릇(酒器)
가택(家宅)	물가의 집, 습기가 많은집, 편치 못하다, 도적이 잘 붙는 곳이다.
출산(出産)	난산(難産), 중남(中男), 서북좌(西北座)하고 출산(出産)하라, 진술축미(辰戌丑未)의 간절월(間節月)때 占은 결손자(缺損子)
명예(名譽)	이름나기 어려움(名振難), 명예 때문에 손실(損失), 북방으로의 발령은 길함, 바다쪽
사업(事業)	익 없음, 해양, 해산(海産)은 길함, 주류업은 무방함, 도적주의
출행(出行)	원행(遠行)은 불리, 선박여행은 吉, 바다 또는 해산(海産)방향
질병(疾病)	귓병, 마음의병, 혈관 관련병, 하초(下焦)쪽 병, 감기(感氣) 치질, 신장관련병
동물(動物)	돼지, 물고기, 해산물, 수중에 사는 짐승, 약국은 수변 또는 해변가의 점포, 북방

7) 간토궁(艮土宮)의 함의

천시(天時)	구름(雲), 안개(霧), 아지랑이, 산(山)
계절(季節)	12월, 축인(丑寅)의 年月日, 7.5.10數의 月日
지리(地理)	산, 경로, 돌로 된 성벽주변, 구릉, 분묘
신체(身體)	수지(手脂), 뼈, 코(鼻), 등(背)
인물(人物)	소남(少男), 산중 사람, 시골 사람, 미련한 사람
음식(飮食)	토산물의 맛, 감자, 야채, 야생의 맛
정물(靜物)	토석(土石), 瓜果(오이, 참외, 모과열매), 황색물건 토중물(土中物)
가택(家宅)	安宅, 가족이 개인적이고 화합이 어려움, 일에 장애가 많음 봄철 占은 吉
출산(出産)	난산(難産), 동북간방(東北間方)으로 출산이 吉
명예(名譽)	장애(障碍)가 많고 어렵다.
사업(事業)	산림, 전답(田畓)등 부동산에 吉, 춘절점(春節占)에는 유실운(流失運)
출행(出行)	먼곳(遠行)은 불리, 산행이나 육로(陸路)는 무방
질병(疾病)	수지(手指)의 병, 비장(脾臟)과 폐장(肺臟)의 병 대장병(大臟病), 치질
동물(動物)	굴 속에 사는 짐승, 멧돼지, 곰

8) 곤토궁(坤土宮)의 함의

천시(天時)	구름, 안개, 음기(陰氣)
계절(季節)	진술축미월(辰戌丑未月), 未申의 年月日時

지리(地理)	농촌, 시골, 전원(田遠), 창고(倉庫), 계곡(溪谷)
신체(身體)	배(服), 간위장(肝胃腸), 육질(肉質)
인물(人物)	后母, 노모(老母), 농부(農夫), 시골 사람(鄕人) 많은 사람(衆人), 대장부
음식(飮食)	단맛(甘), 단팥죽, 설탕, 사탕, 말고기(午肉), 고구마
정물(靜物)	부드러운 물건, 면사(綿絲), 오곡(五穀), 포목(布木), 널판
가택(家宅)	서남간방(西南間方)
출산(出産)	순산, 서남간방에 좌정(座正), 춘절(春節)에 출산(出産)은 난산(難産)
명예(名譽)	명예에 吉, 향리(鄕里)를 잘 다스린다.
사업(事業)	농사에 吉, 오곡물상(五穀物商), 전답등 부동산에 투자 중량이 있는 것을 취급하는 일에 유리
출행(出行)	서남간방으로 출행하라, 고향. 농촌에서 이득, 대지(大地)에서 이득
질병(疾病)	위장토병(胃腸土病), 체증(滯症), 소화불량, 식중독
동물(動物)	소, 가축

[육효64괘도]

제 4 장

육효의 기본(基本)

1. 괘(卦)를 얻는법
2. 육효의 구성(構成)과 괘반 작성법
3. 월건(月建)과 일진(日辰)
4. 육효팔궁(六爻八宮)과 납갑납지(納甲納支)
5. 비신(飛神)과 복신(伏神)
6. 생왕묘절(生旺墓絶)
7. 동효(動爻)와 변효(變爻)
8. 육친(六親)
9. 육수(六獸)
10. 괘신(卦身)과 신명(身命)

제4장 육효(六爻)의 기본(基本)

1. 괘(卦)를 얻는법

고대로부터 占은 서양에서는 책의 첫 장의 글자를 보고 개전점을 치거나 동물의 내장점, 신탁등이 유행하였고, 동양에서는 인도 점성술이 있었고 중국에서는 일찍부터 복서(卜筮)가 발달하였다. 占자는 '의심스러운 일을 하늘의 뜻에 물어 卜한 결과를 말하는 것(口)'으로써 卜은 점을 물어 그 조짐을 살피는 것이고, 占은 그 조짐을 살펴 길흉을 판단하는 것을 말한다.

전통사회에서는 짐승의 뼈나 거북이의 등껍질을 구워서 생긴 모양을 보고 길흉을 판단하는 卜이 있고 시초라는 풀을 가지고 그 수를 헤아려 괘상을 득괘한 후 길흉을 판단하는 筮가 유행하였다.

『상서』「홍범」편에는 계의(稽疑)라는 관직을 두어 날씨나 인간사의 길흉을 판단하고 있음을 알 수 있다. 이후 득괘를 하는 방법은 여러 가지로 행해져 왔으나. 육효에서는 척전법과 매화역수법(득시법), 책서법등이 있다.

점을 치기 위해서는 64괘중 그 하나를 결정하는 것으로 괘를 구성하는 여섯 효의 음양을 통하여 길흉을 판단한다.
- 음이 안정된 효가 나오면 -- 또는 ‖ 로 표기한다.
- 양이 안정된 효가 나오면 ― 또는 ǀ 로 표기한다.
- 양이 발동한 효가 나오면 O 또는 ⟋ 로 표기한다.
- 음이 발동한 효가 나오면 X 또는 ⫲ 로 표기한다.
- 효의 부호는 일반적으로 통용되는 약속기호이다.

여섯 효를 구하여 괘를 결정할 때는 여섯 번의 점을 쳐 여섯 효를 구하는 육변 서법과 세 번의 점을 쳐 여섯 효를 구하는 삼변 서법이 있다. 하지만 육효에서는 여섯 효를 구하는 육변 서법을 사용한다.

1) 척전법(擲錢法)

표리가 있는 동전 세 개를 던져 그 표리에 따라 괘를 만드는 방법이다.

① 세개의 동전을 여섯 번 던져서 여섯 개의 효를 구한다. 효의 순서는 초효부터 위로 올라가면서 여섯 번 반복하여 정한다.

② 동전의 양면중 어느 한 쪽을 양(陽)과 음(陰)으로 정한 뒤 흔들어서 던진다.

③ 표면에 드러난 상으로 여섯 개의 효(爻)를 구한다.

④ 세개의 동전 중 음(陰)면이 1개면 음효, 양(陽)면이 1개면 양효로 정한다.

⑤ 전부 음(陰)면이 나오면 음이 동한 효로 정한다.

⑥ 전부 양(陽)면이 나오면 양이 동한 효로 정한다.

⑦ 64괘의 괘이름을 가린다.

사상(四相)	동전(전면-양 배면-음)	효를표시하는방법
노양(老陽) 또는 태양(太陽) -양동	동전 3개모두 양이 나오는 경우	▭
소음(小陰)	양이 2개 음이 1개가 나올 경우	— —
소양(小陽)	양이 1개 음이 2개가 나올 경우	———
노음(老陰) 또는 태음(太陰) -음동	동전 3개모두 음이 나오는 경우	✕

2) 단시법(斷時法)

시간은 상괘로 쓰고 분은 하괘로 쓰며 시간과 분은 더하여 그 합을 6으로 나누어 동효를 구한다.

① 점을 치는 시간을 8로 나누어 나머지 수를 하괘로 한다.

② 점을 치는 분을 8로 나누어 나머지 수를 상괘로 한다

③ 점을 치는 시간과 분을 합하여 6으로 나눈 나머지 수를 동효로 한다.

④ 아래와 같이 12시 50분을 예를 들 경우 화뢰서합괘가 동하여 화택규괘가 된다.

	12시50분일경우	
상괘	50분÷8(괘)=나머지(2)	이 위 화
하괘	12시÷8(괘)=나머지(4)	사 진 뢰
동효	(12시+50분)÷6효=나머지(2)	화뢰서합 ▼ 화택규

3) 시초점(蓍草占)

 시초점은 1년에 한줄기씩 생겨난다는 전설의 풀로 50개의 댓가지를 사용하여 점을 치는데 사용한다. 그러나 시초는 전설상의 풀이므로 존재하지 않기 때문에 반듯한 댓가지를 재료로 사용한다. 크기는 20~30cm 정도되는 것이 적당하다.

① 솔잎이나 마른 풀가지나 대나무 등 길고 손에 잡기 편한 산가지를 50개 준비한다.

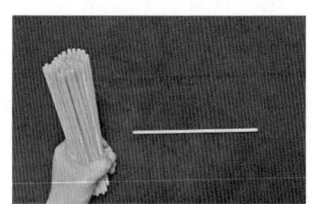

② 50개의 댓가지를 손에 쥐고 1개를 빼서 책상위에 가로로 놓는다. 이것은 태극을 상징하는 것이다.

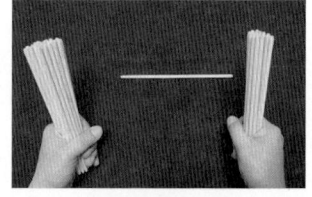

③ 한 개를 뺀 나머지 49개를 양손으로 나누어 쥔다. 왼손은 하늘을 상징하고 오른손에 들고 있는 댓가지는 땅을 상징한다. 하늘을 상징하는 왼손에 있는 댓가지는 들고 있고, 땅을 상징하는 오른손 댓가지는 바닥에 내려놓는다. 내려 놓은 댓가지 중 한개를 빼서 왼손 네번째 손가락과 새끼 손가락사이에 건다.

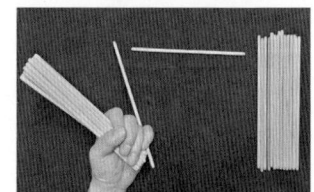

④ 왼손에 들고있던 댓가지를 오른손으로 4개씩 센다. 4개씩 세고 나면 나머지(1,2,3,4)가 남게 되고 그 남은 것을 다시 왼손 중지와 넷째 손가락 사이에 끼운다. 4개씩 센 것은 사시(四時)를 형상한 것이고 남은 것을 손가락 사이에 끼우는 것은 윤달을 형상한 것이다. 그리고 오른손에 들려 있는 댓가지는 좌측 바닥에 내려 놓는다.

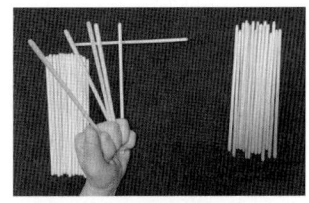
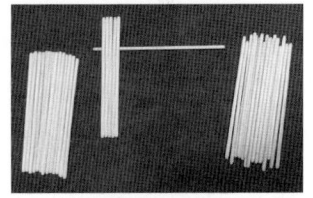

⑤ 오른쪽 바닥에 놓여 있던 댓가지를 오른손으로 들어 왼손으로 4개씩 센다. 4개씩 센 후 나머지 댓가지를 왼손 둘째 손가락과 중지 사이에 끼운다. 이것은 5년째 다시 윤달을 두는 것을 형상한다.

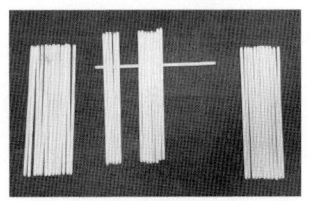

⑥ 이렇게 끼운 왼손에 있는 모든 댓가지를 합하면 5개 아니면 9개가 되는데 이를 가로로 놓여 있는 댓가지 왼쪽에 올려 놓는다 이것이 일변(一變)다.

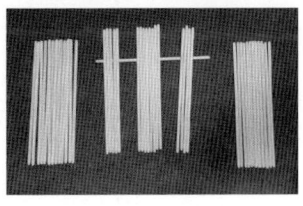

⑦ 일변 후에 왼쪽(천책天策)과 오른쪽(지책地策)을 합쳐서

일변의 과정을 되풀이하여 왼손에 있는 댓가지를 모두 합하여 다시 올려 놓는 것이 이변(二變)이다. 여기서 합한 책수는 4개 아니면 8개가 되어야한다. 위와 같이 다시 한 번 반복하면 삼변(三變)이다. 이렇게해서 한 효(爻)가 얻어진다.

⑧ 처음부터 반복하여 두번째 효를 얻고 6번을 반복하면 한 괘를 얻을 수 있다.

별도로 모아 놓았던 3회의 산가지 숫자를 모두 합하면 (5 또는 9) + (4 또는 8) + (4 또는 8) = 13 이나, 17이나, 21이나, 25가 된다. 나온 수를 다시 49라는 수에서 빼어야 하는데, 36이나, 32나, 28이나, 24가 되며 모두 4의 배수가 된다. 다시 그 수를 4로 나누어진 몫을 구하면 9나, 8이나, 7이나, 6이 된다.

9는 노양(동효 動爻), 8은 소음(정효 靜爻), 7은 소양(정효 靜爻), 6은 노음(동효 動爻)이 되니 비로소 하나의 효가 정해진다. 얻은 효중에 동(動)한 효 즉 노양은 소음으로 노음은 소양으로 변화한다

얻은 괘를 표기하려면 6음 동효(노음)는 ╫을 빗금을 쳐서 표시하거나 X로 표시한다. 9양 동효(노양)은 ╱을 빗금을 쳐서 표시하거나 O로 표시한다. 8음 정효(소음)은 ‖으로 표시 한다. 7양 정효(소양)은 | 으로 표시 한다.

4) 시간 작괘법(時間作卦法)

처음 시계를 볼때 미리 정해놓은 괘를 붙이는 방법이다. 초침으로 동효(動爻)를 정하고 시간(時間)을 상괘(上卦)로 분(分)을 하괘(下卦)로 정하는 방법이다.

▶10시 15분 35초일경우

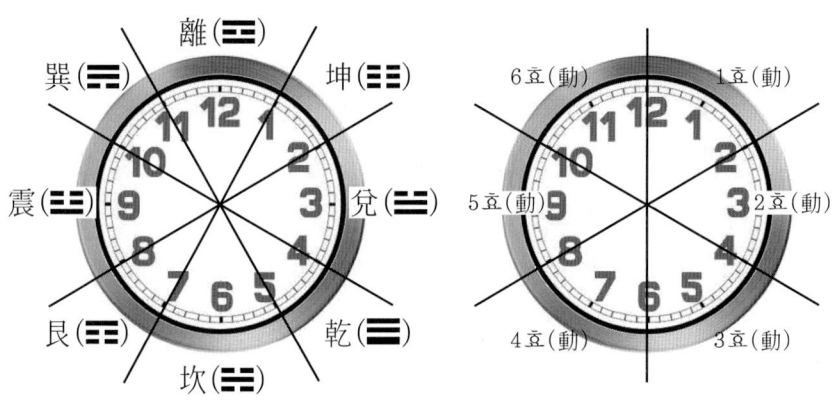

동효 : 35초-4효(動), 상괘 : 巽(☴), 하괘 : 兌(☱)

5) 기타작괘법

① 방위기괘법 : 사람이나 사물의 방위를 근거로 점을 치는법이다. 사물을 상괘로 하고 방위를 하괘로 하여 사물의 수와 방위의 수를 더하고 거기에 시간의 수를 더해 동효를 구한다.

예를들면 "노인이 동남쪽에서 오후 3시에 걸어는 것을 보았다."라고 하면 상괘는 노인(건괘)이고 동남쪽이면 손괘(방위는 후천팔괘를 근거로 한다.)이고 시간은 未시이다. 동효는 건괘(1)와 손괘(5)와 미시(8)를 더해 6(육효)으로 나누어 나머지 2를 동효로 정한다.

* 나누고 난 나머지가 0일 때는 나눈 수(6.8)가 된다.

② 점엽법(拈葉法) : 솔잎을 가지고 왼손·오른손·왼손의 순으로 세 번 뽑아 괘를 만드는 법

④ 습자법(拾字法) : 책을 놓고 숫자를 손으로 세 번 짚어서 그 수로 괘를 만드는 법과 글자를 짚어서 획수를 셈한 뒤 9로 나누어서 나머지 수로 괘를 만드는 법 등이 있다.

⑤ 측자기괘법 : 글자를 가지고 하는 점술 방법이다. 우선 한 자는 편방(偏芳)이 있는 합체자(合體字)와 둘로 나눌 수 없는 독체자(獨體字)로 구분된다.

합체자의 경우 좌변의 획수로 상괘, 우변의 획수로 하괘가 되고, 총획수를 6으로 나눈 나머지가 동효가 된다, 상하로 되어 있는 합체자의 경우 윗쪽이 상괘, 아래글이 하괘가 된다.

독체자의 경우는 총획이 짝수의 경우는 반으로 나누어 상, 하괘를 구하고 홀수이면 총획수를 반으로 나누어 적은쪽을 상괘로 많은 수를 하괘로 한다.

⑥ 주사위, 또는 산통등 다양한 도구로 점을친다.

[육효점 득괘기구]

2. 육효의 구성(構成)과 괘반 작성법

1) 육효점 괘반의 구성(構成)

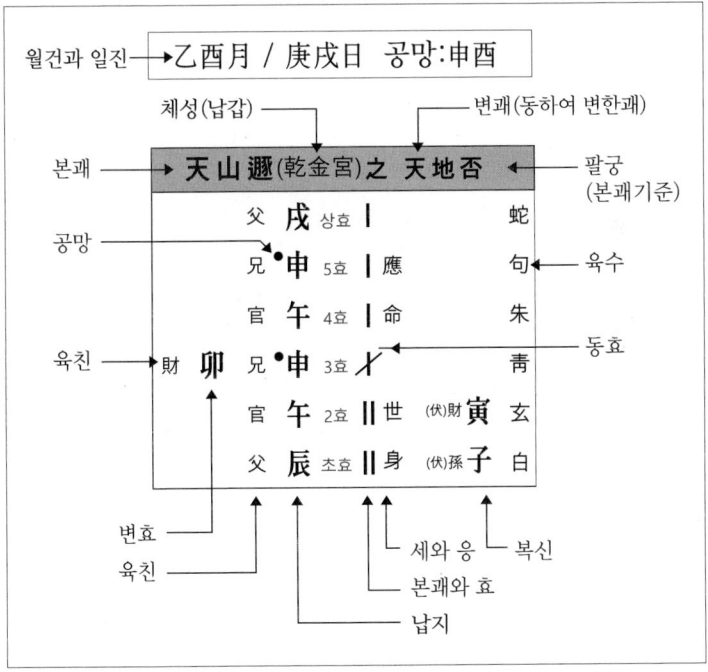

[육효 괘반 구성도]

육효는 괘를 얻는 법을 통하여 얻은 괘와 괘효사를 월건과 일진에 오행 상생상극을 대입하여 길흉을 판단하는 술법이다. 육효점법의 괘반은 크게 세 부분으로 나누어 볼 수 있다.

첫째는 괘와 효, 월건과 일진이고, 둘째는 납갑과 납지이며, 셋째는 납갑과 납지를 통하여 육친을 배속하고 길흉을 판단하는 부분이다. 괘반의 작성 순서에 따라 육효학의 용어와 통변 방법에 따라 해석한다.

2) 괘반 작성법

점의 목적	내용
천시(天時)	날씨(비와 눈, 맑음과 흐림)
구직(求職)	취직, 승진, 직장의 안정
애정(愛情)	혼인여부, 교제의 길흉
재물(財物)	재물의 길흉이나 시기
사업(事業)	개업, 창업, 성패, 전망
시험(試驗)	입시, 취업, 자격증등의 시험 합격여부
승패(勝敗)	소송, 게임, 경기등의 승패여부
우환(憂患)	근심, 걱정, 재난
질병(疾病)	질병의 상황과 진전여부
출행(出行)	여행, 이동, 방문, 출장등의 길흉
매매(買賣)	동산, 부동산의 매매여부, 시기
가택(家宅)	주거나 이삿집의 길흉

① 점을 구하는 목적을 적는다.

표에 정리된 목적사를 참고로 하여 마음 속이나 깨끗한 종이에 적는다.

② 점을 구하는 날의 월건과 일진을 찾는다.

만세력을 참조하여 점을 구하는 날의 월건과 일진을 육십갑자로 적는다. 월건과 일진은 개개의 효마다 왕쇠를 결정하는 기준이고, 신명(神明)의 기운이 임하는 자리며, 육효의 길흉이나 가부(可不)의 매우 중요한 요소이다.

③ 괘와 효를 구한다.

괘를 얻는 법을 참조하여 괘와 효를 구한다.(1장 참조) 구한 괘는 아래에서 부터 위로 점을 구한 결과를 적고 위에서 아래로 읽는다.

▶ 상괘(上卦)는 사진뢰(四震雷), 하괘(下卦)는 오손풍(五巽風)으로 뢰풍항(雷風恒) 괘가 구해졌다.(음동, 양효, 양효/양효, 음효, 음효)

① 아들이 교제를 하고 있습니다. 교제 하는 이와 결혼을 할수 있겠습니까?

*목적:애정(혼인여부)

② 점을 구하는 월과일들 찾아 육십갑자를 참조하여 적는다.

*점을구하는 월일을 적는다(丁酉月 壬申日)

③괘와 효사를구한다.

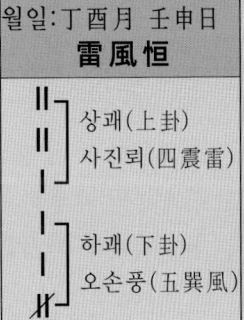

④ 동효로 인해 변한 대성괘를 찾는다.

점을 구한 결과를 보면 초효인 음효가 동하여 五巽風이 乾爲天으로 변하였다. 따라서 雷風恒 卦가 雷天大將 卦로 변하였다.

⑤ 세효와 응효를 찾는다.

대성괘의 여섯효는 효와 효끼리 서로 응한다. 세효와 응효는 64괘 세응표를 참고하여 세와 응을 찾는다.(팔궁참조)

⑥ 점친 괘가 속한 팔궁의 체성(납갑)을 찾고 각 효에 지지(납지)를 붙인다.

육효 팔궁과 혼천납갑표를 참조하여 점친괘의 소속궁을 찾아 적는다.(팔궁참조)

▶뢰풍항 괘는 팔궁중 진위뢰궁의 소속괘로 소속궁의 체성은 목(木)체이다.
▶소속괘의 체성을 기준으로 각 효에 지지(납지)를 붙인다.
▶변효 또한 정효의 원리와 같이 납지를 붙인다.

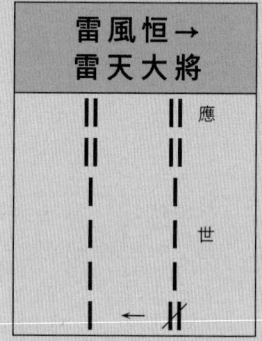

④⑤동효로 변한괘를 찾고 세와 응을 팔궁표를 참조하여 붙인다.

雷風恒→
雷天大將

⑥소속궁을 참조하여 납갑과 납지를 붙인다.

雷風恒(진목궁)→
雷天大將

⑦복신은 변괘(뢰천대장)가 속한 수괘(首卦)에서 없는 오행을 찾는다.

⑦ 복신을 찾는다.

복신은 본괘에 나타나 있지 않은 오행을 말한다. 복신은 본괘가 속한 팔궁의 수괘에서 찾아 수괘에 위치한 효위에 표시한다.

⑧ 육친을 찾는다.

점을 구한 본괘의 체성(납갑)과 각 효의 납지를 오행의 상생상극의 원리에 따라 육친을 찾는다.

▶육효는 납갑과 납지에 육친을 붙여 각 효의 길흉을 판단한다.
▶육효에서의 육친은 부(父), 형(兄), 손(孫), 재(財), 관(官)을 말한다.

⑨ 육수를 찾아 적는다.

육수는 오행의 독특한 성질을 말한다. 전설상의 여섯 짐승의 이름을 빌려 표현한 것으로 청룡(靑), 주작(朱), 구진(句), 등사(蛇), 백호(白), 현무(玄)등이다.

⑩ 괘신을 찾는다.

괘신은 점을 구하는 대성괘의 주된 기운으로 세효의 음양을 기준으로 찾아 적는다.

⑧각 효의 납지에 육친을 붙인다(납갑기준)

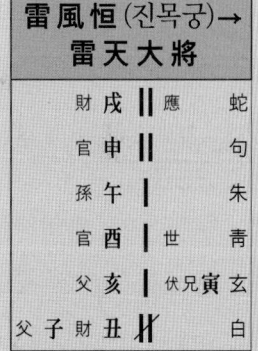

⑨각 효에 해당하는 육수를 붙인다.

▶육수는 각 효에 하나씩 오행에 해당하는 육수를 배정하여 적는다.

3. 월건(月建)과 일진(日辰)

1) 월건(月建)

 월건은 월령이라고도 한다. 만물은 월령을 따라 나고 죽으며 음양의 왕쇠에 따라 절기가 정해지고 절기의 기후에 따라 한난조습이 이루어지는 것을 말한다.

木			火			金			水		
정월	2월	3월	4월	5월	6월	7월	8월	9월	10월	11월	12월
寅	卯	辰	巳	午	未	申	酉	戌	亥	子	丑
입춘	경칩	청명	입하	망종	소서	입추	백로	한로	입동	대설	소한

▶木의 왕상휴수사의 경우

봄(春)	여름(夏)	사계(四季)	가을(秋)	겨울(冬)
왕(旺)	휴(休)	수(囚)	사(死)	상(相)

• 월건은 점괘의 각 효를 생극충합(生剋冲合)한다.
• 월건에 각 효가 생부(生扶)하거나 비화(比和)되면 왕상(旺相)하고 유정(有情)하며 극(剋)하거나 설기(泄)되면 쇠약(衰弱)하고 무정(無情)하다.
• 월건에 각 효가 충(冲)되면 월파(月破)라 하여 무정(無情)하다.
• 월건과 효가 합(合)이 되면 쓸모가 있고, 파(破)가 되면 쓸모가 없어진다.

- 효가 월건에 생부되거나 비화가 된다 하더라도 공망이 되면 목적사가 이루어지지 않고 출공(出空)하는 시기에 목적사가 이루어지게 된다.
- 효가 월건이나 일진에 생부하지 못하고 공망이 되면 진공망으로 출공해도 목적사가 이루어지지 않는다.
- 효가 월건에는 생부되고 일진에 충극되면 동효의 생극을 보아 목적사의 여부를 판단하여야 한다.
- 월건에 생부를 받아 왕상한 효는 월건이 지나면 쇠약해지고, 월건에 극세를 받아 쇠약한 효는 월건이 지나 생부를 받으면 목적사가 이루어질 수 있다.

2) 일진(日辰)

- 일진은 점을 구하는 날을 말한다. 육십갑자로 표기한다.
- 일진은 여섯 개의 효를 주관하여 계절의 왕상과 관계없이 왕쇠를 주관한다.
- 일진과 월건은 같은 힘을 가지고 각 효에 생극충합 한다.
- 일진과 정효(靜爻)가 충이 될 때 충되는 효가 휴수무기 하면 일파(日破)가 되고, 왕상하면 암동(暗動)이라고 한다.
- 효와 일진이 생부되면 월파가 되거나 충극이 되더라도 무력해지지 않는다.
- 일진에 생부된 효는 괘중에서 가장 왕상한 효가 된다.

- 월건과 일진에 각 효가 생부되지 않고 휴수무기 하면 목적사가 이루어 지기 어렵다.
- 괘내에 용신이 없을 때에는 월건이나 일진을 용신으로 정한다.
- 효가 일진에 생부를 받아도 공망이 되면 목적사가 이루어지기 어렵고 출공 되는 때 이루어진다.
- 효가 월령이나 일진에 생부를 받지 못하고 공망이 되면 출공 하더라도 목적사가 이루어지기 힘들다.
- 효가 일진에 생부되고 월건에 충극되면 동효의 생부를 살펴서 목적사의 가부를 판단한다.

■ 구재점(求財占)

- 寅月, 庚戌日, 寅卯空亡

화천대유 (乾金宮)	
官 巳 ㅣ 應	蛇
父 未 ㅣㅣ	句
兄 酉 ㅣ	朱
父 辰 ㅣ 世	靑
財 寅 ㅣ	玄
孫 子 ㅣ	白

寅月 庚戌日 구재를 점하였는데 화천대유괘를 얻었다. 구재점에는 寅木 財爻가 용신이다.

財효가 월건에 생을 받으니 재물을 얻을 수 있다, 하지만 지금은 재가 공망이라 甲寅에 이르러 출공(出空)할 때 재물을 얻게 될 것이다. 과연 甲寅일에 재물을 얻었다.

옛말에 '공망(空亡)을 만나도 공망(空亡)이 아니다'는 것은 잘못된 것이다. 공망이 순내(旬內)에 있다면 공망(空亡)이 되고, 출순(出旬)하면 공망이 아니게 된다.

공망이 기신(忌神)인 경우에는 출공하면 재앙이 되고, 원신(原神)인 경우에는 출공하면 복이 된다. 효가 월건의 극을 받아 휴수(休囚)된 공망과 生이 없고 剋만 있는 공망과는 비할바가 아닌데. 이는 효가 월건(月建)에 임하면 왕해지는 까닭이다.

만약 타효에 의하여 극을 당하는 것을 '상함을 만났다'고 하는데 예를들어 병점의 경우에 상함을 만나면 지금은 낫지 않고 일을 성취하고자 하면 성취 되게 된다. 극상하는 효를 충거하여 그 상함을 받지 않게 하는 것을 말한다.

▌귀인점(貴人占)

· 酉月, 丙寅日, 戌亥 空亡

```
산풍고 → 산수몽 (巽木宮)
兄 寅 |     應        青
父 子 ||   孫 巳 (伏)  玄
財 戌 ||                白
孫 午  官 酉 ✕ 世      蛇
       父 亥 |          句
       財 丑 ||         朱
```

귀인점에서 世가 官에 지세하였으니 귀인을 만날 수 있다. 하지만 官이 動하여 회두극(回頭剋)을 당하니 子일이 되어 午(孫)가 충거 되면 귀인을 만날 수 있을 것이다.

과연 丙子일에 귀인을 만났

다. 이를 두고 '상함을 만나면 상하게 되나 때를 기다리면 작용함이 있다.'라고 한 것이다.

▮ 승진점(昇進占)

· 寅月, 丙申日, 辰巳 空亡

간위산 → 산뢰이 (艮土宮)	
官 寅 丨 世	靑
財 子 ‖	玄
兄 戌 ‖	白
兄 辰 孫 申 乂 應	蛇
父 午 ‖	句
財 子 兄 辰 ⚋	朱

세효가 관(寅)에 지세하였고 월(寅)에 생을 받아 왕상하다 하지만 세효가 일(申)충을 당하였다 하여도 응효 손(申)이 동해 형(辰)을 화출하고 申子辰 수국으로 세효를 생하니 辰월 높은 자리로 승진할 것이다.

辰월에 승진한 것은 형(辰)이 공망이 되어 출공하기 때문이고 세효와 관이 모두 상효에 있어 그 지위가 높은 것이다.

[세와 관이 모두 초효에 있으면 수도(首道)이고 오효와 상효에 있으면 변방이 되며 2효, 3효, 4효는 오행의 방향으로 판단한다.]

▮ 관재점(官災占)

· 午月, 丁未日, 寅卯 空亡

'동생이 탄핵을 당하였는데 길흉이 어떠한가?'를 점하였더니 택수곤괘를 득하였다.

택수곤 → 뢰풍항 (兌金宮)			
	父 未 ‖		靑
兄 申	兄 酉 ⚊		玄
	孫 亥 ⚊	應	白
兄 酉	官 午 ⚋		蛇
	父 辰 ⚊		句
	財 寅 ‖	世	朱

유금형효(酉金兄爻)가 용신이 되는데 월건(午)이 극하고 일진(未)이 생부를 하고 있어 서로 대적하고 있다. 하지만 午火가 動하여 상극(相剋)니 타효가 극제를 더하는 경우이다.

'큰 해로움이 있는가'를 물음에 말하되 월건 午火가 발동하여 괘에 들어간 것은 강함에 강함을 더한 것으로 월건이 기신(忌神), 재앙이 매우 클 것이니 대흉하다 라고 하였다. '흉함이 언제 오겠는가'라고 물음에 말하되 酉金 兄爻가 퇴신으로 올해가 辰년으로 합이 되어 무해하나 퇴신인 申년이 되면 흉하다. 그 해에 하옥되어 申年에 사형을 당하였다.

- 생함이 많고 극함이 적으면 길하고 극함이 많고 생함이 적으면 흉하다. 또한 원래에 흉하면 월건 내에서는 흉함이 없으나 월건을 벗어나면 흉하다.

- 용신이 월건에 생부함이 있고 타효에 상극을 받지 않으면 길하고 기신이 월건에 임하고 용신이 쇠약하면 흉하다.

- 기신이 용신을 극하는데 월건이 기신을 극하면 구함이

있고 월건이 기신을 생하면 흉함을 생부하니 대흉해 지는 것이다.

- 용신이 원신의 생부함을 받고 월건이 다시 원신을 생하면 대길(大吉)하지만, 월건이 원신을 극제하면 월건은 기신이 되므로 용신을 극하게 됨으로 흉하다.

- 용신이 쇠(衰)한 것은 때를 기다리면 된다. 예를들어 용신이 火에 임하였는데 겨울이라면 봄이 되면 왕하게 되는 것이다. 이를 들어 물질이 극에 이르면 변하고 그릇이 가득차면 기울어 진다고 하는 것이다.

▌개업점(開業占)

- 寅月, 辛酉日, 子丑 空亡

간위산 → 지화명이 (艮土宮)				
孫	酉	官 寅 ✕ 世		蛇
		財 子 ∥		句
		兄 戌 ∥		朱
		孫 申 │ 應		靑
		父 午 ∥		玄
	官 卯	兄 辰 ∥		白

세효가 寅木 官에 임하고 월건에 생부를 받았으니 개업하면 번성하게 된다. 하지만 세효가 동하여 회두극이 되어 세효를 극하니 생은 적고 극이 많으며 육충괘가 되니 번성함이 오래가지 못할 것이다. '동업자의 마음이 한결같겠는가? 다른 문제는 없겠는가?' 물어 말하기를 세효에 관귀가 있으니 건강을 조심하라 동업자도 변할 것이다고 말하였다.

六月(未)월 木, 世가 입묘하고 申金 응효가 가을이 되어 때를 만나 왕하여 세효를 冲한다.

六월에 이질이 나서 八월이 되어도 낫지를 않으니 동업자가 재물을 훔쳐 달아 났다. 관청에 고발 하였으나 잡지를 못하였다. 이를들어 '당시는 왕상하여 상함이 없어도 때를 만나면 해로움이 있다'라는 것이다.

▍출산점(出産占)

· 午月, 戊辰日, 戌亥空亡

화지진 (乾金宮)		
官 巳 丨		朱
父 未 ‖		靑
兄 酉 丨 世		玄
財 卯 ‖		白
官 巳 ‖		蛇
父 未 ‖ 應 孫 子(伏)		句

유금형효(酉金兄爻)가 용신이 된다. 형효가 일진에 생부를 받아 충극됨이 없으니 다음날 卯時가 되면 출산할 것이다.

과연 다음날 卯時에 출산 하였고 母子 모두 무해하였다. 황금책에서 말하기를 합주(合住)하게 되면 반드시 충개를 기다려야 한다. 월건은 극하였지만 일진이 생하였고 타효의 극제나 방부함이 없었다.

▍자식의 천연두에 대한 병점

· 未月, 甲午日, 辰巳空亡

손효 申金이 용신이다. 월건에 생부를 받았으나 일진에 극을 받았다. 또한 午火부효가 동하여 世를 극하였다. 다행히 午가 월건과 합하여 현재는 무탈하겠으나 丑일 未土를 충거하는 것이 두렵다. 화극금이 되면 위험해질 것이다. 과연 丑日 자식이 죽었다.

천택리 → 풍택중부 (艮土宮)		
兄 戌 ∣		玄
孫 申 ∣ 世		白
兄 未 父 午 ✕		蛇
兄 丑 ∣		句
官 卯 ∥ 應		朱
父 巳 ∥		靑

■ 병점

· 申月, 戊午日, 子丑 空亡

천산돈 → 천풍구 (乾金宮)		
父 戌 ∣		朱
兄 申 ∣ 應		靑
官 午 ∣		玄
兄 申 ∣		白
孫 亥 官 午 ✕ 世 財 寅(伏)		蛇
父 辰 ∥ 孫 子(伏)		句

世효 午火가 일진에 임하여 본래 주상이 왕상하다. 다만 좋지 않은 것은 申월건이 亥水를 생하여 회두극하는 것이다. 亥月에 죽었다. 생이 많고(生多) 극이 적으면(剋少) 금상첨화(錦上添花)이고, 극이 많고 생이 적으면 중과부적이다.

■ 하인이 어느 시절에 돌아올 것인가?

· 巳月, 丁亥日, 午未 空亡

재효 亥수를 용신으로 한다. 亥수는 월파 되어 일진을 생부함을 얻거나 월파가 깨어진다고 하여도 형효가 난동하여 상함을 입었다. 고서에서 말하기를 '두 주먹으로 네 손을 감당하지 못한다고 하였다.' 돌아올 기약도 없을 뿐 아니라 예측하기 어려운 일이 있을 수 있으니 대비하여야 한다. 午月 卯日에 소식을 접하니 중도에 이미 해를 당했다고 하였다.

	택천쾌 → 천택림 (坤土宮)	
兄 戌	兄 未 ⚋	靑
	孫 酉 ⚊ 世	玄
	財 亥 ⚊	白
兄 丑	兄 辰 ⚎	蛇
	官 寅 ⚊ 應 父 巳 (伏)	句
	財 子 ⚊	朱

4. 육효팔궁(六爻八宮)과 납갑납지(納甲納支)

1) 육효팔궁(六爻八宮)

경방은 『京氏易傳』下卷에서 "적산하여 괘를 따라 궁을 일으키니, 乾·震·坎·艮·坤·巽·離·兌의 팔괘가 서로 섞여서 二氣의 양은 음에 들어 가고, 음은 양의 二氣에 들어가 서로 교감하고 작용하여 멈추지 않는다. 그러므로 낳고 낳은 것을 易이라 이르니, 천지 안에 하지 않음이 없다."라고 하였다. 음이 생하면 양이 사라지고, 양이 생하면 음이 사라지는 음양의 변화(소식)에 의해 길흉의 조짐이 정해진다고 말한 것이다.

6세3응	1세4응	2세5응	3세6응	4세1응	1세4응	5세2응	3세6응
건위천 (건금체)	천풍구	천산돈	천지비	풍지관	산지박	화지진	화천대유
태위택 (태금체)	택수곤	택지췌	택산함	수산건	지산겸	뢰산소과	뢰택귀매
이위화 (이화체)	화산려	화풍정	화수미제	산수몽	풍수환	천수송	천화동인
진위뢰 (진목체)	뢰지예	뢰수해	뢰풍항	지풍승	수풍정	택풍대과	택뢰수
손위풍 (손목체)	풍천소축	풍화가인	풍뢰익	천뢰무망	화뢰서합	산뢰이	산풍고
감위수 (감수체)	수택절	수뢰둔	수화기제	택화혁	뢰화풍	지화명이	지수사
간위산 (간토체)	산화비	산천대축	산택손	화택규	천택이	풍택중부	풍산점
곤위지 (곤토체)	지뢰복	지택임	지천태	뢰천대장	택천쾌	수천수	수지비

경방은 음양소식의 원리에 근거하여 동일한 소성괘를 겹친 대성괘를 팔궁괘(八宮卦) 또는 팔순괘(八純卦)라 하고 팔괘를 음양에 따라 3효가 모두 양인 건괘(乾卦 ☰)와 1양효와 2음효로 이루어진 진괘(震卦 ☳), 감괘(坎卦 ☵), 간괘(艮卦 ☶) 3괘는 양괘로 3효가 모두 음인 곤괘(坤卦 ☷)와 1음효와 2양효로 이루어진 손괘(巽卦 ☴), 리괘(離卦 ☲), 태괘(兌卦 ☱)는 음괘로 구분하여 십간의 양간과 음간에 배치 하였다.

이와 같이 육효팔궁은 음양소식의 원리에 따라 팔궁괘를 수괘(首卦)로 하여 7개씩 64괘를 배속하였다. 예를들어 곤괘가 중첩된 대성괘는 곤위지로 소속오행은 표와 같이 토(土)체가 된다. 수괘의 소속오행은 육친을 배속하는 기준이 된다. 육효팔궁은 육효에서 오행의 체성과 세응 납갑과 납지, 육친등을 이용하여 점괘를 통변하는 기준이 된다.

2) 납갑(納甲)

납갑은 팔궁괘(수괘)에 십간을 붙이는 것이다.

"天地乾坤의 상을 나누어 甲乙壬癸에 더한다. 震巽의 상은 庚辛에 배분하고, 坎離의 상은 戊己에 배분하며, 艮兌의 상은 丙丁에 배분한다. 팔괘는 음양으로 나뉘고, 각 괘 여섯 효의 자리에 오행이 배분되니, 밝은 빛이 두루 통하게 되고 변화무쌍한 역이 절기를 세운다." [1]

		乾爲天	兌爲澤	離爲火	震爲雷	巽爲風	坎爲水	艮爲山	坤爲地
		乾金甲子	兌金丁巳	離火己卯	震木庚子	巽木辛丑	坎水戊寅	艮土丙辰	坤土乙未
上卦 (外卦)	上爻	壬.戌	丁.未	己.巳	庚.戌	辛.卯	戊.子	丙.寅	癸.酉
	5爻	壬.申	丁.酉	己.未	庚.申	辛.巳	戊.戌	丙.子	癸.亥
	4爻	壬.午	丁.亥	己.酉	庚.午	辛.未	戊.申	丙.戌	癸.丑
下卦 (內卦)	3爻	甲.辰	丁.丑	己.亥	庚.辰	辛.酉	戊.午	丙.申	乙.卯
	2爻	甲.寅	丁.卯	己.丑	庚.寅	辛.亥	戊.辰	丙.午	乙.巳
	初爻	甲.子	丁.巳	己.卯	庚.子	辛.丑	戊.寅	丙.辰	乙.未

1) 『京氏易傳』上卷. "分天地乾坤之象, 益之以甲乙壬癸, 震巽之象配庚辛, 坎離之象配戊己, 艮兌之象配丙丁. 八卦分陰陽, 六位配五行. 光明四通, 變易立節."

육효는 십간을 팔궁괘에 배속하되, 양괘에는 양간을 음괘에는 음간을 붙이는 것으로 陽卦인 乾卦는 甲壬을, 艮卦는 丙을, 坎卦는 戊를, 震卦는 庚을 납갑하였다.

陰卦인 坤卦에는 乙癸를, 兌괘에는 丁을, 離卦는 己를, 巽卦는 辛을 납갑하는 것이다.

3) 납지(納支)

팔궁(八宮)	납지법(納支法)	12지지
乾爲天(金)	초효가 子에서 시작하여 한칸씩 띄고 양간지지로 순행	子寅辰午申戌
坎爲水(水)	초효가 寅에서 시작하여 한칸씩 띄고 양간지지로 순행	寅辰午申戌子
艮爲山(土)	초효가 辰에서 시작하여 한칸씩 띄고 양간지지로 순행	辰午申戌子寅
震爲雷(木)	초효가 子에서 시작하여 한칸씩 띄고 양간지지로 순행	子寅辰午申戌
巽爲風(木)	초효가 丑에서 시작하여 한칸씩 띄고 음간지지로 역행	丑亥酉未巳卯
離爲火(火)	초효가 卯에서 시작하여 한칸씩 띄고 음간지지로 역행	卯丑亥酉未巳
坤爲地(土)	초효가 未에서 시작하여 한칸씩 띄고 음간지지로 역행	未巳卯丑亥酉
兌爲澤(金)	초효가 巳에서 시작하여 한칸씩 띄고 음간지지로 역행	巳卯丑亥酉未

납지란 점하여 구하여진 대성괘의 초효부터 시작하여 상효까지 12지지를 배속하는 것을 말한다. 납지를 붙이는 것은 오행

의 상생. 상극을 이용하여 길흉을 판단하기 위함이다. 납지는 납갑의 원리와 동일하게 음괘와 양괘를 나누어 진다.

"건괘의 육효는 초효에서 상효까지 子, 寅, 辰, 午, 申, 戌을 배정하고, 곤괘의 육효는 未, 巳, 卯, 丑, 亥, 酉를 배정하고, 진괘의 육효는 子, 寅, 辰, 午, 申, 戌을 배정하고, 손괘의 육효는 丑, 亥, 酉, 未, 巳, 卯를 배정하고, 감괘의 육효는 寅, 辰, 午, 申, 戌, 子를 배정하고, 리괘의 육효는 卯, 丑, 亥, 酉, 未, 巳를 배정하고, 간괘의 육효는 辰, 午, 申, 戌, 子, 寅을 배정하고, 태괘.의 육효는 巳, 卯, 丑, 亥, 酉, 未를 배정한다"[1]

5. 비신(飛神)과 복신(伏神)

복신에 대한 여러 가지 이론이 있으나 현재의 육효학에서 복신이란 복서정종에 따라 본괘의 각효에 납지된 오행중 나타나 있지 않는 오행을 말한다. 복신은 본괘가 속한 팔궁괘(수괘)에서 없는 오행과 효위를 찾는다. 복신의 숨은 자리에 정효를 비신(飛神)이라고 한다.

복신은 용신이 월건과 일진 그리고 본괘에 없는 경우에 복신을 용신으로 할 수 있다.

---

1) 『易漢學』"乾卦六爻, 從初爻上爻, 配子寅辰午申戌 ; 坤卦六爻, 配未巳卯丑亥酉 ; 震卦六爻, 配子寅. 辰午申戌 ; 巽卦六爻, 配丑亥酉未巳卯 ; 坎卦六爻, 配寅辰午申戌子 ; 離卦六爻, 配卯丑亥酉未. 巳 ; 艮卦六爻, 配辰午申戌子寅 ; 震卦六爻, 配巳卯丑亥酉未.".

비신(飛神)은 복신(伏神)을 숨겨 주는 것이므로 길흉이 드러나 있지 않거나 숨겨져 있는 경우를 말한다.

복신을 용신으로 사용할 경우	복신을 용신으로 사용할수 없는 경우
월건과 일진의 생을 받아 왕상한 경우	복신이 월건과 일진에 휴수한 경우
비신이 복신을 생할 경우	복신이 월건과 일진에 충극된 경우
복신이 동효의 생을 받을 경우	복신이 왕상한 비신에 충극을 당하거나 비신에 설기되는 경우
월건과 일진, 동효가 비신을 충극한 경우	복신이 월건과 일진에 묘절되는경우
비신이 공망, 월파, 휴수, 묘절을 만난 경우	복신이 공망, 월파 되는 경우

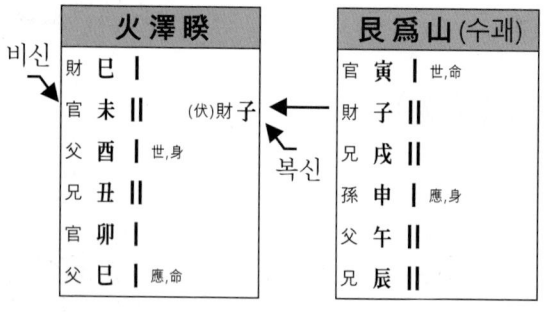

▶화택규(火澤睽)의 복신은 화택규괘가 소속되어있는 수괘(首掛) 간위산(艮爲山)괘에서 없는 오행을 찾아 적는다.

6. 생왕묘절(生旺墓絶)

육효학에서 오행의 왕쇠는 음과 양으로 그 진퇴를 판단한다. 오행이 현재 왕상해도 음양의 기운은 묘절로 향할 수도 있고, 오행이 쇠약하더라고 음양의 기운은 생왕으로 향할 수 있다. 육효학에서 12운성의 생왕묘절은 오행의 강약보다는 음양의 상승과 하강의 관점에서 보아 판단한다.

생왕한 12운성은 흉한 것을 약하게 하고 희신을 생부하며 묘절한 12운성은 흉한 것을 약하게 할수 없으며 기신 또한 극제할 수 없다.

	絕	胎	養	長生	沐浴	冠帶	建祿	旺	衰	病	死	墓
甲	申	酉	戌	亥	子	丑	寅	卯	辰	巳	午	未
乙	酉	申	未	午	巳	辰	卯	寅	丑	子	亥	戌
丙	亥	子	丑	寅	卯	辰	巳	午	未	申	酉	戌
丁	子	亥	戌	酉	申	未	午	巳	辰	卯	寅	丑
庚	寅	卯	辰	巳	午	未	申	酉	戌	亥	子	丑
辛	卯	寅	丑	子	亥	戌	酉	申	未	午	巳	辰
戊壬	巳	午	未	申	酉	戌	亥	子	丑	寅	卯	辰
己癸	午	巳	辰	卯	寅	丑	子	亥	戌	酉	申	未

[오행의 12운성표-수토동궁 중심]

오행의 왕쇠는 12운성에 따르지만 육효학에서는 생왕묘절(生旺墓絕)을 중요시 한다.

• 木은 生(亥), 旺(卯), 墓(未), 絕(申)
• 火는 生(寅), 旺(午), 墓(戌), 絕(亥)
• 土는 生(申), 旺(子), 墓(辰), 絕(巳)
• 金은 生(巳), 旺(酉), 墓(丑), 絕(寅)
• 水는 生(申), 旺(子), 墓(辰), 絕(巳)

한 개의 특정한 효는 월건이나 일진, 변효에 생왕묘절(生旺墓絕) 된다. 동효가 월건과 일진, 변효에 입묘되면 입묘가 시작된 것이고 정효가 월건과 일진, 변효에 입묘되면 입묘에 갇힌 것이다. 하지만 동효가 동효에 입묘될 수는 없다.

▶육효학에서 생왕묘절에 주의할점
- 음양으로 장생을 구분하지 않는다.
- 장생보다 오행의 세력이 우선한다.
- 생과묘는 오행의 상생상극과 겸하여 판단하고, 록왕사절(祿旺死絶)은 오행의 생극법칙에 따른다.
- 욕대쇠병태양(浴帶衰病胎養)은 생왕묘절에 따르지 않는다.
- 金은 월건과 일진에 생을 받지 못하면 巳에 장생이 되지 않고 극을 받게된다.
- 土는 水와 같이 申에서 장생이 되고 辰에 입묘한다.
- 土는 월건과 일진의 생을 받지 못하면 巳에 절(絶)이 된다.

▌병점

- 午月, 己卯日, 申酉 空亡

진위뢰 → 뢰화풍 (震木宮)

財	戌 ‖ 世		句
官	申 ‖		朱
孫	午 ∣		靑
父 亥	財 辰 ╫ 應		玄
兄	寅 ‖		白
父	子 ∣		蛇

辰土 재효가 용신이 된다. 근병에는 충을 만나면 곧 낫게되니 辰일이 되면 낫겠고 만약 그렇지 못하면 酉일에 나으리라. 이후에 子일 나았다. 辰일 나으리라 한 것은 辰土가 치일(置日)이기 때문이었고 酉일이라 한 것은 辰과 酉가 합이 되어

동효가 합을 만난 날이라 판단하였으나 子일에 나온 것은 辰土 재효가 子日에 旺지가 되기 때문이다.

7. 동효(動爻)와 변효(變爻)

음의 기운이 가득차면 양이 되고 양의 기운이 가득차면 음이 되는 것을 동(動)이라 한다. 점의 목적사에 대한 변화의 조짐을 말하는 것이다. 점에서 동효는 (✗,✗)로 표시하며, 변효란 동효가 변화된 효를 말하므로 동효와 변효는 음양이 반대가 된다.

효가 변하면(동효) 변효가 생기게 되고 본괘와 다른 변괘가 만들어진다. 동효가 발생하면 변괘의 소속궁을 찾아 육친을 표시한다.

동효는 왕한 기운이 있기에 타효를 생극충합하거나 수장 할 수가 있으며, 변효는 모든 일에 처음과 끝이 되고 모든 일에 종(終)이 되고 후(後)가 된다. (動爲時變爲終 동위시 변위종)

1) 동효와 변효의 통변법

① 동효는 강약을 따지지 않으며 동효는 사건의 발단이 된다.
② 동효는 정효를 생극충합 할수 있으나 월건, 일진, 공망된

효, 복신, 변효는 생극하지 못한다.

③ 변효가 동효를 극하면 회두극이라 하고 동효의 작용이 무력하다.

④ 동효가 변효를 생하면 회두생이라 하고 동효의 작용력이 증가된다.

⑤ 동효가 변효에 절(絕)이 되면 동효의 작용력은 반감된다.

⑥ 동효가 변효에 비화(比和)되면 진신이나 퇴신, 복음 여부를 판단하여야 한다.

⑦ 변효가 동효를 충(冲)하는 것을 반음이라고 하고 반음이 되면 매사의 일이 순조롭지 못하고 번복되게 된다.

⑧ 동효가 합이 될 때는 충이 되었을 때 현상이 발생된다.

⑨ 동효나 변효가 일진에 충극되면 일시적으로 작용은 멈추게 되지만 없어 지는 것은 아니다.

⑩ 동효나 변효가 월파되면 작용력이 매우 줄어들게 된다.

⑪ 변효는 동효에서 발생된 사건에 대한 원인이나 결과를 의미한다.

⑫ 변효는 동효에만 힘을 미치며 정효에는 작용하지 않는다.

⑬ 정효는 일진, 월건, 동효에 의하여 생극합충 등의 영향을 받는다.

⑭ 정효는 암동을 제외하면 타효에 생극합충하지 않는다.

⑮ 정효가 월건과 일진에 생을 받아 왕상하면 쇠약한 효를 생하거나 극할 수 있지만 동효를 극할 수는 없으며, 동효는 쇠약해도 정효를 극할 수 있다.

2) 동효와 변효의 관계

동효가 변효가 되는 것은 원인과 결과 또는 시작과 끝이라는 관계성이 지속되고 있음을 말한다. 그러므로 동효가 발생되면 변효가 동효에 어떤 영향력을 미치는지를 잘 살펴야 한다.

① 변효는 해당 동효에만 영향을 미치므로 정효에는 생극충합을 하지 못한다.
② 동효는 변효에 의하여 생극충합뿐 아니라 절(絶)이 되거나 입묘될 수 있다.
③ 변효는 동효가 생극을 하지는 못하지만 월건과 일진에 생극된다.

8. 육친(六親)

『增刪卜易』에는 육친을 다음과 같이 말하고 있다.

"나를 생하는 것은 父母가 되고 내가 생하는 것은 子孫이 되며 내가 극하는 것은 妻財가 되고 나를 극하는 것은 官鬼가 되며 나와 같은 자는 兄弟가 된다. 乾宮 · 兌宮은 金이 兄弟, 土는 父母, 木은 妻財, 火는 官鬼, 水는 子孫이 된다. 坎宮은 木이 子孫, 水가 兄弟, 金은 父母, 火는 妻財, 土는 官鬼가 된다. 坤宮 · 艮宮은 土가 兄弟, 화가 父母, 木은 官鬼, 水는 妻財, 金은 子孫이 된다. 離宮은 木이 父母, 토가 子孫, 水는 官鬼, 金은 妻財, 火는 兄弟가 된다. 震宮 · 巽宮은 木이 兄弟, 水가 父母, 金이 官鬼, 火가

子孫, 土는 妻財가 된다.[1]

육효학에서는 팔궁괘에 납갑과 각 효의 납지를 기준으로 하여 오행의 상생상극의 원리에 따라 각효에 나를 생하는 것은 부모(父母)가 되므로 부(父)라하고, 나와 같은 형제나 자매를 형(兄)이라 하며, 내가 생하여 주는 것은 자손(子孫)으로 孫이라 하고 내가 극하는 것은 재물(財物)과 처(妻)로써 財라 하며, 나를 극하는 것을 남편 관(官)이라 한다.

	木	火	土	金	水
木	兄	孫	財	官	父
火	父	兄	孫	財	官
土	官	父	兄	孫	財
金	財	官	父	兄	孫
水	孫	財	官	父	兄

1) 육친(六親)의 상의(象意)

① 형효(兄爻) "파재(破財)와 극처(剋妻)가 염려되니"

형제, 동료, 친구, 대리인, 도적, 바람, 폭우 등으로 파재지신이라 하며, 형효가 동(動)하면 처재(妻財)의 손실이 따르므로 사업에서는 확장, 투자 등을 삼가고 집안에서는 처첩의 신변을 잘 살펴 보아야 한다.

---

1) "野鶴老人,"生我者爲父母, 我生者爲子孫, 我剋者爲妻財, 剋我者爲官鬼, 比和者爲兄弟. 乾兌宮金兄, 土父, 木財, 火鬼, 水子. 坎宮水兄, 火財, 土鬼, 金父, 木子. 坤艮宮土兄, 火父, 木鬼, 水財, 金子. 離宮火兄, 水鬼, 土子, 木父, 金財. 震巽木兄, 水父, 金鬼, 火子, 土財."

② 손효(孫爻) "쾌청(快晴)으로 복덕지신(福德之神)이니"

자손, 제자, 종업원, 의사(의약), 농축산물, 쾌청으로 복덕지신이니 가내 평안과 번창이 있으나 관공이나 직장인의 재임 및 승진점에서는 손효가 지세하여 동하면 파직이 염려스럽고 여자가 남편점을 칠 때는 생사별이 염려된다.

③ 재효(財爻) "복록지신(福祿之神)으로 처재(妻財)의 신"

처첩, 노복(아랫사람), 재물, 형수, 제수, 기예, 맑음 등으로 복록지신이 되는 처재의 신이다. 재효가 지세하여 왕(旺)하면 재물이 불어나고 사업도 번창하겠고 혼인수도 있겠으나 재효가 극을 당하여 쇠하면 손재와 극처수가 있다.

④ 관효(官爻) "관작지신(官爵之神)으로 관귀(官鬼)도 되고"

관청, 남편, 공명, 직장, 사기꾼, 귀신, 질병, 안개, 우뢰(천둥)등의 관작지신으로 관귀가 되며 여자의 경우는 남편도 된다, 관효가 지세하고 동하여 왕하면 취직, 승진, 혼인, 합격등의 기쁨이 있으나 관효가 극을 당하여 휴수하면 파직등 부부 생사별의 우환이 있으며, 한편 귀로 작용할 때는 재액등을 당한다. 관귀의 오행에 따라 수재, 화재등의 흉한 위험이 있으니 주의를 해야 한다.

⑤ 부효(父爻) "신고지신(辛苦之神)으로 문서(辛苦)의 신이다."

부모, 장인, 장모, 사장, 차, 배, 성지, 학문, 문서, 비, 눈으로써 신고지신으로 문서의 신이다. 부효가 지세에 왕하면 학자는 업적이 빛나고 일반인은 부동산계약 등의 일이 있고, 쇠하면 부모나 문서로 인한 근심이 생긴다. 이 경우 양효의 부효는 父, 음효의 부효는 母이다.

2) 육친(六親)의 생극(生剋)작용

- 자손이 동하여 財를 생하는데, 父가 발동하는 것은 마땅하지 못하다.
- 형제가 동하여 財를 극하는데, 자손이 발동하면 능히 해소시킨다.
- 처재가 동하여 鬼를 생하는데, 형제가 발동하는 것을 절대 꺼린다.
- 자손이 동하여 鬼를 극하는데, 처재가 발동하면 능히 해소시킨다.
- 부모가 동하여 兄을 생하는데, 처재와 서로 극하는 것을 꺼린다.
- 관귀가 동하여 兄을 극하는데, 부모가 발동하면 능히 설기시킨다.
- 관귀가 동하여 父를 생하는데, 자손이 발동하는 것을 꺼린다.
- 처재가 동하여 父를 극하는데, 관귀가 발동하면 능히 통관한다.
- 형제가 동하여 孫을 생하는데, 관귀가 발동하는 것을 꺼린다.
- 자손이 동하여 귀(鬼)를 극하는데 부모가 발동하면 무방하나, 만약 형제가 발동하면 관귀가 필히 상(傷)함을 받게 된다.
- 처재가 동하여 부모를 극하는데, 형제가 발동하면 근심이 없으나, 만약 자손이 발동하면, 부모가 오래 안정하기는 어렵다.
- 부모가 동하여 자손을 극하는데 처재가 발동하면 무사하나, 만약에 관귀가 동하면 그 자식은 필히 위험하다.
- 관귀가 동하여 형제를 극하는데 자손이 발동하면 구할 수 있으나,

만약 처재가 발동하면 형제가 오래가지 못한다.
- 형제가 동하여 財를 극하는데 관귀가 발동하면 거리낌이 없으나, 만약 부모가 동하면 財가 극해를 당한다.

이런 것은 모두 생극제화의 일반적인 이론을 말한 것인데, 길한 중에 흉함이 있고 흉함 중에 길함이 숨겨져 있는 것도 알아야 한다.

예를 들면 金이 발동하면 본래 水를 生하나, 만약 火가 발동하여 金을 억제하면, 金이 水를 생하지 못하게 된다. 또한 火가 발동하면 金을 극하나, 水가 동하여 火를 극하면, 火는 능히 金을 상하지 못한다. 또 火가 동하여 金을 극하는데 土가 동하면, 火가 土를 生하기를 탐하므로, 金을 극하는 것을 잊어 버리는데 이를 탐생망극(貪生忘剋)이라 하며 金은 오히려 길하게 된다. 火가 동(動)하여 金을 극하는데, 土는 안정되고 木이 동하여 火를 도우면, 金은 필히 흉하게 된다.

3) 지세(持世)한 육친(六親)에 따르는 의미

점을 쳐서 목적하여 알고자 하는 바가 무엇인가에 따라 용신을 정하고, 그 용신의 길흉을 살피는 것은 가장 우선해서 살펴야 하는 사항이다. 또한 그에 못지 않게 세효에 어떤 육친이 임했는가 하는 것을 살피는 일도 매우 중요하다.

세효에 용신이 임하고 왕상하면 가장 길하며 모든 일에 형통한다. 또한 용신이 세효에 임한 육친과 生이나 合이되면 길하며, 세효가 공망, 월파, 형충극해 된다면 흉하게 된다. 그러나 세효에 지세한 육친이 용신과 위배된다고 일이 성사되지 않는다고 판단할 수 없으며, 다만 성사가 되더라도 용이하게는 이루어지지 않으며 여러 곡절이 많게 된다.

다음은 옛 선현의 지세한 육친에 대한 구절이다.

▶부모가 지세하면 몸과 마음에 힘쓰고 고통스러움이 많으니라.
자손과 처첩을 구함에는 어려우나 官동하고 財왕하면 시험에는 마땅함이 있나니라.
처재가 요동하면 이익을 꾀함에 공연히 애태우지 말며 신수점에 財가 동하면 賢妻(현처)가 없거나 처가 변변치 못하며 수명이 길지 못하니라.
부모가 지세하면 신변은 근심과 막힘이다.
신변에 문서를 두르고 관귀에 이르면 부부는 서로 멀어지고 같은 침상을 쓰지 않으며 늙도록 다른 씨의 자손을 구하게 된다.

▶자손이 지세하면 매사에 근심이 없나니라.
명예를 구함에는 자손이 지세하거나 발동함을 몹시 忌하나니라.
피란에는 안전함을 허락하며 실물점에는 가히 얻을 수 있나니라.
관재 송사에는 끝내 편히 쉴 수 있으며, 생왕(生旺)되고 극을 받지 않으면 제반사에 모두 길하며, 극을 받고 生이 없으면 반대로 근심을 볼 것이니라.
자손이 지세하면 매사에 우환은 없다.
관귀가 따라 움직이면 편히 쉬는 것으로 끝나며 구하고 잃는 시기에 점을 친 것이라면 아직 얻지 못한 것이 되며 경영과 생산을 꾀하는 일에는 까닭을 일으켜서 다가온다.

▶관귀가 지세하면 매사 안전하기 어려우니라.

신수점에는 질병이 아니면 官의 재앙이며 재물은 시시로 실탈이 될까 근심이니라.

공명점에는 가장 기쁘니 권세를 얻으며 관귀지세하고 入墓(입묘)되면 근심과 의심이 그칠 날이 없지만 충을 만나면 재앙이 바뀌어 기쁨을 이룰 것이니라.

관귀가 지세하면 매사 안정되기 어렵다.

신변점이라면 질병이 아니면 관재를 만나니 이런 때는 재물을 잃어버릴까 근심되며 골육은 이별하여 흩어지니 모여 합치기 어렵다.

▶처재가 지세하면 재물에 이익됨이 많으나 형제가 발동하면 지세(持世)함이 오히려 불가 하나니라.

다시 자손이 발동하면 자신의 신상에는 이익이 있으나 부친상을 당하거나 학문에는 손상이 있나니라.

官을 구하여 송사를 하는데는 財가 왕함이 좋으며 지세한 財가 발동하여 兄으로 변하면 만사에 흉하나니라.

처재효가 지세하면 재물의 이익이 영화롭다.

만약 구재점에 흡족하려면 다시 자손효를 응방에서 얻어야 하며 관귀가 따라오면 타인이 막으니 이루지 못한다.

▶형제가 지세하면 재물을 구하지 말것이니라.

관귀가 왕성하면 모름지기 근심과 재앙이 닥칠 것이며 주작마저 임하면 관재나 구설을 방비하라. 형지세하고 발동하면 필시 처와 재물을 손상하며 父母 효와 상생되면 수명이 오래가며 동하여 관귀로 化하면 기이한 재앙이 생기나니라. 형제가 지세하면 처자를 극한다.

관귀가 따라옴이 걱정이니 끝난 일이 다시 들먹인다.

관귀가 왕하면 정당하나 구설이 우려되고 세효형제가 왕하면 필히 재물을 손상하게 된다.

父爻	문서, 계약, 보증, 증권, 자격증, 창업, 취업, 진급, 직장변동, 시험, 부동산, 이사, 전답, 묘지, 건축, 결혼, 이혼, 고민, 갈등, 조상, 부모, 윗사람, 후원자의 문제
兄爻	소송, 분쟁, 구설, 빚독촉, 손재수, 손처, 이별, 불화, 겁탈, 경합, 시험, 독립, 동업, 투자, 형제, 동료, 동업자, 경쟁자의 문제, 구설, 극재, 妻災
孫爻	개혁, 전업, 퇴직, 직장불만, 지위불만, 상사불만, 생계, 위식주, 생산, 확장, 시도, 이익, 귀물, 잔치, 희열, 감정대립, 애정욕구, 감정분출, 약재, 의약품, 보석
妻財爻	재물, 금전, 수입, 개업, 매매, 투자, 결혼, 혼수, 처, 여자문제, 비단직물, 물건매매, 처 여자의문제
官鬼爻	귀신문제. 구관, 구직, 송사, 도적을 가림, 직장, 사업장, 남편, 남자문제

[육친의 상의]

9. 육수(六獸)

艮爲山(艮土宮)→ 山地剝	
官 寅 ∥ 世,命	玄
財 子 ∥	白
兄 戌 ∥	蛇
官 卯 孫 申 ✗ 應,身	句
父 午 ∥	朱
兄 辰 ∥	靑

▶甲乙일→청룡부터

艮爲山(艮土宮)→ 山地剝	
官 寅 ∥ 世,命	靑
財 子 ∥	玄
兄 戌 ∥	白
官 卯 孫 申 ✗ 應,身	蛇
父 午 ∥	句
兄 辰 ∥	朱

▶丙丁일→주작부터

艮爲山(艮土宮)→ 山地剝	
官 寅 ∥ 世,命	朱
財 子 ∥	靑
兄 戌 ∥	玄
官 卯 孫 申 ✗ 應,身	白
父 午 ∥	蛇
兄 辰 ∥	句

▶戊일→구진부터

艮爲山(艮土宮)→ 山地剝	
官 寅 ∥ 世,命	句
財 子 ∥	朱
兄 戌 ∥	靑
官 卯 孫 申 ✗ 應,身	玄
父 午 ∥	白
兄 辰 ∥	蛇

▶己일→등사부터

艮爲山(艮土宮)→ 山地剝	
官 寅 ∥ 世,命	蛇
財 子 ∥	句
兄 戌 ∥	朱
官 卯 孫 申 ✗ 應,身	靑
父 午 ∥	玄
兄 辰 ∥	白

▶庚辛일→백호부터

艮爲山(艮土宮)→ 山地剝	
官 寅 ∥ 世,命	白
財 子 ∥	蛇
兄 戌 ∥	句
官 卯 孫 申 ✗ 應,身	朱
父 午 ∥	靑
兄 辰 ∥	玄

▶壬癸일→현무부터

1) 육수(六獸) 붙이는법

육수는 오행의 성질을 여섯가지 짐승에 배속한 것으로 목적사의 길흉 보다는 각 효의 특징이나 성질을 나타내며 육수는 월령, 천간, 시간등 다양한 방법으로 사용될수 있지만 육효학에서는 일진에 천간을 기준으로 육수를 붙인다.

육수는 청룡→주작→구진→등사→백호→현무 순으로 甲乙일에는 청룡을 초효부터 시작하여 배속하고, 丙丁일에는 주작을 초효부터 시작하여 배속하고, 戊일에는 구진을 초효부터 시작하여 배속하고, 己일에는 등사를 초효부터 시작하여 배속하고, 庚辛일에는 백호를 초효부터 시작하여 배속하고, 壬癸일에는 현무를 초효부터 시작하여 배속한다.

"육수는 괘가 길하면서 청룡을 만나면 더욱 길하고, 괘가 흉하면서 등사나 백호를 만나면 흉함이 더욱 가중된다. 현무는 도적, 사기꾼이고 주작은 시비와 구설을 주관하고 주로 집터나 사람간의 성정관계를 판단할 때 극히 제한적으로 사용하는데 생극제화가 최우선적으로 고려되고 난 후 육수 관계를 판단한다.

"청룡은 새것, 젊고 착하며, 吉하고 경사스러움을 말한다. 주작은 드러나고 시끄러워 구설이 많은 말잘하는 사람을 말한다. 구진은 늙은이 묵은 것, 오래된 것, 느리고 무거운 것, 田畓이나 구속을 말한다. 등사는 가볍고 속이는 것 사기, 허사, 부실등 괴이한 일을 말한다. 백호는 강함, 파괴, 급함, 재앙이나 혈광등 재이나 사고를 말한다. 현무는 조용하고 부드럽지만 음침하고 잔꾀가 많아 손실,

도난, 주색등을 말한다."[1]

육수	성정	질병	길흉
청룡(靑)	인자, 총명 개성, 존귀	주색, 허약 무력, 방사	재산과 복록이 증가됨, 경사, 희사, 길경, 형통, 희열, 복덕, 혼사, 화기, 주식
주작(朱)	구설, 성급	신열, 헛소리	관재구설, 우울하고, 옳고 그름을 밝힘, 소식, 문서, 도장, 저축, 언쟁, 의쟁
구진(句)	우울, 우매, 우둔	종기, 비위, 가슴답답	부동산, 건물지음, 지연, 질병, 근심, 초원, 느림, 중후, 과묵
등사(蛇)	간사, 속임수	불안, 초조	물건융통, 간사함, 마음이 불안함, 시끄러움, 풍지풍파, 출행
백호(白)	용맹, 폭력적	절상, 월경	질병사고, 관재송사, 파재. 실패, 상해, 사망, 災禍, 투쟁, 흉악
현무(玄)	어둠	과로, 조열, 음액이 부족함	도적, 실물, 사기, 하자, 음흉, 바람기, 비밀, 부정, 관재, 실패, 이별, 도주, 음란, 간음

[육수의 상의]

2) 육수(六獸)의 발동

① 청룡이 주관하면 길하게 되고 재록이 증가되고 복록이 무궁하다. 하지만 기신이나 구신에 청룡이 임하면 이익이 없고 주색으로 재앙을 만난다.

② 주작이 주관하면 문장이나 문서에 이익이 있고 주작이 세

---

1) 천승민,「『火珠林』의 六爻法과 그 이론적 체계-易數의 방법론을 중심으로」,공주대학교대학원 석사학위 논문, 2015

효를 생하면 공적인 일에 이익이 되지만 관귀는 노력해도 공이 없고 시비 구설 등이 발생한다.

③ 구진이 주관하면 전답이나 부동산에 근심이 생기며 오래 묵은 일에는 흉하고 용신을 생하면 길(吉)하게되고, 안정되며 됨됨이가 어리석거나 사리에 어둡지 않게된다.

④ 등사가 관귀를 헨하면 근심이 있고 악몽을 꾸게 되며, 木을 주관하여 공망이 되면 흉하지는 않지만 충하여 동하게 되면 凶하다

⑤ 백호가 주관하면 凶喪을 당하게 되고, 관재 송사, 질병을 얻게 되고, 金을 주관하여 동하면 뜻을 이루는데 방해와 재앙이 생기니 世를 생한다 해도 좋지 않다.

⑥ 현무가 주관하면 비밀스럽고 어두운 일이 생기게 되니 관귀를 주관하게 되면 도적을 만난다. 세효가 왕하면 흉한 일이 없으나, 기신을 주관하면 강간, 도난 등의 凶事가 있다.

3) 육수(六獸)의 통변

① 청룡이 태세에 있고 외괘에서 動하면, 그해에 승진, 재물, 승진 등이 생기게 되고, 편재에 있게 되면 주변 사람에게 吉하고 역마에 있으면 자신에게 吉하고, 내괘에서 動하면 孫과 합하여 吉하게 되면 잉태, 출산, 혼인 등의 경사가 있다.

② 청룡 태세를 관귀가 주관하고, 형해극파 되면 주로 吉한 것에도 재앙이 있게 된다. 또는 주색, 보증, 승진, 관공서 등에 문제가 생긴다.

③ 주작이 태세에 있고 외괘에서 動하면 승진하게 되고 문서 운에 吉하다. 내괘에서 動하면 이별, 화재, 관재, 구설, 시비 등이 생긴다.

④ 주작이 巳亥 관귀를 주관하고 형해극파 되면 문서, 서신, 송사, 화재, 총포류 등에 의해 화를 당하는 재앙이 있고 문서에 분실이나 실수가 있을 수도 있다.

⑤ 구진이 태세를 주관하고 귀인, 역마, 재송, 건록 등의 외괘에서 動하면 승진, 재산등에 吉하고 내괘에서 動하면 재앙과 우환이 있어 시끄럽고 凶事에서 벗어 나기가 쉽지 않다.

⑥ 구진이 관귀를 주관하면 반드시 부동산, 출산, 혼인등으로 다툼이 생기고, 관귀에 형극파해가 있으면 상해, 질병이 생기고 직장이나 부동산, 재물에 손실이 있다.

⑦ 등사가 태세에 있고 외괘에서 動하면 주로 일에 진행에 문제가 발생되고, 일에 끌려 가는 일이 있으며 내괘에서 動하면 쉽게 놀라고 요절하며, 생활이 불안정하다.

⑧ 등사가 관귀에 있고 형해극파 되면 부동산으로 인해 소송

이 있거나 관리가 재물을 강요하게 되고 놀라운 일을 당하거나 악몽을 꾸고 잠꼬대를 하며 직장에 불법적인 일에 연루되어 凶하게 된다.

⑨ 백호가 관귀를 주관하고 외괘에서 動하면 관직에서는 승진하게 되고 외출등에 吉하며 내괘에서 動하면 시고, 질병, 상해, 상사 등이 생긴다.

⑩ 백호가 관귀에 있어 형해극파되면 상가집에 가게 되고 전쟁, 살육, 정벌, 등 災異가 생긴다.

⑪ 현무가 태세를 주관하여 외괘에서 動하면 도적을 잡거나 도적이 들수도 있고 선박, 생선, 소금, 술, 식초 등과 관련된 재물에 吉하다.

⑫ 현무가 내괘에서 動하면 가족에게 凶하고 관귀에 있어 형해극파 되면 술집, 여관, 화류, 바다 등의 水와 관련되어 凶하다. 직장에서 출장시 도적을 만나고 색정 등에 재앙이 있다.

4) 신수의 육수(六獸)활용

청룡 발동은 기쁜 경사가 있다.
주작 발동은 시비 구설이 있다.
구진 발동은 늦어지거나 막히는 일이 있다.

등사 발동은 헛된 것에 놀래는 일이 있다 .
백호 발동은 상사나 재앙이 있다.
현무 발동은 음사한 일이나 손재수가 있다.
관귀구진 지세하면 감금수나 형벌수다.
관귀현무 지세하면 도적이나 겁탈이나 상해수다.
관귀현무 응효발동은 도적이나 강도수다.
관귀주작 백호는 관재나 송사수다.
관귀등사, 백호공망은 사고나 손실수다.
관귀응효 극세하면 타인의 해를 받는다.

주작형제가 세응에 임하면 구설 소송 시비가 있다.
백호관귀가 발동하면 상복을 입는다.
백호관귀가 세효를 극하면 송사가 날아든다.
주작현무가 발동하면 송사 도난이 따른다.
처재현무가 지세하면 손재나 사기수다.
주작현무가 兌 巽에서 발동하면 부녀자의 구설이 생한다.

청룡처재가 외괘에 임하면 외화를 획득한다.
구진처재가 함몰하면 전답이 퇴보한다.
등사형제가 발동하면 도박이나 경쟁이다.
현무도화가 음괘에서 발동하면 기생으로 패가망신한다.
청룡부모가 왕상하면 건축이나 신축수다.
백호부모가 휴수되면 건물이 파괴된다.

■ 여인의 출산점

• 戊子日, 午未 空亡

산지박→풍지관(乾金宮)	
財 寅 ㅣ	朱
官 巳 孫 子 ⚋ 世 兄 申(伏)	靑
父 戌 ⚋	玄
財 卯 ⚋	白
官 巳 ⚋ 應	蛇
父 未 ⚋	句

子水 손효가 絕이 되고 鬼로 변하였다. 오늘 낮자 마자 죽으리라 청룡이 손효에 임하였다고 하여 어찌 기쁘다고 하겠는가?

육수는 오행의 성질을 나타내는 것으로 용신의 길흉을 주관하지 않는다.

[가택과 신명을 점칠 때는 반드시 육수를 붙여 판단하여야 한다.]

■ 兄의 병점

• 申月, 甲辰日, 寅卯 空亡

수뢰둔→지뢰복(坎水宮)	
兄 子 ⚋	玄
父 亥 官 戌 ⚊ 應	白
父 申 ⚋	蛇
官 辰 ⚋ 財 午(伏)	句
孫 寅 ⚋ 世	朱
兄 子 ㅣ	靑

子水 형제가 용신이 된다. 기신과 원신이 동하여 土가 申을 생하고 申이 子水를 생하며, 월건이 생조하니 戊申에 병이 나을 것이다. 부효에 등사가 임하니 어찌 죽을 것이라고 하겠는가?

▌시험점

・辰月, 己巳日, 戌亥空亡

풍지관→천지비(乾金宮)	
財 卯 ㅣ	句
官 巳 ㅣ 兄 申(伏)	朱
官 午 父 未 ㅐㅐ 世	靑
財 卯 ㅣㅣ	玄
官 巳 ㅣㅣ	白
父 未 ㅣㅣ 應 孫 子(伏)	蛇

청룡이 未土 문서에 지세하여 발동하고 회두생되며, 일진이 관에 임하여 生世하니 수석(首席)을 할 것이다.

9. 괘신(卦身)과 신명(身命)

1) 괘신(卦身)

괘신과 신명은 점단의 체용(體用)을 말한다. 육효에 있어서 체는 목적사를 말하는 것이고 문점자의 마음이 된다. 괘신이 효상에 있으면 사건의 주체가 있고 없다면 사건의 주체가 없는 것이다.

괘신은 세효의 지지가 양효일때는 子, 丑, 寅, 卯, 辰, 巳순으로 초효부터 육효의 순서대로 배속하여 세효의 지지에 해당하는 자리이다. 음효일때는 午, 未, 申, 酉, 戌, 亥순으로 초효부터 상효까지 배속하여 세효의 지지가 해당하는 자리이다.

괘신이 세응효중 어떤 것을 생하는 가에 따라 세효를 생하면 세효가 사건의 주체자가 되고 응효를 생하면 상대방이 주체자가 되는 것이다. 또한 괘신이 세효를 극하면 세효에게 일처리를 맡기게 되고 세효가 괘신을 극하면 세효가 일을 처리할 자를 찾게되며 괘신이 공망이나 묘절(墓絶)이 되면 일이 원만히 처리되기 어렵다.

괘신이 행인점에 합이 되면 일이 성취되고, 괘신이 암동이 되면 두렵고 갈팡질팡 하게 되고 괘신이 중첩되면 생각이 여러 가지이며 괘신이 충파되면 일의 처리 방법을 찾기 어렵고, 괘신이 순행하면 일이 진행되고 이익이 되며, 괘신이 역행하면 일이 미루어지거나 막히게 된다.

2) 신명(身命)

신명은 괘신의 대효가 신명이 된다. 괘신이 문점자의 몸이고 상황이라면 신명은 문점자의 운이고 불편한점이다.

世	子,午	丑,未	寅,申	卯,酉	辰,戌	巳,亥
身	초효	2효	3효	4효	5효	상효
命	4효	5효	상효	초효	2효	3효

제 5 장

육효의 응용(應用)

1. 세응론(世應論)
2. 용신론(用神論)
3. 효위론(爻位論)
4. 오행생극론(五行生剋論)
5. 팔신(八神)과 팔효(八爻)
6. 반음(反吟)과 복음(伏吟)
7. 진신(進神)과 퇴신(退神)
8. 회두생(回頭生)과 회두극(回頭剋)
9. 일충(日冲)과 월파(月破)
10. 관귀(官鬼)
11. 독정(獨靜), 독발(獨發), 진정(盡靜), 진발(盡發)
12. 양현(兩現)
13. 공망(空亡)
14. 육효의 합(合)과 충(冲)
15. 응기(應期)

제5장 육효의 응용(應用)

육효학은 목적사의 길흉과 가부를 위하여 모월 모일에 괘를 점하여 팔궁 육십사괘의 괘상에 납갑을 하고 오행의 상생상극의 원리에 따라 육친을 배속하여 통변하고 활용하는 점학이다. 5장에서는 육효학의 원리와 용어를 활용하여 작성된 괘반을 상세히 통변하는 방법을 설명하였다.

1. 세응론(世應論)

세응론은 경방의 팔궁괘설을 근거로 하여 괘의 주인이 되는 것을 "世"라하고 세와 상응하는 것을 "應"이라고 하여 사회적 관계성을 통변하는 육효학의 기본 원리이다. 세효는 문점자이자 괘의 주인(體)가 되고 응효는 문점자가 원하는 대상의 인물이나 시간과 장소 또는 사물등을 말한다. 세효가 주인이라면 응효는 상대방 또는 손님이 되므로 문점자와 목적사 간의 사회적 관계성을 나타내게 되는것이다.

세와응은 『京氏易傳』에

 "한 괘의 육효에서 1세괘의 2효는 元士, 2세괘의 2효는 大夫, 3세괘의 3효는 三公, 4세괘의 4효는 諸侯, 5세괘의 5효는 天子, 본 궁괘의 상효는 宗廟로서 지위의 귀천을 정하였다. 그리고 유혼과 귀혼 또한 세효의 지위에 따라서 각각 遊魂卦는 4효인 諸侯가 되고, 歸魂卦는 3효인 三公이 된다.[1]

라고 설명하고 여기서 그는 세효에 관직을 부여하여 世의 신분이나 직위로 구분하고 세응의 관계에 대하여는

"初爻의 元士가 세효가 되면 4효의 諸侯와 서로 응하고, 2효의 大夫가 세효가 되면 5효의 天子와 서로 응하고, 3효의 三公이 세효가 되면 상효의 宗廟와 서로 응한다. 4효 諸侯가 세효가 되면 초효의 元士와 응하고, 5효 天子가 세효가 되면 2효의 大夫와 응하고, 상효 宗廟가 세효가 되면 3효 三公이 응효가 된다.[2]

고 하였다.

팔괘 (八卦)	수괘 (首卦)	1世	2世	3世	4世	5世	유혼괘	귀혼괘
세효 (世)	상효	초효	2효	3효	4효	5효	4효	3효
응효 (應)	3효	4효	5효	상효	초효	2효	초효	상효

[세효와 응효의 관계도]

세효는 점을 친 당사자로 당사자의 처한 상황이나 상태를 말

1) 『京氏易傳』上卷. "巽下乾上曰姤, 元士居世. 艮下乾上曰遯, 大夫居世. 坤下乾上曰否, 三公居世. 坤下巽上 曰觀, 諸侯臨世. 坤下艮上曰剝, 天子治世. 坤下離上曰晉, 諸侯居世. 乾下離上曰大有, 三公臨世."
2) 『京氏易傳』上卷. "世當初爻元士, 應四爻諸侯. 世當二爻大夫, 應五爻天子. 世當三爻三公, 應上爻宗廟. 世當四爻諸侯, 應初爻元士. 世當五爻天子, 應二爻大夫. 世當上爻宗廟, 應三爻三公."

하는데 응효는 세효의 대효에 위치하여 문점사의 상대방이 되거나 목적사의 자리가 된다.

세효는 문점자가 원하는 자리에 임하면 성취되고 그렇지 않으면 성취하기 어렵다. 응효는 목적사에 따라 서로 화합을 요하면 합(合)이 되고 왕상하면 길하고, 경쟁을 하여야 한다면 세효가 왕상하고 응효가 쇠약하여야 길하다.[1]

건금궁의 경우	乾爲天(수괘)	天風姤	天山遯	天地否	風地觀	山地剝	火地晉	火天大有
상효	世			應				應
5효			應			世		
4효		應			世		世	
3효	應			世				世
2효			世			應		
초효		世			應		應	

▶ 유혼괘(遊魂卦)와 귀혼괘(歸魂卦)

경방역전에 의하면 유혼괘는 각궁에 7번째 괘로 5효에서 4효로 상괘에서 하괘로 역행하므로 몸은 비록 상괘에 있으나 음양이 같으므로 권태나 싫증으로 마음이 안정되지 못하고 밖으로 방황하는 상을 말한다. 정처없이 떠돌아 다니거나 생업에 변동이 잦고 이사수가 많으며, 망자는 혼령이 불안하다.

---

[1] 왕상과 쇠약의 길흉은 월건과 일진에서 세효와 응효중에 생부함을 받는 것을 말한다.

유혼괘	화지진	뢰산소과	천수송	택풍대과	산뢰이	지화명이	풍택중부	수천수
귀혼괘	화천대유	뢰택귀매	천하동인	택뢰수	산풍고	지수사	풍산점	수지비

 귀혼괘는 각궁에 8번째 괘로 4효에서 3효로 상괘에서 하괘로 몸은 밖에 있어도 음양이 달라 마음은 안에 있어 몸과 마음이 따로 움직임으로 노심초사 하고 있는 상으로 여러 가지 일에 구속되어 행동을 제대로 할 수 없다.

2. 용신론(用神論)

 용신이란? 모든 육효점의 주신(主神)이 되고 점을 치는 목적사가 용신이다. 자기 자신의 신수점에서는 세효(世爻)가 용신이 되고, 자손의 점에서는 손효가 용신이 되고, 형제의 점에서는 형효가 용신이 되고, 처재에 관한 점에서는 재효가 용신이 되고, 부모의 점에서는 부효가 용신이 되고, 공명점이나 관에 관한 점에서는 관효가 용신이 되고, 병(病)점 또한 관귀효가 용신이 된다.

 모든 점사의 성패나 길흉은 모두 용신이 왕하고 쇠약한 정도와, 동효나 변효와 일진 등에서 용신을 생하고 극하는 상태와, 용신이 형충합이 되고 안되는 것과, 용신이 공망되거나 월파되거나 복신에 임하는 것 등에 달려있는 것이다. 그러나 점을 치는 당사자가 점치는 목적과 밀접한 관계에 있다면 세효도 용신이 될 수 있는것이다.

예를 들어 자신의 매매점을 친다면 재(財)효와 세효가 모두 용신이 된다. 따라서 매매로서 재물을 많이 구할 수 있겠는 가를 물었을 때는 용신인 처재효가 왕해야 좋으며, 세효도 왕해야 좋으며, 용신과 세효가 생하거나 합해야 구하기 용이하며, 다른 효에 의해 상하지 않아야 좋은 결과가 얻어지는 것이다.

만약 처재는 왕상한데 세효가 불길하다면 물건 값은 올라가서 다른 사람들은 매매로 많은 이익을 보더라도 나는 팔지 못해서 이익을 볼 수 없는 결과가 생길 수도 있는 것이다. 그러므로 점을 판단하는 데에는 반드시 용신을 무엇으로 하여야 하는가의 문제가 가장 먼저 결정되어야 하며 가장 중요한 핵심이 된다.

용신은 단정하기가 쉬운 경우가 있는 반면에, 복잡한 구조를 가진 현대적인 점사에서는 용신을 결정하기가 애매하고 어려운 경우가 많다. 따라서 용신만 결정 된다면 점사의 길흉과 성패를 가리는 일은 육효의 정립된 이론과 법칙에 의해 가려지므로, 점괘의 판단은 이미 결정된 것과 같다.

1) 용신의 취용(取用)

① 사건의 의미를 파악하여 해당되는 육친을 주용신으로 정한다.
② 자신의 신변에 관련된 모든 점은 주용신 이외에 세효를 부차적인 용신으로 한다.
③ 나와 상대가 연관된 점이라면 세효와 응효가 모두 용신이 된다.
④ 자신의 육친에 관한 일은 육친효를 용신으로 한다.

2) 육친의 사안과 목적에 따른 용신의 취용

① 동(動)한것과 정(靜)한것이 있으면 동한것으로 용(用)한다.
② 공망(空亡), 월파(月破), 묘(墓), 충(冲), 합(合)된 것을 우선으로 용한다.
③ 상기의 조건이 안되면 日과 月에 임한 효나 지세한 爻를 용한다. 일, 월, 세효에도 없으면 변효에 있는 것을 용한다.
④ 동하지도 않고 공망, 월파, 묘, 충, 합 되지도 않고 일, 월, 세효, 변효에도 없으면 반음(反吟), 복음(伏吟)된것에서 용한다. 용신을 취함에 매우 혼란스러울때는 재점(再占)을 한다.
⑤ 용신이 교중(交重)한 경우에 남녀의 성별 구분은 양남(陽男), 음녀(陰女)로 한다. 예를들면 부효를 용신으로 할 때

그 해당이 되는 비신이 양효이면 아버지, 음효이면 어머니이다. 자녀도 이에 준하여 구별한다.
⑥ 자신이 신수점에서 세효가 교중이면 교중된 효로 본다. 그러나 모사점이나 승부점에서는 나의 경쟁자로 본다.

3) 육친에 따라 일반적으로 용신을 취용하는 방법

① 부모(父母)가 용신이 되는 점사(占事)
  - 나를 보호하고 도움을 주는 것을 의미한다.
  - 조부모, 백부, 숙부, 고모, 시모, 장모, 스승, 의사, 보호자
  - 부모와 같은 계급의 윗어른, 상사, 존장(尊長)
  - 성, 집, 건물, 담, 배, 차, 화물, 의복, 우산, 명주, 비단
  - 문서, 공부, 시험점수, 지위, 일자리
  - 은혜, 자비의 혜택이 되니 비(雨)나 눈이 된다.

② 관귀(官鬼)가 용신이 되는 점사
  - 나를 관할하고 구속하는 것을 의미한다.
  - 공명, 명예, 권력, 직장, 소속, 단체, 남편, 神, 귀신을 점할 때.
  - 도적, 재앙, 형벌, 질병, 사고, 죽음, 관재, 시체, 도박, 역모를 점할 때.
  - 하늘의 두려운 모습이니 뇌성, 벽력, 폭풍, 재해에 해당한다.

③ 형제(兄弟)가 용신이 되는 점사
- 나와 친하고 화합하거나 경쟁하는 부류나 성질을 의미한다.
- 형제, 친구, 동료, 동서, 처남, 매형, 동업자, 적, 경쟁자
- 하늘이 경합하는 상이니 구름과 바람을 의미한다.

④ 처재(妻財)가 용신이 되는 점사
- 내가 관리하고 소유하는 재물이나 사람을 의미한다.
- 처, 첩, 애인, 고용인, 하인
- 돈, 재물, 식량, 음식, 전답, 토지, 상품, 자원, 육체
- 하늘의 실상(實像)을 의미하니 맑게 개임을 의미한다.

⑤ 자손(子孫)이 용신이 되는 점사
- 내가 생하고 원하는 것이니 욕망이나 복덕이 된다.
- 자식, 자손, 조카, 며느리, 사위, 문하생, 제자, 종교인, 충신, 의인, 병졸
- 짐승, 술, 그릇, 살림, 기계, 약재, 짐승 가축, 복덕
- 하늘의 복덕을 의미하니 일월성신(日月星辰)이 된다.

4) 용신, 원신, 기신, 구신

- 用神이란 목적사가 되는 육친을 말한다.
- 原神이란 용신의 爻를 生하는 것이다.
- 忌神이란 용신의 爻를 剋하는 것다.
- 仇神이란 원신을 극하여 용신을 생하지 못하고 기신을 생하

여 용신을 극하는 것이다.

가령 金이 용신일 때 金을 生하는 土는 원신이 되고 金을 훼하는 火는 忌神이 되고 土를 훼하고 火를 生하는 木이 仇神이 된다.

모든 점은 용신을 찾아 왕쇠를 살핀 연후에 原神과 기신의 동태를 봐야 한다.

5) 원신, 기신의 왕쇠

원신이 비록 용신을 생하지만 旺相해야 용신을 생할 수 있다. 용신을 生하는 경우에는 다섯가지가 있다.

① 원신이 왕상하여 월일에 임하거나, 동효의 생부를 얻는 경우
② 원신이 동하여 회두생으로 化하고 진신으로 化하는 경우
③ 원신이 일진에 장생이나 제왕이 되는 경우
④ 원신과 기신이 같이 발동한 경우
⑤ 원신이 왕동했는데 공망에 임하거나, 공망으로 化하는 경우

이 다섯가지는 유력한 원신으로 모든 占에 모두 吉하다.

효가 공망에 임하거나 공망으로 化하면 현재는 無用하지만 동하거나 유력하면 결국에는 공망이 되지 않는다. 공망을 冲하는 날, 공망이 메워지는 날(實空, 塡實)에 유용하게 된다.

6) 원신이 무용한 경우

① 원신이 휴수되고 동하지 않거나, 동하였어도 휴수되거나 극되는 경우
② 원신이 휴수되고 공망이나 월파를 만나는 경우
③ 원신이 휴수되고 동하여 퇴신으로 化하는 경우
④ 원신이 쇠약하고 또 絕이 되는 경우
⑤ 원신이 三墓에 드는 경우 (動묘, 日묘, 化묘)
⑥ 원신이 휴수하고 동하여 絕, 剋, 破로 化하고, 화하여 散하는 경우

이상은 生하지 못하니 無用의 원신이라 있어도 없는 것과 같다.

7) 기신이 비록 발동하였으나 用神을 극할 수 없는 경우

① 기신이 휴수되고 발동하지 않는 경우, 발동해도 약하고 동효의 극을 받는 경우
② 기신이 안정하며 공망이나 월파에 임한 경우
③ 기신이 三墓에 드는 경우
④ 기신이 쇠약한데 동하여 퇴신으로 化하는 경우
⑤ 기신이 쇠약하고 絕이 되는 경우
⑥ 기신이 동하나 絕, 剋, 월파로 化하고, 화하여 散하는 경우
⑦ 기신과 원신이 같이 발동하는 경우

이상은 무력한 기신으로서 모든 占에 흉이 변하여 길하게 된다.

용신이 유기한 것이 귀한 기준이니 용신이 무력하면 원신이 유력해도 生이 어려우며 용신이 무력하면 기신이 무력하더라도 기쁠 것이 없다.

8) 용효다현(用爻多現)의 경우에 나타나는 현상

① 파괴지신인 형효가 중첩되면 소비가 증가하니 재물의 득실의 현상이 나타난다.
② 복덕지신인 손효가 중첩되면 친자와 양자로 인한 희비와 가내의 안녕등 풍요로움의 현상이 나타난다.
③ 처재지신인 재효가 중첩되면 처첩,재물의 증신 및 문서상의 손실 현상이 나타난다.
④ 관작지신인 관효가 중첩되면 송사점에서는 재판이 지연되고, 질병점에서는 근병(近病)과 구병(久病)이 합쳐지고, 혼인점에서는 경쟁자가 있는 것이다.
⑤ 신고지신인 부효가 중첩되면 매매점에서는 계약서(문서)의 시비가 발생하고, 시험점에서는 합격이 안 되어 시험을 계속 봐야한다.

▮부친의 근병점

· 辰月, 戊申日, 寅卯 空亡

이 괘는 육충괘이다. 근병에는 충이 되면 병이 낫게된다. 세 개의 부모효(辰.戌.未)중에서 왕한 것을 용신으로 한다. 이 괘에서는 辰土 부효가 월건에 생조를 받아 왕하여 용신이 된다. 부모의 병이 중한 것은 申日에 寅木이 충하고 암동하니 木이 동하여 土를 극하니 병이 낫게 된다.

```
건위천→풍천소축(乾金宮)
  父 戌 | 世     朱
  兄 申 |       靑
父 未 官 午 ㄨ    玄
  父 辰 | 應     白
  財 寅 |       蛇
  孫 子 |       句
```

증산복역에 이르기를 괘중에 午가 동하여 寅이 암동하더라도 午(火)를 生하고 未(土)를 生하니 기신과 원신이 같이 동하면 兩生을 얻는다고 하는데 寅이 辰을 극하는 것만 말하고 午가 辰을 생하는 것은 말하지 않는 것은 午가 동하였지만 未를 화출하여 午와 合이 되니 午가 탐합을 하느라 辰을 생하지 못한다.

이는 辰은 寅의 극을 받을뿐 午의 생을 얻지 못하니 병이 중하다. 丑日을 기다려 未와 충하게 되면 午가 탐합하지 못하니 午가 생을 하게 되어 병이 낫게 되는 것이다. 과연 丑日 병이 낫게 되었다.

■ 귀인을 알현하여 재물을 구하는점

· 酉月, 辛亥日, 寅卯 空亡

단정하여 이르기를, 甲寅日에 귀인을 만나고 재물도 마음먹은 대로 되리라.

그가 말하기를, 卯木 재효가 공망 월파되며 또 金에 극을 당하니 초효 巳火官이 비록 세효를 생하지만 亥日의 충산되고 공망으로 化하니 어찌 길(吉)하겠는가?

태위택 → 뢰수해 (兌金宮)	
父 未 ‖ 世	蛇
兄 申 兄 酉 ⚡	句
官 亥 ∣	朱
父 丑 ‖ 應	靑
財 卯 ∣	玄
財 寅 官 巳 ⚡	白

내가 말하기를, 神의 징조는 동효에 있으니 나는 종내 충산(冲散)된다고 말하지 않겠다.

巳가 공망으로 化하기 때문에 지금은 만날 수 없으나 甲寅日에 출공하면 서로 만날 것이다.

寅財가 官을 생하고 官은 세효를 生하기 때문에 甲寅日에 만날 수 있으며 財도 뜻같이 되겠다. 후에 寅日에 만나고 그날 財를 얻었다.

■ 자기의 병점1

· 巳月, 乙未日, 辰巳 空亡

자기의 병점은 세효 亥水가 용신이 된다. 기신(未)이 동하여 水를 극하지만 다행히 원신(酉金)이 동하여 기신은 원신을 생하고 酉가 亥를 생하여

택풍대과 → 화풍정 (震木宮)	
孫 巳 財 未 ‖	玄
財 未 官 酉 ⚡	白
父 亥 ∣ 世 孫 午(伏)	蛇
官 酉 ∣	句
父 亥 ∣ 兄 寅(伏)	朱
財 丑 ‖ 應	靑

흉이 길로 변하였다. 하지만 일진에 극이 되고 월파되어 오래 살지 못하고 卯日에 죽었다.

■ 자기의 병점2-세효용신

· 丑月, 戊子日, 午未空亡

천화동인→화산려(離火宮)	
孫 戌 l 應	朱
孫 未 財 申 X	靑
兄 午 l	玄
官 亥 l 世	白
孫 丑 ll	蛇
孫 辰 父 卯 X	句

자신의 병점에는 세효가 용신이다.

세효 亥水는 일에서 생조하고 申金 원신이 동하여 생하니 죽지 않을 병이다. 다만 申金이 월건에 입묘가 되니 어찌 살수 있다고 할 것인가?

■ 자기의 병점2-어머니의 재점(再占)

· 丑月, 戊子日, 午未空亡

이위화→화천대유(離火宮)	
兄 巳 l 世	朱
孫 未 ll	靑
財 酉 l	玄
官 亥 l 應	白
父 寅 孫 丑 X	蛇
父 卯 l	句

어머니에게 재점을 하게 하였다. 어머니가 자식의 병에 대한 점을 친 것은 자손효가 용신이 된다. 丑土 손효가 월건에 생조를 받았으나 寅이 회두극을 당하니 지금은 괜찮으나 목왕절

이 되면 죽을 것이다. 또한 전괘와 합치하는 것은 亥水 세효가 원신과 상생하고 있으나 寅月이 되면 충극하니 위험하다 과연 봄으로 바뀌는 날 죽었다.

3. 효위론(爻位論)

1) 효위지상(爻位之象)

효위는 대성괘의 초효부터 상효까지 각각의 효가 처한 위치를 말한다. 육효에서는 각효의 취상(取象)이나 효위(爻位)의 체용(體用) 그리고 효의 생극충합에 따라 목적사의 길흉이나 가부를 판단하게 된다.

```
상효 ▬▬ ▬▬   종묘(宗墓)
5효  ▬▬▬▬▬   천자(天子)
4효  ▬▬ ▬▬   제후(諸侯)
3효  ▬▬▬▬▬      공(公)
2효  ▬▬ ▬▬   대부(大夫)
초효 ▬▬▬▬▬   원사(元士)
```

육효는 여섯괘의 각각의 효가 행한 취상에 따라 '초효는 원사(元士), 2효는 대부(大夫), 3효는 공(公), 4효는 제후(諸候), 5효는 천자(天子), 상효는 종묘(宗墓)이며 이중 오효가 가장 중요하다고 하였다.[1]

효위지상(爻位之象)은 점술의 판단에 중요한 기준이 된다.

---

1) 역사상사전, 부산대학교출판부, P.1348

상효	천위(天位) 음위(陰位)	‖	月, 밤, 음택(분묘), 天神의 자리
5효	천위(天位) 양위(陽位)	∣	日, 낮, 직장의 중심 자리
4효	인위(人位) 음위(陰位)	‖	어짐(仁), 女, 외괘의 낮은자리
3효	인위(人位) 양위(陽位)	∣	의리(義), 男, 내괘의 높은 자리
2효	지위(地位) 음위(陰位)	‖	천택(天澤), 집의 중심 자리
초효	지위(地位) 양위(陽位)	∣	산릉(山陵), 양택(집터), 地神의 자리

[효위지상(爻位之象)1]

상효	락은(樂隱), 피안적 심상, 종교적 행위, 현실괴리, 음택, 조상
5효	모위(謀爲), 도로, 직장, 대외적 활용, 모색
4효	발달(發達), 세상에 출정함, 시작과 발전, 외세를 살피는 자리
3효	수립(樹立), 뜻을 세움, 입지를 마련함, 안으로 강해짐
2효	성동(成童), 실내, 가정, 집안, 연마, 학문, 휴식, 안정하는 자리
초효	태양(胎養), 기초, 양택, 출생, 배양하는 곳

[효위지상(爻位之象)2]

상효	고문, 회장, 국사, 왕사
5효	수뇌, 사장, 왕, 대통령
4효	중앙단체장, 전무, 상무, 장관
3효	지방단체장, 과장, 부장, 도지사, 시장
2효	하급관리, 대리, 계장, 동장, 서장
초효	말단, 평직원, 백성

[효위지위(爻位地位)]

상효	외지, 지방, 먼곳, 분묘, 사당등		고용인, 노복, 하인
5효	도로, 읍내, 시내 등		자식, 식솔
4효	대문, 동네, 집근처, 아파트단지내		처가, 처첩
3효	내문, 거실, 침상, 마당, 정원		형제, 자매
2효	방, 부엌, 주방		가모, 모친
초효	지하실, 우물, 방바닥, 장독대, 집의 기초		가장, 부친

[효위가택(爻位家宅)]   [효위육친(爻位六親)]

상효	머리, 얼굴, 귀, 눈	말
5효	가슴, 등, 목, 손	소
4효	배, 허리	양, 벌
3효	허벅지, 생식기	돼지
2효	정갱이	개
초효	발	닭

[효위신체(爻位身體)]　　　　[효위가축(爻位家畜)]

2) 효(爻)의 중정(中正)

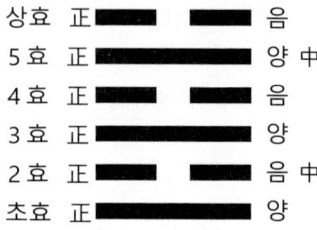

상효 正 ■■■　■■■ 음
5효 正 ■■■■■■■ 양 中
4효 正 ■■■　■■■ 음
3효 正 ■■■■■■■ 양
2효 正 ■■■　■■■ 음 中
초효 正 ■■■■■■■ 양

中 – 아래와 위의 중간자리의 爻는 중화된 입지를 얻은 것이다.
正 – 음자리의 음효, 양자리의 양효 는 바른 뜻을 얻은 것이다.

① 中이 의미하는 것 : 中位에 위치하면 그 기운이 아래나 위로 치우치지 않은 것이다. 上下를 거느리고 있는 중심적인 위치이며, 처세가 중립적이다. 현재의 입지가 안정되고 불리하지 않다.

초효는 너무 아래에 처하여 미흡한 것이며, 상효는 너무 위에 처해 불안정한 것이다.

② 正이 의미하는 것 : 마땅하다, 당연하다, 똑바르다, 한가지로 초지일관한다. 무리하지 않고 정당한 행동과 처세를 하는 것과 같다. 바름을 얻으면 비록 자리가 마땅치 못해도 中의 자리를 얻게 된다.

모든 효는 中과 正을 향해서 조화되는 것이다. 中 正이 모두 어긋나면 중화가 어그러지니 쇠멸한다. 대궁과 음양이 조화되면 서로 보필하게 되며, 대궁의 음양이 조화되면 매사 순조롭고 조화된다.

3) 효(爻)의 의미(意味)

괘를 때(時), 시절이라면 효는 위치나 공간을 말한다.

① 初효는 그 괘의 시작을 의미한다. 그 괘의 힘이 미약하게 시작되는 단계다. 양효라야 바른 것이다

② 二효는 하괘의 중간으로 그 성질이 중화롭다. 안에서 중심의 위치에 있으니 음효로서 거두어 지켜야 바른 것이다.

③ 三효는 하괘의 위부분으로 너무 높은 곳이다. 안에서 밖으로 나가려고 하는 위치이니 양이어야 마땅하다. 따라서 양이라도 너무 강하지 말며, 음이면 너무 유하지 말아야 한다. 고로 三효는 왕왕 경계할 것을 이른다.

④ 四효는 음위로서 군자의 位와 근접해 있다. 양을 받들려면 유순해야 하니 음이라야 바른 것이다.

⑤ 五효는 2효와 상대하며 외괘의 중심이다. 외부의 중심이니 군자 왕후의 위치이다. 양효라야 바른 것이다.

⑥ 上효는 시간의 끝이며 장소의 극단이라는 의미가 있다. 또한 賢者가 속세에 초연한 의미가 있다. 아주 먼 곳, 상상의 세계, 초현실 세계, 죽음의 세계, 영혼의 세계, 음택이나 神의 일을 주관하니 음효라야 바른 것이다.

4) 효(爻)의 음양(陰陽)

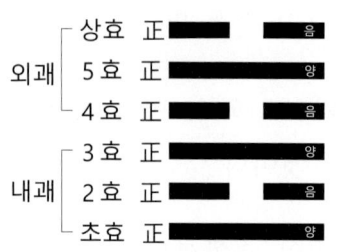

양효는 강직하고, 확산하는 것이며 음효는 부드러운 것이고, 수축하는 것이다.

양괘중에 양효는 지극히 강건하다. 음괘중에 음효는 지극히 유순하다. 내괘는 陰효가 중심이고, 외괘는 陽효가 중심이다. 양효는 음효와 어울려야 길하다.

5) 효(爻)의 관계(關係)

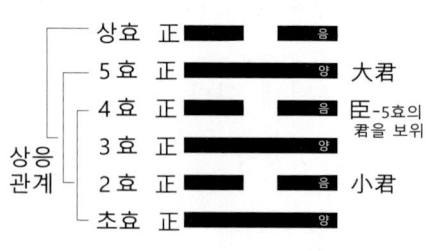

① 응(應):음양이 상응하여야 길하다. 2효의 음은 小君이므로 멀리서 5효의 大君과 상응함이 마땅하며, 4효의 음은 臣이므로 가까이서 5효의 君을 보위함이 마땅하다.

② 비(比) - 아래위로는 음양이 서로 어울려 도와야 길하다.
③ 승(承) - 음효는 양효를 받들어야 길하다.
④ 승(乘) - 음효가 양효를 올라타면 흉하다.

4. 오행생극론(五行生剋論)

오행 생극의 의미	사건의 시간적 기준
生 - 원하는 것이며, 주는 것이다.	본괘 - 현재사
剋 - 싫어하는 것이며, 거역하는 것이다.	변괘 - 현재사, 미래사
	괘신 - 주체사(主體事)
合 - 이루고 화합하는 것이다.	세응 - 당임사(當臨事)
沖 - 깨고 어긋나는 것이다.	동효 - 발현사(發現事)

　모든 사물의 변화에는 원인과 결과가 있는 것이다. 음양이 천지운행에 따라 변화하면 마음도 변화하고 사물도 변화하는것이므로 육효학에서는 사(事)의 움직임을 음양 효의 동정과 오행 생극충합의 변화 작용으로 살핀다.

　생극충합은 사건에 변화를 일으킬 만큼의 영향력을 발생한다. 생극의 관계는 발동해야 작용이 일어나며, 일진과 월건과 동효는 타효를 생극충합 할 능력을 가진다. 그러나 정효와 복신은 타효를 생극충합 할 작용력을 가지지 못한다. 따라서 事는 일진과 월건과 동효의 움직임에 달린 것이다.

　일진이 효를, 월건이 효를, 동효가 효를, 암동효가 정효를, 변효가 동효를, 비신효가 복신효를 생극충합 할 수 있다. 하지만 정효는 타효나 일진이나 월건을 생극충합하지 못하며, 변효는 타효를 생극충합하지 못한다.

또한 동효는 타 복신효를 생극충합하지 못한다. 다만 생극충합의 관계성은 잠재한다. 즉 암암리에 미워하고 좋아하고 화합하는 관계는 잠재하는 것이다.

육효는 용신효의 길흉으로서 점친 목적의 성패, 길흉을 판단한다. 용신효가 일월이나 타효에 생합되면 성사되며, 파극되면 성사되지 않는다.

- 월지와 일지는 모든 효를 생극충합 할 수 있다.
- 동효는 본괘내의 다른 효를 생극충합 할 수 있다.
- 동효는 자신의 변효를 생극충합하지 못한다.
- 변효는 자신의 동효만을 생극충합 할 수 있다.
- 모든 효는 자신의 복신효를 생극충합 할 수 있다.
- 정효는 본괘내의 다른 효를 생극충합하지 못한다.
- 공망이나 합이나 입묘된 효는 생극하지도 못하고 생극받지도 못한다.
- 일월에 임하거나 생받는 효는 왕상하며, 극설되는 효는 쇠약하다.
- 일월에 임한 효가 다른 효에 파극되면 일진이나 월건의 힘을 인정하지 못한다.
- 월령에 효가 충되면 월파되었다고 하며 가장 무력하다.

- 일진에 효가 충되면 일충되었다고 하며 암동(暗動)한다.
- 합이 된 효나, 입묘된 효는 충이 되면 합이나 입묘가 풀리게 된다.
- 공망이 된 효는 치(置)되거나 충이되면 공망에서 풀려 실(實)하게 된다. (置- 세우다 - 같은 기운이 드는 것)

1) 점사의 길흉, 성패, 가부를 판단하는 기준

① 용신과 원신은 일진, 월건, 동효, 변효의 생을 만나야 길하고 기신 구신은 일진, 월건, 동효, 변효의 극을 만나야 길하다.

② 용신은 왕해야 마땅하다.(用神宜旺) : 네 계절에 따라서 왕함을 말하는 것이 아니고 다만 용신이 일진 월건에 임하거나 일진 월건 동효 변효가 생부하거나 용신효가 장생을 만나거나 제왕을 만나면 모두 왕하다고 한다.

③ 용신이 길하게 변하는 것 (用神化吉) : 용신, 원신이 회두생, 장생, 제왕, 比助, 일월로 화하면 길하다.

④ 용신이 흉하게 변하는 것 (用神化凶) : 용신, 원신이 회두극, 절, 묘, 공망, 파, 관귀, 퇴신으로 화하면 흉하다.

2) 월령과 일진과 동효의 구분

월령天 : 현시절의 마땅하고 마땅치 못함을 나타낸다.

　　　　　(득령, 득기)
일진地 : 장구한 힘을 얻고 얻지 못함을 나타낸다.
　　　　　(득지, 득세)
육효人 : 변화의 상황을 나타낸다. (靜發)

3) 12지지 성정(性情)

효에 임한 12지지나 육친에 따라서 사람의 성정을 구분할 수 있다. 다음은 12지지에 따라 분류한 사람의 성정이다.

寅	주로 온화하며 문장과 예능에 재주가 있다. 무기한 즉 비뚤고 집요하고 산만하고 어지럽다.
卯	주로 힘이 건장하고 남성적이며, 강직하여 아첨하지 않는다. 무기한 즉 마음이 독하며 융통성이 없이 기계적이다.
辰, 戌	후중하며 위엄이 있다. 총명정직하며 신물(神物)을 믿지 않으며, 귀신과 괴이함을 두려워 하지 않는다. 무기하면 타고난 성정이 혹독하다.
巳	화려하고 아름다움을 사랑하며 용모를 가꾼다. 성격이 쾌활하고 숨기지 않는다. 무기하면 성격이 사납고 오만하며, 풍요로움이 멸하게 된다.
午	강하고 영리하며, 사사로움이 없다. 이기기를 좋아하고 매사에 급한 버릇이 있다. 무기하면 강폭함이 끝이 없고 급하지 않으면 오만하다.
丑, 未	관대하고 청렴 정직하다. 절개가 있고 삿됨이 없다. 어질고 의로움이 많다. 무기하면 졸렬하고 어리석으며 무능함에 지나지 않는다.
申	의로움이 중하고 명성을 향해 치달아간다. 무기한 즉 용맹을 좋아하고 죽이는 것을 좋아하고 음악을 좋아한다.

酉	강하고 밝아서 아첨하지 않으나, 무기(無氣)하면 탐욕이 많으며 주색을 즐긴다.
亥	정이 원만하고 융통성이 있으며 物과 더불어 화합한다. 무기하면 속이고 경망하고 음란하다. 또한 水가 왕한 즉 성질이 완만하고, 水가 쇠한 즉 성질이 급하다. 발동하고 충동하면 마음이 기회적으로 변함이 많다. 만약 동효가 合하거나, 혹 사묘절(死墓絶)에 임하면 필히 지각이 없다. 만약 동효가 충을 만나 흩어지면 격랑하는 물과 같아서 필히 세운 뜻이 항구함이 없으며 의혹이 진정되지 못한 자이다.
子	청고하고 정직하며 간사하고 욕된 것을 좋아하지 않는다. 지모가 깊으나 무기하 면 방랑하며 부실하다. 작사에 시작은 있으나 끝이 없다.

4) 육친의 성정(性情)

처재효	동(動)하면 사치를 좋아하며 학문을 좋아하지 않는다.
부모효	化하면 도(道)를 근심하나 가난함을 근심하지는 않는다.
자손효	지세하여 공망되면 속은 양과 같으나 겉으로는 호랑이 가죽을 쓴 것과 같다.
형제효	지세하면 술병과 음식자루를 찬 것과 같다.
관귀효	지세하면 웃음속에 칼을 찬 것과 같고 귀살(鬼殺)이 공망되면 성을 내나 독은 없다.

■ 형제의 중죄를 어머니가 구할 수 있겠는가

· 卯月, 己卯日, 申酉 空亡

지뢰복 → 진위뢰 (坤土宮)	
孫 •酉 ‖	句
財 亥 ‖	朱
父午 兄 丑 ‖ 應	靑
兄 辰 ‖	玄
官 寅 ‖ 父 巳 (伏)	白
財 子	世	蛇

형이 이미 중죄를 지었는데 어머니가 위독한 것으로 구할 수 있겠는가?

형제효가 용신이 된다. 丑土 형효가 동하여 월건과 일진에서 극을 당하니 대죄를 면치 못할 것이다. 하지만 형효가 부효로 동하여 회두생이 되니 부모가 형제를 생하여 후에 죽음을 면 하였다.

■ 아버지가 官事로 중죄를 받았을까?

택지췌 → 천화동인 (兌金宮)	
父 •戌 父 未 ‖	朱
兄 酉 ┃ 應	靑
孫 •亥 ┃	玄
孫 亥 財 卯 ‖	白
官 巳 ‖ 世	蛇
財 卯 父 未 ‖	句

· 卯月, 戊辰日, 戌亥 空亡

卯月 戊辰日 아버지가 官事로 중죄를 받았을까?

외괘 未土 부효가 월건에 극이 되고 내괘는 亥卯未 목국이 되어 극하니 월은 극하고 일진에서 刑이 되어 구함이 어렵다.

■ 형제의 소송

・卯月, 戊辰日, 戌亥空亡

천지비→천수송(乾金宮)				
父	戌	⚊ 應		朱
兄	申	⚊		靑
官	午	⚊		玄
財	卯	⚋ 世		白
父 辰	官 巳	⚋		蛇
父	未	⚋	孫 子 (伏)	句

같은날 자매가 형제의 소송에 대하여 전괘와 같은 건으로 중죄를 받겠는가?

형효가 용신이 되는데 巳火 관귀가 동하여 형효를 극하니 중죄를 받겠다. 하지만 일진이 부효를 암동하여 형효를 생하니 극처봉생이 된다. 부모가 있으면 구할수 있을 것이다. 과연 부모의 나이가 팔순이라 고소가 늦추어지다 죽음을 면하게 되었다.

5. 팔신(八神)과 팔효(八爻)

1) 팔신(八神)
- 용신(用神) – 점사에서 목적이 되는 육친
- 원신(元神) – 용신을 생하는 육친
- 기신(忌神) – 용신을 극하는 육친
- 구신(仇神) – 기신을 돕는 육친
- 진신(進神) – 동효가 변효로 전진하는 육친
- 퇴신(退神) – 동효가 변효로 퇴보하는 육친
- 복신(伏神) – 정괘(正卦)상에 드러나지 않고 숨은 효
- 비신(飛神) – 복신(伏神)을 숨기고 있는 정괘의 효

2) 팔효(八爻)

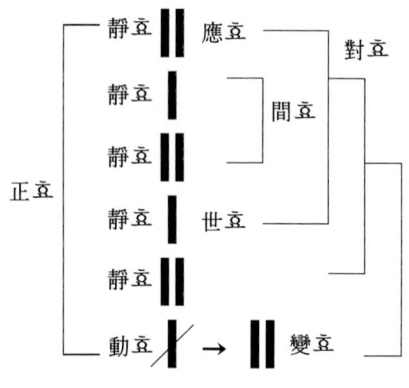

- 세효(世爻) – 자기를 나타내는 효
- 응효(應爻) – 상대나 목적을 나타내는 효
- 동효(動爻) – 발동한 효
- 변효(變爻) – 동효가 변하여 化한 효
- 정효(靜爻) – 안정한 효
- 정효(正爻) – 정괘(正卦)의 기본 여섯효
- 간효(間爻) – 세효와 응효 사이의 효
- 대효(對爻) – 서로 짝하는 효

6. 반음(反吟)과 복음(伏吟)

1) 반음(反吟)

 반음은 반복과 반전으로 고통이 따르며 길흉이 거듭되고 꾸준히 장구(長久)하지 못하고 자주 변동되어 고통이 따른다.

 ① 괘의 반음
 • 본괘의 효가 동하여 변괘로 변함에 변하는 괘와 상호 마주 보는 괘가 되었을 때를 괘의 반음이라 한다.
 • 후천팔괘의 상에서 팔괘의 방위가 상충되는 경우, 즉 이감, 진태, 건손, 간곤의 경우가 괘의 반음이다.
 • 내괘가 반음이 되면 가지 않으려 했다가 다시 가게 되고, 외괘가 반음이 되면 가서 있으려 했다가도 되돌아 오고 내, 외괘가 전부 반음이면 왔다갔다 분주하다.

 ② 효의 반음
 • 본괘의 동효와 화출된 변효가 서로 충극되는 경우를 효의 반음이라 한다.
 • 반음에도 회두충극의 작용이 겹치므로 같은 사안이라도 경중의 차이가 남을 알아야 한다.(卯木 동효가 酉金 변효를 화출하면 반음의 작용이 크다.)
 • 효의 반음이라 해도 괘의 반음이 안 될 수 있다.

③ 복음(伏吟)

- 복음이란 엎드려서 괴로워 한다는 의미로 동효와 화출된 변효가 똑같게 되는 경우를 말한다.
- 변화가 없이 헛수고만 하게 되어 답답하고 매사에 불리하고 우울하여 신음하는 일이 생긴다. 복음은 건궁과 진궁에만 나타난다.
- 내괘 복음은 안의 일이 불리하고 외괘 복음은 밖의 일이 불리하다. 모든 일이 지연되고 막힌다.
- 복음에 반음까지 겹치면 캄캄한 밤에 호랑이를 만나는 상으로 대흉하다.

▎상위직으로 부임여부

· 卯月, 壬申日, 戌亥 空亡

수지비 → 수풍정(坤土宮)		
財 子 ∥ 應		白
兄 ·戌 ∣		蛇
孫 申 ∥		句
父 酉 官 卯 ∥ 世		朱
財 ·亥 父 巳 ∥		靑
兄 未 ∥		玄

관부에서 상위직으로 부임하겠는가?

세효가 관에 임하고 월건에 생조를 받으니 성취함이 있을 것이다. 내괘가 반음이 되어 반복됨이 있을 것이다. 하지만 세효가 申에 絕이 되고 회두극이 되니 이번 발령은 이익됨이 없으니 부임하지 않는 것이 좋을 것이다. 후에 관부가 도적의 본

부 근처를 떠나느라 옮겨 가지 못했는데 관부가 옮긴 후에 따라 가게 되었다.

칠월에 도적이 성을 파괴하여 관부가 함께 피해를 당했다. 피해를 당한 것은 세효와 관효가 酉金의 충극을 받았기 때문이고 후에 부임하게 된 것은 괘가 반음이 되기 때문이다.

■ 승진에 관한점

· 卯月, 己亥日, 辰巳 空亡

지택림 → 풍택중부 (坤土宮)		
官 卯 孫 酉 ∦		句
父 巳 財 亥 ∦ 應		朱
兄 丑 ‖		靑
兄 丑 ‖		玄
官 卯 ∣ 世		白
父 巳 ∣		蛇

세효가 卯목에 임하고 월건이 관이며 亥일진에 장생되어 세효와 관성이 같이 왕지에 임하였으니 승진하리라. 결과는 본월에 江西에서 山東으로 승진했으며 일년이 지나기 전에 다시 江西로 부임했다.

본월에 승진한 것은 卯관이 월령이기 때문이고, 산동으로 승진한 것은 관이 卯목에 임했기 때문이며, 다시 산동으로 부임한 것은 외괘가 반음이 되었기 때문에 갔다가 다시 돌아온 것이다.

■ 아버지가 외지 재임 중에 편안한지를 친 점

· 申月, 癸巳日, 午未 空亡

아버지가 외지 재임 중에 편안한지를 친 점이다.

	천풍구→뢰풍항(乾金宮)	
父 戌	父 戌 ⚋	白
兄 申	兄 申 ⚋	蛇
	官 午 ▮ 應	句
	兄 酉 ▮	朱
	孫 亥 ▮ 財 寅(伏)	青
	父 丑 ⚋ 世	玄

巳火 일진이 부효를 생하여 재임 시에 편안함이 있을 것이다. 다만 왜괘가 복음이 되어 재임 중에 사고가 발생하여 재임시 어려움이 따를 것이다. 하지만 다른 일로는 장애가 없을 것이다. 또한 복음괘라 돌아오고 싶어도 돌아올 수 없으나 辰년에는 돌아올 것이다.

후에 묘족이 반란하여 지방이 불안하여 위험하였고 寅년에 친 점괘인데 辰년에 그의 부친이 자리를 내놓고 돌아왔으며 午年에 서축으로 보궐되었다.

辰년에 돌아온 것은 戌이 戌로 화하여 복음된 것을 충개하는 해이기 때문이며, 자리를 놓고 돌아온 것은 巳일진에 亥가 암동하여 관귀효를 극하였기 때문이다.

午년에 관직에 보궐된 것은 것은 점칠 당시 巳일진이 午화 관성을 부촉하여 일으켰기 때문이며, 당시는 亥수의 극을 받아 부진하였으나 지금 午화 관성의 해가 되자 의연히 왕성해진 것이다.

7. 진신(進神)과 퇴신(退神)

인간과 자연에 모두 변화가 있듯 육효에는 동효를 통하여 목적사의 길흉에 동정(動靜)을 판단 할 수 있다. 진신이란 지금의 상황으로 인해서 앞으로 나아가는 것이다. 마치 봄에 초목의 영화로움이 물의 근원이 있어서 멀리 장구한 것과 같다.

퇴신이란 지금의 상황으로 인해서 점차 후퇴하는 것이다. 이것은 가을 초목이 잠깐사이에 쇠락하는 것과 같다. 예를들어 일의 진행 가부나 병점(病占)에서 질병이 낮을지 더 깊어지는 등을 말한다.

진신(進神)은 길흉이나 동정이 점차 증가되는 것을 말하며 퇴신(退神)은 길흉이나 동정이 점차 감소되는 것을 말하는 것이다. 월건의 왕쇠에 따라 진신이나 퇴신의 기세가 증가되거나 감소한다.

- 진신은 동효와 변효가 같은 오행으로 순행하여 변한 경우를 말한다.

동효	亥	寅	巳	申	丑	辰	未	戌
변효	子	卯	午	酉	辰	未	戌	丑

- 퇴신은 정효와 변효가 같은 오행으로 역행하여 변한 경우를 말한다.

동효	子	卯	午	酉	辰	未	戌	丑
변효	亥	寅	巳	申	丑	辰	未	戌

1) 진신(進神)의 통변 방법

- 동효가 왕상하고 변효가 왕상하면 세력을 타고 목적사가 이루어진다
- 동효가 왕상하고 변효가 휴수하면 시절을 기다려 목적사가 이루어 진다.
- 동효나 변효중 하나라도 휴수되면 왕상한 날 목적사가 이루어진다.
- 동효나 변효중 하나라도 공망, 월파되면 해제되는 때 목적사가 이루어 진다.

2) 퇴신(退神)의 통변방법

- 동효나 변효가 왕상하거나 월건과 일진의 생하고 가까운 일에 일어날 거라면 퇴신되지 않는다.
- 휴수된 동효가 휴수된 효로 변하면 바로 퇴신된다.
- 동효나 변효중 하나라도 왕상하면 휴수되는때 퇴신한다.
- 동효나 변효중 하나라도 공망이나 월파 되면 해제되는때 퇴신된다.

8. 회두생(回頭生)과 회두극(回頭剋)

1) 회두생(回頭生):동효가 변효로부터 생부를 받는 경우

2) 회두극(回頭剋):변효가 동효를 극제하는 경우

3) 회두충극(回頭冲剋)과 회두충절(回頭冲絶)

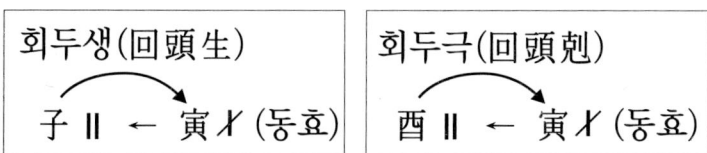

변효가 동효를 충(冲)함과 극(剋)함이 동시에 일어나는 경우를 회두충극이라고 하고 동효가 변효를 충(冲)함과 극(剋)함이 동시에 일어나는 경우를 회두충절이라고 한다.

회두충극(변효→동효)		회두충절(동효→변효)	
寅	申	申	寅
卯	酉	酉	卯

- 용신이나 원신을 회두생 하면 길하고 회두극 하면 흉하다.
- 기신이나 구신을 회두생 하면 흉하고 회두극 하면 길하다.

4) 괘변(卦變)의 생극묘절(生剋墓絶)

괘가 변하여 생, 극, 묘, 절이 되거나 비화(比和)되는 경우가 있는데 이중 괘가 변하여 극이 되면 용신의 왕쇠와 관계없이 흉하다.

본괘	변괘	내용	吉凶
巽木	坎水	손목이 감수로 변하여 회두생목 하여 길하다.	吉
震木	乾金	진목이 건금으로 하여 회두극목이 됨으로 흉하다. 다만 극이 안되는 경우도 있다.	凶
兌金	震木	태금이 진목으로 변하는 경우는 정괘는 世가 되고 변괘는 應이 됨으로 길이 된다. 이런 경우를 화거(化去)라 한다.	吉
震木	兌金	진목이 태금으로 변하여 應이 世를 극하므로 회두극이 되어 흉하다. 이런 경우를 화래(化來)라고 한다. 재점에 화래가 되면 대흉(大凶)하다.	凶

▎병점

· 寅月, 甲子日, 戌亥 空亡

곤위지 → 손위풍 (坤土宮)

```
官 卯  孫 酉 ∥ 世         玄
父 巳  財 亥 ∥            白
       兄 丑 ∥            蛇
孫 酉  官 卯 ∥ 應         句
財 亥  父 巳 ∥            朱
       兄 未 ∥            靑
```

坤土가 巽木으로 변하여 회두극이 되였다. 고서에 비록 순공이라 하여도 휴수되면 흉하다고 하였다. 만약 이 괘와 같이 해수가 사화를 충파하는 경우에 흉하다고 하는 것은 괘가 변하면 단지 괘체 만을 보거나 효의 용신만을 판단했기 때문이다. 이는 설사 효가 길하다 할지라도 괘체가 유기하지 않는다면 샘과 뿌리가 마른 것과 같으니 어찌 오래간다 하겠는가.

9. 일충(日冲)과 월파(月破)

1) 일충(日冲)

 정효(靜爻)가 일진으로부터 生을 받았으나 冲이 되면 이를 암동(暗動)이라고 하고, 정효가 일진으로부터 生을 받지 못하여 휴수(休囚)되고 冲이 되면 이를 암파(暗破)또는 일파(日破)라고 한다. 또한 일진이 동효를 충하거나 爻가 동하여 爻를 충하는 경우를 충산(冲散)이라고 한다.

① 정효가 일파 되면 목적사가 무기력해지거나 느려지며 암동이 되면 빠르게 진행된다.

② 일진에 진술축미 효가 임하여 충이 되면 묘충(墓冲)이라 하여 왕쇠와 관계없이 정효가 충이 되면 암동이 된다.

③ 일진에 자오묘유 효가 임하여 충이 되면 태충(胎冲)이라 하여 정효가 생을 받으면 암동이 되고 생을 받지 못하면 암동은 되지만 암동의 효과가 반감된다. 子일과 酉일에는 정효가 왕상하여도 극충(剋冲)이 되므로 유의 하여야 한다.

진술축미(辰戌丑未)	왕쇠와 관계없음	암동
자오묘유(子午卯酉)	왕한 경우 왕하고 극충된 경우 쇠하고 충된 경우	암동 암동(효과 -30%) 암동(효과 -50%)
인사신해(寅巳申亥)	왕한 경우 쇠한 경우	암동 안됨 일파

④ 일진에 인사신해가 임하여 충이 되면 절충(絶沖)이라 하여 정효가 생을 받아도 암동이 되지 않고 일파(日破)가 된다.

⑤ 암동(暗動)은 무기력해지고 느려지는 것으로 길함이 와도 알지 못하고 흉함이 와도 깨닫지 못하는 것을 말한다. 다만 암동은 정효에만 효과가 있고 정효에는 효과가 없고 年의 충이나 時의 충에는 작용하지 않는다.

▌딸의 천연두점

· 寅月, 乙未日, 辰巳 空亡

곤위지 → 지수사 (坤土宮)		
孫 酉 ‖ 世		玄
財 亥 ‖		白
兄 丑 ‖		蛇
官 卯 ‖ 應		句
兄 辰	父 巳 ⚊	朱
兄 未 ‖		青

酉金孫爻가 용신이 된다. 유금이 봄철에 휴수 하지만 일진에 생부를 받았고, 巳火가 동하여 손효를 극하였지만 未日 丑土가 암동하여 금을 생하니 마마꽃이 많다고 할지라도 무해하니 未시에 구할 수 있겠다. 申시에 명의를 만나 치료를 받을 수 있었다. 암동이라고 하여 완만하게 발현되는 것은 아니다.

2) 충산(冲散)

동효(動爻)가 일진과 충이 되는 경우를 충산(冲散)이라고 한다. 동효의 작용력이 약해 생극작용을 하지 못한다. 단, 월건의 생을 받는 경우는 충산(冲散)이 되지 않는다.

동효가 변효와 충이 되는 경우에도 충산(冲散)이라고 하는데 세효가 휴수하고 타효가 왕하는 경우에도 모두 충산(冲散)이라고 한다. 충산(冲散)이란 공망과 같이 영향력이 없고 생부를 받는다 하여도 쓸수가 없다.

■ 아버지가 출행하여 일년동안 소식이 없다.

· 丑月, 丁酉日, 辰巳 空亡

풍수환 → 감위수 (離火宮)				
官	子	父 卯 ✕		青
		兄 巳 丨 世		玄
		孫 未 ‖	財 酉 (伏)	白
		兄 午 ‖	官 亥 (伏)	蛇
		孫 辰 丨 應		句
		父 寅 ‖		朱

父효 卯木이 용신으로 동하여 세효를 생하고 子에 회두생이 되니 아버지는 출행하여 평안이 지내고 있을 것이다. 현재는 세효가 공망이나 봄철이 돌아오면 속히 돌아올 것이다.

이후 卯월에 돌아왔다. 이를 보면 卯가 동하여 酉일 충을 당하였다 하지만 어찌 충하여 흩어졌다 할 수 있겠는가? 출행점에서는 충산이 되어야 돌아온다.

3) 월파(月破)

월건이 정효를 충하는 것을 월파(月破)라 한다. 월파는 월건 별로 충하는 날이 정하여 있다.

正月	二月	三月	四月	五月	六月	七月	八月	九月	十月	十一月	十二月
申	酉	戌	亥	子	丑	寅	卯	辰	巳	午	未

월파되는 것은 일진과 동효나 변효가 생부를 하여도 길하지 않고 결실이 있어도 없는 것과 같다. 다만 기신(忌神)이 월파가 되면 내게 길(吉)하고 복신(伏神)이면 괘상에 작용을 하지 못하며 변효가 월파되며 쓸모가 없어진다. 다만 일진에 생부를 받으며 치일(値日)이라 하여 월파가 되지 않는다. 치일이란 월파가 되어도 일진에서 생부를 받으니 후일에 월파가 지나고 나면 잃은 것을 보충하게 된다는 것이다.

■장래 관직이 있을 것인가?

・亥月, 己丑日, 午未空亡

태위택 → 천수송 (兌金宮)

父 戌 ·	父 未 ‖ 世		句
	兄 酉 ｜		朱
	孫 亥 ｜		靑
	父 丑 ‖ 應		玄
	財 卯 ｜		白
財 寅	官 巳 ｜		蛇

관이 동하여 세효를 생부하고 세효가 동하여 진신으로 화하니 관직이 있을 것이다. 하지만 관효가 월파가 되고 세효가 공망이 될뿐아니라 일지과 충이 된다. 공망이 충이 되면 實하니

공망이 될 수 없다. 하지만 월파가 일진이나 동효의 생부를 받지 못하였다. 고서에서 말하기를 월파는 일진이 생부 할지라도 일어나지 못한다고 하였는데 더욱이 동효나 일진으로부터 생이 없다. 이미 소용이 없는 관귀가 어떤 이유로 동하여 세효를 생하겠는가.? 이런 경우에는 재점을 해야 한다.

■장래 관직이 있을 것인가?(再占)

命에 만약 벼슬길이 없다면 어째서 관이 세효를 생했으며 또한 관성이 지세하겠는가?

· 亥月, 己丑日, 午未 空亡

수지비(坤土宮)

財 子 ‖ 應	句
兄 戌 ㅣ	朱
孫 申 ‖	靑
官 卯 ‖ 世	玄
父 巳 ‖	白
兄 未 ‖	蛇

이미 전괘에서는 발동한 관이 상생하고 후괘는 관이 세효에 임하니 종래 왕가의 식록을 먹을 날이 있으리라. 그가 묻기를 어느 해가 되겠습니까?

내가 말하기를 전괘에서 관이 월파에 임하였으니 정히 실파되는 해에 응할 것이다. 결과는 巳년에 습장방 세직을 얻었다. 만약 월파가 전혀 소용이 없었다고 한다면 어찌 천리나 먼 차이가 나지 않았겠는가?

(월파 되어도 일진이나 변효가 구하는 상이라면 종래 무력하

다고 볼 수 없다)

■아버지가 돌아오시는 시기를 점하다.(再占)

・辰月, 戊子日, 午未 空亡

건위천 → 택천쾌 (乾金宮)	
父 未 父 戌 ✗ 世	朱
兄 申 ∣	靑
官 午 ∣	玄
父 辰 ∣ 應	白
財 寅 ∣	蛇
孫 子 ∣	句

재점으로 辰月 戊子日 아버지가 돌아오시는 시기를 점하였다.

부효에 지세하나 월파되어 공망으로 화하고 이미 일진의 생도 없고 동효의 도움도 없으니 고법으로 판단한다면 용신이 무기한 것이니 그 아버지는 돌아올 수 없다.

나는 이렇게 판단하지 않는다. 주작이 부모에 임하여 발동하고 지세하니 卯일에 소식이 있고 午未일에는 필히 돌아 오리라. 결과는 卯일에 소식을 듣고 乙未일에 집에 돌아왔다. 卯일에 소식을 들은 것은 월파가 합을 만나는 날이었기 때문이고 未일에 돌아온 것은 부모 효가 未공망으로 화하여 출공하는 날이므로 돌아온 것이다.

고법의 진신론에서 발동하고 월파를 만나면 자기의 자리를 이미 잃은 것이라 월건으로 화한다고 하여도 역시 후퇴하여 불급하다고 했으나, 이 괘에서는 부모효가 월파되고 공망으로 화하였어도 결국에는 퇴함으로서 귀가하였다.

(출행 대인점에서는 용신이 월파로 무기하거나 퇴신이 되더라도 돌아오는 상이 주체가 되기 때문에 이렇게 볼 수 있는 것이다.)

■훗날 공명의 운이 어떻게 변하겠는가.(再占)

• 午月, 癸卯日, 辰巳 空亡

```
간위산 → 풍지관 (艮土宮)

        官 寅 |  世      白
  父 巳  財 子 ∦         蛇
        兄 辰 ||         句
  官 卯  孫 申 ✕ 應       朱
        父 午 ||         靑
        兄 辰 ||         玄
```

寅목 관성이 지세하고 申금의 발동으로 극을 당하니 금년 칠월에는 반드시 흉함이 있으리라.

무슨 일로 그러합니까?

응효가 발동해서 세효를 극하니 반드시 원수된 집과 연관된 것이다.

공명에 흉함이 있겠습니까?

만약 財(子)가 동하지 않았다면 필히 실직 하겠지만 다행히 財(子)가 접속 상생하니 강등될 뿐이다. 혹 財(子)가 이미 접속 상생하니 법에 이르기를 기신과 원신이 같이 동하고 관과 세효가 둘다 生을 얻으니 이번 겨울에 승진의 조짐인데 어찌하여 도리어 자리를 옮긴다고 말합니까?

財(子)가 월파되고 공망으로 화하니 점서에 이르기를 비록 있으나 없는 것과 같아서 원신이 무용하다고 하겠다. 그러나 나는 고법대로 판단하지 않으니 대개 신의 기미가 동효에 있으니 동하면 반드시 원인이 있다. 따라서 강등될 것으로 판단한 것이다. 명을 받는 날이 만약 동지달 내에 있으면 비로소 이와 같겠지만 만약 다른 달이라면 財(子)가 실파(實破) 되지 못하니 알 수 없을 것이다.

결과는 申월에 피차간에 서로 들추어 비방하다가 子달에 이르러 강등되었다. 그 사람이 후에 또 점을 쳤다.

■훗날 공명의 운이 어떻게 변하겠는가.(再占)

· 寅月, 丙辰日, 子丑 空亡

지택임(坤土宮)

孫 酉 ‖		靑
財 亥 ‖ 應		玄
兄 ·丑 ‖		白
兄 ·丑 ‖		蛇
官 卯 ｜ 世		句
父 巳 ｜		朱

내가 말하기를 요즘 소문에 나라에서 사면이 보류되었다는데 사면을 허락받지 못할 것 같다. 반드시 子년을 기다려야 기용이 되겠다. 혹 말하기를 亥수가 官을 생하는데 어떻게 허락이 안되는가?

내가 말하기를 5효가 생해주고 있으나 지금 일진에 의해 극이 되니 장차 子년에 財(亥)가 子에 왕지가 되며, 또한 전괘와 합치

되니 5효의 財(亥)가 태세에 임하여 불파되니 기용될 것이 틀림없다.

결과는 甲子년 巳월에 기용되었다. 卯년에 이르러서 내가 명예사직을 권고하였다. 그가 말하기를 어찌 그러한가?

내가 이르기를 전괘로 결단한 것이다. 申금이 세효를 극하기 때문으로 財(亥)가 비록 동하지만 월파에 임하여 공망으로 화하니 세효의 관을 생할 수 없어서 시비가 생긴 것이다. 子월에 이르러서 비록 실파되나 그 힘이 미약하여 실직은 아니라도 강등과 같은 일이 있었다. 후에 子년은 실파의 해가 되어 태세가 당권하니 기용된 것이다.

내년 辰년에는 財(亥)가 입묘하는 해가 되고, 태세 辰토가 子를 극하며, 申금이 다시금 세효를 극하니 극만 있고 생이 없어 지나간 해의 흉함보다 더욱 중하리라. 그 사람이 곧이 듣지 않았는데 辰년 三월에 죄를 지어 해임 되었다.

이상은 월파에 대해서 분별한 것으로 월파가 되어도 발동했을 경우이지 발동하지 않았다면 이렇게 판단하지 말아야 한다.

(발동하면 월파가 되더라도 잠시 회복될 수는 있다는 것이다.)

10. 관귀(官鬼)

관귀(官鬼)는 불시의 재앙이나 환란을 주장하고 모든 길흉의 가부나 일의 성패를 결정한다. 때문에 관귀효는 형, 손, 재, 관, 부중에서도 언제나 살펴야는 하는 중요한 爻이다.

1) 무귀(無鬼)

① 관귀를 길흉으로 구분하면 길한 것은 관(官)이되고 흉(凶)한 것은 귀(鬼)가 된다. 관귀는 정효와 변효에 응하지 않는 곳이 없고 관귀가 발동하는 것은 좋지않다.

② 관귀는 충극이나 생부가 없으면 동하지 않으며 공망이 되거나 충산 또는 변하여 충이 되면 관귀는 없는 것과 같다.

③ 관귀가 괘중에는 없으나 비복되어 있거나 변하여 월건이나 일진에 생부를 받으면 있는 것과 같다.

④ 공망이 되고 동하는 경우를 반공이라고 하는데 길한다 해도 흉한것과 같고 관귀가 동하여 월파가 되는 것을 전흉(全凶)이라고 하는데 대흉(大凶)하다.

⑤ 관귀의 상(象)은 하늘에서는 귀신이 되고, 우뢰가 되며, 땅에서는 조정, 사직, 관청이 되며, 시신이나 해골, 요사한 것, 해충이 된다. 사람에게는 주장하는 것이며, 권력이 되며, 혼백이 되며, 식견이 되며, 질병이 된다.

⑥ 가정에서는 제사, 종묘, 조상, 마에 빠지는 것등이 된다. 나라에서는 적이나 원수가 되며, 반란의 역신이 된다. 일에 있어서는 송사나 시비가 되며, 기도 하는 것이며, 남편이나 사내가 되며, 막히고 속박하는 것이 된다.

⑦ 관귀는 목적사나 길흉의 주체가 되거나 재해의 실마리가 되고 출입하는 곳에 숨어 있으며 귀인은 관귀가 정효면 길하고 동하면 흉하며 말썽이 많아지고 일이 어렵게 된다.

⑧ 목적사에는 관귀가 동하지 않으면 길하지만 일을 성취함에 방해수가 있기는 하지만 기쁜일에는 길하고 자기에게 이로우며 관청에 관계하는 일에는 길함이 있다.

점 단	내 용
신명(身命)	신명점에 관귀가 없으면 일에 주관이나 주인이 없거나 잃으며, 처세술에 약하고, 재물이 없으며, 형제가 재물을 두고 다투게 된다.
공명(空名)	공명점에 관귀가 없으면 공명을 취하거나 이루기 어렵고, 승진이 안되고 관직으로 나아갈수 없으며, 귀인의 도움이 있더라도 관직을 지키기 어렵다.
가택(家宅)	가택점에 관귀가 없으면 주인에게 덕(德)이 없고, 소비가 많아 재산을 모으기 어렵고 妻가 재물을 모아야 한다.
목적(目的)	목적점에 관귀가 없으면 일의 판단이 어려워 주체적이지 않고 남의 말만 따라서 불필요하게 바쁘고 애를 쓰게 된다.
질병(疾病)	질병점에 관귀가 없으면 용신을 보고 용신이 왕상하면 깨끗이 낳을수 있고 휴수하면 죽지는 않으나 병을 치료하기 어렵다.

혼인(婚姻)	젊어서 과부가 되거나 혼인이 어렵고 남자의 경우에는 妻福이 없다.
구재(求財)	구재점에 관귀가 없으면 형제가 나의 자리를 뺏으려는 것으로 타인에게 재물이 돌아가 내게는 재물이 없고 빈손이 된다.
도망(逃亡)	도망점에 관귀가 없으면 숨기가 매우 용이하고 도망간 자를 찾기는 어렵다.

[목적사별 관귀의 점단 통변]

2) 조귀상신(助鬼傷身)

관귀가 일진에 장생이 되어 세효(世爻)를 극하는 경우를 조귀상신이라고 한다. 처재효는 관귀를 생부하는 것으로 처제효가 동하지 말아야 하고 만약 동하면 휴수된 관귀라 할지라도 왕귀(旺鬼)가 되어 대흉하다.

괘에서 관귀가 세효를 극하는데 처재효의 생부가 없으면 대흉하지는 않으나 혹 처재효가 동하면 대흉하다. 하지만 자손효가 동하여 관귀를 극하면 길하게 되는데 이를 전화위상(轉禍爲祥)이라도 한다.

조귀상신이 되면 재물로 인해 목숨을 잃을 수도 있고 주색을 탐하여 관을 잃게 되거나 처첩이 어질지 못해 남편이 흉하고 아랫사람으로 인해 재앙이 따른다.

3) 수귀입묘(隨鬼入墓)

12운성에서 묘(墓)라는 것은 오행의 氣가 소멸하는 것으로 사물이 죽어 무덤으로 들어가는 것이라 하는데 수귀입묘란 관귀가 묘지가 되는 것으로 매우 흉하다. 관귀가 영향력을 발휘하지 못하는 것을 말한다.

육효에서는 용신이나 세효가 입묘가 되면 매우 흉한데, 용신이나 세효가 관귀인데 입묘가 되면 대흉하다.

수귀입묘는 길한 것이 아니라서 일의 성패여부를 묻지 않으며 凶하다.

명묘 (命墓)	점치는 본인이나 상대방의 명(命-태어난 해의 지지)이 관귀에 임하여 일진에 입묘되는 것을 말한다. 예를 들면 丙申생년의 사람이 丑일에 점을 쳐서 命이 관귀 申에 임하면 일진에 입묘되니 명묘라고 한다. 命이 일진에 입묘되면 크게 흉하여 질병점등에 만나는 것을 크게 꺼린다.
세묘 (世墓)	세효에 관귀가 임하여 일진에 입묘되는 것을 말한다. 예를 들면 丑일 점으로 세효에 관귀 申이 임하면 일진에 입묘되니 세묘라고 한다. 세묘는 자신의 점을 친 경우는 매우 흉하며 타인의 점을 대신 친 경우에도 흉하다.
괘신묘 (卦身墓)	괘신이 관귀에 임하여 일진에 입묘되는 것을 말한다. 예를 들면 丑일 점으로 괘신에 관귀 申이 임하면 일진에 입묘되니 괘신묘라고 한다. 괘신묘는 다른 수귀입묘 보다는 가벼우나 관귀가 왕하면 역시 흉하게 된다. 주로 송사, 투옥, 질병, 우환, 피신 등의 점에서는 꺼리게 된다.

화묘 (化墓)	세효나 괘신이나 命이 관귀에 임하여 발동하고 그 변효에 입묘되는 것을 말한다. 예를 들면 세효나 괘신이나 命에 관귀 申이 임하여 발동하여 丑으로 변한 변효에 입묘되면 화묘라고 한다. 단 丑이 공망이 되거나 월파가 되면 화묘가 되지 않는다. 또한 未일 점이라면 丑묘를 충하니 화묘가 되지 않으나 丑월이라면 화묘가 된다.

• 수귀입묘의 점단해석

점단	점단해석
신명 (身命)	종신토록 재앙과 질병에 시달리고 名을 높이기 어렵다.
혼인 (婚姻)	입묘되면 결혼이 좋지 않고 결혼중에 형상(形像)을 보게되며 세효가 입묘되면 집이 곤궁하여 혼수가 부족하다.
공명 (空名)	관직에 나아가나 승진하지 못한다.
출행 (出行)	길이 평탄해도 어려움이 있고 목적사를 성사시키기 어렵다.
행인 (行人)	타향에서 병이 들거나 임산부는 산액이 있다.
구재 (求財)	사기나 도박을 조심하여야 하며 노력한 일이 수포로 돌아간다.
송사 (訟事)	감옥에 들어가 형벌을 받거나 송사중에 신변의 위험이 있고 질병이 걸린다.
가택 (家宅)	가장(家長)에 근심이 있고 질병이 걸리면 대부분 죽게 된다.

증산복역에는 수귀입묘에 대하여 다음과 같이 말하였다.

① 질병이나 흉액은 수귀입묘로써 그 길흉을 판단해야 한다.
② 병점에는 용신이 왕상하면 世,身,命이 수귀입묘 되어도 죽

지 않고 동효나 변효가 입묘해도 죽지 않는다.
③ 다만, 世爻와 用神爻가 수귀입묘된 경우에는 일진에 동효나 변효가 휴수되면 흉하다.
④ 세효가 입묘되는 경우는 첫째 세효가 관귀가 되고 일진에 입묘되는 경우 둘째는 세효가 동한 효에 입묘되는 경우, 셋째는 세효가 동하여 변효에 입묘되는 경우이다.
⑤ 세효나 용신효가 왕상하면 진정한 입묘가 아니며 휴수되어 입묘가 되어야 진정한 입묘가 된다.
⑥ 입묘된 효가 충파가 되면 입묘가 되지 않는다.

• 증산복역에서 수귀입묘의 점단해석

점단	점단해석
신명 (身命)	세효가 왕상하고 득지하면 출공되는때 영화를 보고 휴수공파되면 일생이 외롭다
혼인 (婚姻)	세효가 왕상하고 재효가 세효를 생하면 묘고가 해제되는때 혼인이 되고 휴수공파하면 어렵다.
공명 (空名)	세효가 왕상하고 묘고가 해제되는때 공명을 이루게 되며 휴수공파하면 이루기 어렵다.
출행 (出行)	세효가 왕상하고 묘고가 해제되는때 일이 성사되고 휴수공파하면 돌아오지 못한다.
질병 (疾病)	세효가 왕상하고 묘고가 해제되는때 병이 낫지만 휴수공파하면 출공되는때 위험하고 근병이 공망이 되어도 출공할 때 낫는다.
행인 (行人)	용신이 묘고가 되거나 동효에 입묘될 때 용신이 왕상하면 돌아오고 휴수공파 하면 유랑을 면치 못하거나 병들어 돌아온다.
구재 (求財)	세효가 왕상하고 묘고가 해제 되는때 일이 성사되고 휴수공파하면 이루기 어렵다.

송사 (訟事)	세효가 왕상하면 송사에서 벗어 나고 휴수공파하면 흉하다.
출산 (出産)	재효나 손효가 동효에 입묘하거나 변효에 입묘될 때 세효가 왕상하면 묘고를 출공하는날 출산하고 재효가 휴슈공파하면 산액이 있고 손효가 휴수공파하면 자손이 위험하거나 죽게된다.
가택 (家宅)	세효가 왕상하거나 재효가 세효를 생하면 묘고가 출공하는때 집안이 흥하고 휴수 공파하면 신수가 쇠락하고 집이 바뀐다.

• 육효에서는 세효가 왕상하고 묘고가 공망이 되거나 월파되면 묘고가 해제되는 때를 기다려야 길하고 세효가 휴수공파 하면 세효가 휴수되는때 흉하게 된다.

• 고법에서는 세효가 월파되면 관귀에 재앙이 없다고는 하나 월파가 되면 당시에는 길하여도 월파가 해제 되는 때 흉함을 면치 못하게 된다.

■남편의 병점(癸亥生)

• 申月, 戊辰日, 戌亥空亡

천화동인 → 이위화(離火宮)

```
       孫 戌 |  應 身   朱
孫 未  財 申 ⚋           靑
       兄 午 |           玄
       官 亥 |  世 命     白
       孫 丑 ⚋           蛇
       父 卯 |           句
```

남편의 병점의 처가 물어 점하니 亥수 관귀가 용신이 된다. 辰일에 입묘되고 관과 命이 모두 입묘가 되었다. 고서에 말하기를 필히 죽을 것이나 죽지 않는다고 나는 판단한다. 새벽에 꼭 나으리라. 辰일에 戌土를 충하여 암동하고 申금을 생부하기는 하지만 세효가 공망이 되어 그 생함을 받지 못하지만 내일 己巳일에는 亥수를 충기하니 財효의 생함을 얻게 될 것이다. 과연 병은 다음날 바로 나았다.

■회시(會試)에 연달아 합격할수 있을까.?

• 戌月, 甲寅日, 子丑 空亡

세효 관이 동하여 입묘되고 변효에 입묘되며 월건에 입묘되어 三墓가 되었다.

뢰산소과 → 간위산(兌金宮)				
財 寅	父 戌 ⅹ			朱
	兄 申 ∥			靑
父 戌	官 午 ✕	世	孫 亥 (伏)	玄
	兄 申 丨			白
	官 午 ∥		財 卯 (伏)	蛇
	父 辰 ∥	應		句

내년 辰年에는 묘고를 충하게 되므로 합격할 때가 된다. 또한 辰월이 되면 삼묘를 충개하니 연달아 합격하게 되고 세효가 4효에 임하여 일등으로 합격할 것이다.

그 이유는 寅월이 되면 관국을 이우고 봄철에 왕상해지므오 괘가 전부 아름답게 된다. 그가 믿지 못해 지나치더니 이후 세 번의 합격 소식을 전하여 왔다.

■병점(壬申生)

• 申月, 己丑日, 午未 空亡

이 괘는 身命과 세효가 수귀입묘하였다. 身이 공망이 되고 괘신 또한 월파를 당하니 고서에 위하면 백에 하나도 살지 못한다. 하지만 나는 세효가 왕상하니 未일에 나으리라 하였다. 과연 未일에 일어나게 되었다. 未일에 병이 나은 것은 丑(墓)을 충개하는 날로 입묘에서 나오기 때문이다. 고서에 입묘는 침체하고 혼미한 상이라 참으로 맞는 말이다. 이사람의 병은 혼침하여 탕약을 쓸수 조차도 없는데 未일이 되자 나았으니 어찌하여 수귀입묘 됐다고 말하겠는가.

뢰풍항(震木宮)

財	戌 ‖ 應		句
官	申 ‖		朱
孫	午 丨 身		靑
官	酉 丨 世		玄
父	亥 丨	兄 寅(伏)	白
財	丑 ‖ 命		蛇

■정해진 중죄가 능히 사면 되겠는가?

· 未月, 戊辰日, 戌亥 空亡

산풍고→산택손(巽木宮)

	兄 寅 丨 應		朱
	父 子 ‖	孫 巳(伏)	靑
	財 戌 ‖		玄
財 丑	官 酉 ╳ 世		白
	父 亥 丨		蛇
	孫 巳 財 丑 ╳		句

세효가 수귀입묘되고 변효에 화묘(化墓)가 되니 고서에는 흉하나 나는 吉하다고 하였다. 월건과 일진이 세효를 생부하고 丑 재효는 월파가 되니 천라지망을 파하게 되어 쉽게 나올 수 있다. 내년 酉년에 정히 사면이 되리라 과연 酉년 辰월에 사면

되었다. 현재는 세효가 관귀에 임하고 삼합 관국을 이루어 중죄가 되었지만 월건이 삼합을 파하고 일진이 세효를 합하여 생하면 구제 된다고 본 것이다.

신수점에서 관귀는 제거 되어야 마땅하다 그러나 본괘는 관국이 깨어져도 월건과 일진이 세효를 생하게 되어 길하다.

┈┈┈┈┈┈┈┈

■도적이 쳐들어 오겠는가?

・申月, 己未日, 子丑 空亡

산천대축→지천태(艮土宮)	
孫 酉 官 寅 ╱	句
財 子 ‖ 應	朱
兄 戌 ‖	靑
兄 辰 ∣ 孫 申(伏)	玄
官 寅 ∣ 世 父 午(伏)	白
財 子 ∣	蛇

세효가 월파되어 관에 임하고 일진에 입묘되고 관이 동하여 손으로 변하니 아버지와 자식이 좋지 못하다. 도적들이 수시로 마을에 출몰하여 마을 사람들이 편안한 날이 없었다.

하루는 도적이 올 거라는 소식을 듣고 가족들을 데리고 도주하다가 아버지와 딸이 도적을 만나 살해 당하였다. 이러한데 어찌하여 세효가 관귀에 임하여 월파 되었다고 우환이 없어진다 말할수 있겠는가? 하지만 관이 월파 되어도 동하지 않으면 그렇지 않다.

11. 독정(獨靜), 독발(獨發), 진정(盡靜), 진발(盡發)

1) 독정(獨靜), 독발(獨發)

  육효에서의 길흉은 신명(神明)의 조짐이 나타나 동효로써 나에게 알려주는 것이다. 독발(獨發)이라는 것은 한 개의 효만 동하여 그 조짐이 용신이 아니라 동효나 괘상에 나타나는 것이고, 다섯효가 동하고 한개 효만 동하지 않고 정(靜)한 것을 독정이라고 한다. 길흉은 독정독발 보다는 용신을 먼저 살펴야 한다. 고서의 점단예에서 살펴보면

  행인점에 甲子효가 독발한 경우 甲子일에 기다리던 사람이 돌아오고, 질병점에 丙子효가 독발한 경우는 丙子일에 병든 사람이 죽었으며, 승진점에 丙戌효가 독발하여 丙戌년에 진급하게 된 경우가 있으니 모두 독발된 것에 응하는 예가 된다고 하였다.

  증산복역에는 일의 성패는 용신으로 인한 것이며 응기가 늦고 빠름도 역시 용신으로 인한 것이다. 독발 독정은 고법에도 점험이 있으며 내가 시험해 본 점험도 있는데 모두 사건이 응하고 나서야 비로소 신의 기미가 보인 것 뿐으로 처음부터 감히 길흉화복과 응하는 시기를 판단하지는 못했다.

  용신을 버리고 이것에만 집착하여 결단한다는 것은 잘못된

것이다. 하지만 독정의 경우에는 일이 복잡하게 꼬여 처리되며 독발의 경우에는 일처리가 순조롭게 될 수 있다. 또한 독발이라도 암동한 효가 있어 동효가 중첩되면 독발이라고 하지 않는다.

2) 진정(盡靜), 진발(盡發)

진정(盡靜)은 여섯 개의 효가 모두 정(靜)하여 동한 효가 없는 것이고 진발(盡發)은 여섯 개의 효가 모두 동한 것을 말한다.

진정은 일이 조용히 진행되지만 진발은 일이 급속히 진행되고 현재의 상황에 급격한 변화가 생길 수 있다.

■아버지의 영구를 맞아들이기 위해 청하려는데 허락이 될까?

· 辰月, 甲午日, 辰巳 空亡

화천대유 → 이위화 (乾金宮)		
官 巳 ㅣ 應		玄
父 未 ㅣㅣ		白
兄 酉 ㅣ		蛇
父 辰 ㅣ 世		句
父 丑 財 寅 ╱		朱
孫 子 ㅣ		靑

고서에 이르기를 寅효 재가 독발하여 丑土 父를 화출하니 정월에 아버지의 영구를 맞는 것으로 應한다 하였다. 하지만 그렇지 않다.

부효가 세에 있고 회두극 되니 내몸도 동하지 않고 부친의 영구 역시 동하지 않는다. 내가 움직여야만 부친의 영구를 보게되니 寅을 충개 하는 때를 기다려야 한다. 한달이 지난 뒤에 다시 점하였다.

■아버지의 영구를 맞아들이기 위해 청하려는데 허락이 될까?(再占)

・巳月, 丁卯日, 戌亥空亡

택화혁→수화기제(坎水宮)	
官 未 ||	靑
父 酉 |	玄
父申 兄 亥 ㇒ 世	白
兄 亥 | 財午(伏)	蛇
官 丑 ||	句
孫 卯 | 應	朱

전에 괘는 寅木을 충개하여 申金에 응하였고 재점괘는 세효가 申金에 회두생 되니 申月에 응함이 있다. 세효에 육수 백호가 임하여 동하니 상사(喪事)이다.

일진 卯가 5효 酉金을 암충하여 세효를 생하게 되니 금년 申月에는 은택으로 윤허를 받을 수 있을 것이다. 목화에는 월파가 됨으로 불가하였으나 申년에 청하여 酉년에 영구가 돌아왔다.

■보리밭에 넘치는 물을 근심하니 어느 때 개이기 시작할 것인가?

・午月, 甲申日, 午未空亡

고서에 의심하여 말하기를 손효 戌土 한 개가 독발하여 丙戌

일에 대청하겠다고 하였는데 어지하여 지금까지 비가 오는가?

천화동인→택화혁(離火宮)
孫 未　孫 戌 ╳ 應身　　玄
財 申 ｜　　　　　白
兄 午 ｜　　　　　蛇
官 亥 ｜ 世命　　　句
孫 丑 ‖　　　　　朱
父 卯 ｜　　　　　青

내가 말하기를 그 사람이 전에 점을 칠 때는 보리가 물에 넘칠까를 근심하니 身이 孫효를 동하여 신변의 관귀를 제거함으로써 근심을 하지 않도록 한 것이지 날씨가 개이는 것을 점한 것은 아니다. 지금은 비가 개이지 않더라도 결코 물이 넘치지는 않을 것이며 이 괘로 날씨가 개이는 것을 점한다면 卯일이 되면 크게 맑아 질 것이다. 어찌하여 그러한가? 내가 말하기를 동효가 합을 만나기 때문이다. 과연 卯일이 되니 날씨가 크게 맑아졌다.

━━━━━━━━━━━━━━━━━━━━━ • • • • • • • •

■甲午日에 煤窯(매요-가마)를 열려고 하는 점

풍화가인→풍뢰익(巽木宮)
兄 卯 ｜　　　　　玄
孫 巳 ｜　　　　　白
財 未 ‖ 應　　　　蛇
財 辰　父 亥 ╳　官 酉(伏) 句
財 丑 ‖　　　　　朱
兄 卯 ｜ 世　　　　青

・辰月, 甲午日, 辰巳空亡

丑土 재효가 지세하고 午日 일진에 생부를 받으니 가마를 열수 있을 것이다. 내가 말하기를 丑土 재효가 안정하고 未月 충개하는 달이니 6월에 응하게 된다. 그러나 6월이 되어 매요

를 하지 못하였는데 다른 사람들이 무수히 열고 닫기를 반복하였다.

未년 점괘로 亥년 辰월이 되어서야 가마를 열수 있었으니 독발에 응한 것이다. 亥수 부효가 辰토로 동하니 년, 월이 모두 응하여 된 것이다. 후에야 神의 기틀을 알게 되었지만 점칠 당시에 누가 감히 亥년 辰월이라고 판단 하였겠는가?

가마터를 움직이는 것은 土신이 동하여 되는 것으로 부효를 용신으로 한다. 未년 辰월 午일에 土재효가 기신으로 태과되니 용산 亥수를 극하기 어렵다. 복신 酉관귀는 비신 亥를 생하고 水와 土의 입묘가 되는 辰토 재를 합거하니 亥년 辰월에 가마를 열수 있다고 말할수 있다. 응기는 독발할 때 나타날 수도 있고 그렇지 않을 수도 있다.

■ 딸의 병점

· 寅月, 庚戌日, 寅卯 空亡

화수미제→수산건 (巽木宮)				
官 子	兄 巳 / 應			蛇
孫 戌	孫 未 //			句
財 申	財 酉 /			朱
財 申	兄 午 // 世	官 亥(伏)		靑
兄 午	孫 辰 /			玄
	父 寅 //			白

고서에 이르기를 독정한 효로 응기를 판단하면 寅木이 독정하니 용신을 보지 않았다면 寅일에 산다고 할것인가 죽는다고 할것인가?

나는 土가 손효가 되어 휴수

되지만 巳午가 동하여 손을 생하고 未土 손효는 진신으로 화하며 辰土 또한 회두생하니 寅일에 나을거라 판단 하지만 난동괘가 되어 모친에게 재점을 하라고 하였다.

■ 딸의 병점(再占)

· 寅月, 庚戌日, 寅卯 空亡

천풍구 → 천뢰무망(乾金宮)		
父 戌 ㅣ		蛇
兄 申 ㅣ		句
官 午 ㅣ 應		朱
父 辰 官 酉 㸡		靑
財 寅 孫 亥 㸡	財 寅(伏)	玄
孫 子 父 丑 ㄨㄨ 世		白

孫효 亥수가 동하여 寅木 재효가 되니 공망이다. 근병에 공망을 만나면 병이 나아지니 출공하는 날인 寅일 전괘와 합치된다.

내가 말하기를 寅일에 크게 나으리라 지금은 비록 중병이라도 무해할 것이다.

과연 寅일이 되니 회복하였다. 전괘에는 독정하여 응하였지만 용신이 왕상하므로 재점에 분명해지니 寅일이라 확신하게 된 것이다.

12. 양현(兩現)

용신효가 괘중에 두 개가 나타나는 것을 양현이라고 한다. 이런 경우에는 용신중 하나를 선택하고 하나를 버려야 하는데 이는 용신효중 한가지로 정하지 않으면 길흉을 판단하기 어렵기 때문이다. 두 개의 용신효중 한 개를 취용하는 방법은 다음과 같다.

① 휴수무기 한 것을 버리고 왕상한 것을 用한다.
② 일진이나 월건에 생부하거나 합한 효를 用한다.
③ 일진이나 월건에 충한 효를 用한다(예를들어 월파되거나 암동된 효를 말한다.)
④ 공망된 효를 用한다.
⑤ 지세하였거나 응효에 임한 것을 用한다.
⑥ 동효를 用하고 정효는 버린다.
⑦ 변효를 用하고 복신은 버린다.

증산복역과 고전의 이론이 다른점은 월파된 것과 공망된 효를 用한다는 것이 다른 점이다.

• 양현이 나타나는 점단의 예

혼인점	남자의 경우에 관귀가 양현이면 처재를 두고 서로 경쟁하는 것이다. 여자의 경우에 처재가 양현이면 관귀를 두고 서로 경쟁하는 것이다.
송사점	관귀가 양현이면 한번 이상 재판을 하여야 한다
실물점	관귀가 양현이면 세 명의 무리가 훔친 것이 된다.
경영점	관귀가 양현이면 주인이 둘이거나 두명의 상사와 경영하게 된다.

신명점	관귀가 양현이면 다복(多福)하고 다재(多財)한 것이다.
공명점	관귀가 양현이면 두 개의 관직이다.
시험점	부모가 양현이면 시험을 두 번 치루어야 한다.
우환점	관귀가 양현이면 안팎으로 경계하여 우환을 조심하여야 한다.
매매점	처재가 양현이면 매매 양쪽에서 이득을 얻게 된다.
후사점	자손이 양현이면 슬하에 친자식과 이복자식을 두게 된다.
교제점	형제가 양현이면 건실한 벗들이 사귀게 된다.
가택점	관귀가 양현이면 두 세대의 성씨가 동거하게 된다.
매장점	관귀가 양현이면 두 명의 망자를 합장하게 된다.
문서점	문서를 경계하여야 하는 점에서 문서가 양현이면 문서로 인한 논란이 있다.
관귀점	관귀를 우려하는 점에서 관귀가 양현이면 관귀로 인하여 재앙이 있다. 관귀가 관귀로 변하면 소송이 일어나고 번복된다.
형제점	형제를 우려하는 점에서 형제가 양현이면 형제로 인하여 소비가 늘어난다.
질병점	관귀가 복시이거나 양현이면 오래된 병과 새로운 병이 겹치게 된다.

■구재점

풍천소축(巽木宮)		
兄 卯 ―		蛇
孫 巳 ―		句
財 未 ∥ 應		朱
財 辰 ―	官 酉 (伏)	靑
兄 寅 ―		玄
父 子 ― 世		白

• 未月, 庚子日, 辰巳 空亡

응효 재가 월건에 생부를 받아 세효를 극하니 받드시 얻을 것이다. 내가 말하기를 다음날 辛丑일에 未토를 충하므로 반드시 얻겠다. 후에 오히려 辰토가 출공하는 날에 얻었다 그것은 불공망된 것을 버리고 공망된 것을 쓴 것이다.

■승진점

• 未月, 甲午日, 辰巳 空亡

```
       지수사→풍수환(坎水宮)
   孫 卯  父 酉 ⚋⚋ 應    玄
   財 巳  兄 亥 ⚋⚋       白
           官 丑 ⚋⚋       蛇
           財 午 ⚋⚋ 世    句
           兄 辰 ⚊         朱
           孫 寅 ⚋⚋       靑
```

세효가 일진에 생부하여 왕상하다. 또한 월건이 관으로 세효와 합이 되었다. 괘중에 관성이 양현이 되고 辰는 공망되고 丑은 월파 되었다.

辰년이 되면 辰土 관이 출공하니 크게 승진하리라. 외괘가 반음이 되었는데 반음이 되면 항상 갔다가 다시 되돌아 온다. 寅년점 인데 辰년 午월에 하남으로 갔다가 초로 조정되어 돌아와 亥월에 관청이 열렸다. 일년에 두 번이나 조정되었으니 모두 實空되었다 할 것이다.

■자식이 재액에서 언제 벗어나겠는가 어미가 친 점이다.

• 亥月, 丙午日, 寅卯 空亡

괘중에 손효 세 개가 모두 세효를 생한다. 午화는 일진을 만나 정하고 두개의 巳화는 월파되었다. 巳년이 되어야 재액을 벗어나게 되니 곧 월파되는 해가 되므로 巳년에 재액을 벗어났다. 괘중에 용신이 세 개가 나타났는데 월파된 것을 말한 것이다.

야학노인이 말하기를 내가 (양현을) 월파로서 단정한 것은 이
괘만으로 기인한 것은 아니었
다. 본인에게 탈액을 점했더니
申금 자손이 발동하여 動而逢
合이라 당연히 巳년으로 응할
것을 알았다. 아우가 형점을
쳤을 때도 申금 兄이 발동하니
역시 巳년에 응하였다. 지금 어
미가 자식을 위해 점친 괘도 巳
화 자손이 세효를 회두생하니 비록 월파를 만났으나 이전의 두
괘와 합치하는 것이다. 고로 감히 巳년이라고 판단한 것이다.

```
뢰지예→뢰택귀매(震木宮)
      財 戌 ‖        靑
      官 申 ‖        玄
      孫 午 丨 應     白
      兄 卯 ‖        蛇
兄 卯  孫 巳 ‖        句
孫 巳  財 未 ‖ 世 父 子(伏) 朱
```

13. 공망(空亡)

① 10천간과 12지지를 짝지어 육십갑자를 구성할 때 10천간
이 일순(一旬)한 이후 남은 지지의 두 개를 공망이라고 한
다. 공망은 년주, 월주, 일주등에서 모두 공망을 찾아 사용
할수있지만 육효에서는 일주 순공망(旬空亡)만을 사용한다.

② 공망은 비어 없는 것, 작용력이 없는 것, 실속이 없는 것
등을 의미하는데 일이 수포로 돌아가거나 파손된 것, 쓸모
없게됨을 말한다.

③ 육효학에서는 오행의 모든 생극작용에 대한 통변과 활용이

공망에서 비롯된다고 해도 과언이 아닐 정도로 매우 중요하다.

④ 공망에는 비공과 진공 두가지가 있는데 월건과 일진등에 휴수된 상태에서 공망이 된 것을 진공(眞)이라고 하고 출공하여도 무력하게 되거나 쓸모가 없게된다.

⑤ 비공(非空)이란 월건이나 일진에 생조를 받아 출공하면 공망이 되지 않는 것을 말한다. 출공(出空)을 할수 있는 경우는 충(冲)이 되거나 비화(比和)가 되거나 공망되는 일순을 벗어나는 경우이다.

• 공망의 종류

건공(建空)	월령이 공망이 되는 경우를 말한다. 공망이 되지 않으니 有用하다.
동공(動空)	동효가 공망이 되는 경우를 말한다. 일진이 충되면 다시 동하게 된다.
전공(塡空)	공망된 효가 충된 경우를 말한다. 왕상하고 생조를 받으면 전실(塡實)이라한다
왕공(旺空)	왕상한 효가 공망이 되는 경우를 말한다. 일진에서 생부가 되면 진정한 왕상공(旺相空)이라고 한다.
반공(半空)	일진이 공망된 효를 설기하는 경우를 말한다.
원공(援空)	동효와 일진이 공망된 효를 생하는 경우를 말한다.
안공(安空)	일진, 월령 동효가 모두 공망효를 극하지 않는 경우를 말한다.
파공(破空)	월파된 효가 공망이 되는 경우를 말한다.
절공(絕空)	월령에 절(絕)이 된 효가 공망이 되는 경우를 말한다.

진공(眞空)	봄의 土, 여름의 金, 가을의 木, 겨울의 火를 모두 진공이라고 한다.
극공(剋空)	일진이나 동효에 생을 받고 공망이 되는 경우를 말한다.
상공(傷空)	일진이나 동효 중에서 극을 받는 경우를 말한다.

• 파절진공(破絕眞空) : 월령이 진공망을 극하는 경우

 기신이 공망이 되면 길하고, 희신이 공망이 되면 흉하게 된다. 고로 일의 성공을 바라는데 진공망을 만나면 성공이 불가하며, 오래가는 것을 점하는 데는 진공망이 되는 것은 불가하며, 존재하는 것을 점하는데 진공망이 되는 것 역시 불가하다.

 그러나 장차 피하려하거나, 버리려하거나, 벗어나려하거나, 끊으려하거나, 없어야 되는 경우에는 모두 기신(忌神)이 되니 진공망이 되어야 좋은 것이다. 또한 공망이 변효에 임하면 변효가 동효를 생극하지 못하니 권력이 없으며, 공망이 복신(伏神)에 임하면 출현하지 못하게 된다.

 세응이 모두 공망되면 피차가 구하는 것이 분리가 되며, 내외괘로 모두 공망이 되면 새것과 오래된 것의 기준이 나누어지며, 중개인을 중시하는 점이면 간효(間爻)가 공망됨을 꺼리며, 남자가 양(陽)이 공망되면 출세하지 못하며, 여자가 음(陰)이 공망되면 질병을 방지해야 한다. 가까운 일은 공망이 출현됨을 더욱 꺼리고, 먼 일은 복신이 공망 됨을 더욱 꺼린다.

• 공망이 육친과 육수에 임하는 경우에 통변방법

육수, 육친	활용방법
청룡	가정에 뉘우치는 일이 생기거나 헛된 기쁨이 있다.
주작	송사에 어려움이 생기거나 친한 사람과 송사를 다투게 된다.
구진	속박 받는 일이 없어지거나 전답이 황폐해진다.
등사	괴이한 일이 더 이상 나타나지 않는다.
백호	근병이나 오래된 병이 낫는다.
현무	도적이 죽거나 도적질을 못하게 된다.
처재	부자라도 재물이 많지 않다.
관귀	귀하더라도 오래가지 않는다.
자손	여인이라면 고독하다.
부모	집안이 쇠락한다.
형제	형제에 재관이 약하다.

■ 새 사업의 장래 전망을 물은 점.

• 酉月, 戊辰日, 戌亥 空亡

택산함 → 천산돈(兌金宮)				
父	**戌**	父 未 ‖ 應		朱
兄	酉 ∣			青
孫	•亥 ∣			玄
兄	申 ∣ 世			白
官	午 ‖	財 卯 (伏)		蛇
父	辰 ‖			句

戊辰일 순공망은 戌亥가 된다. 사업점에서는 재효가 용신이 되고 재효를 생하는 손효는 용신이 되고 재효를 극하는 형효는 기신이된다. 본인의 구재점을 판단할 때는 세효와 용신의 왕쇠와 세효와 용신과의 관

계를 살피는 것이 중요하다. 세효 申金은 일진에 생부를 받았고 월건 酉金 금왕절에 왕상하다. 상효 未土가 동하여 회두생하니 매우 강왕하다. 구재점에 세효가 형효에 있고 재물을 극하니 재물을 구하는데 어려움이 있을 것이다. 더욱이 용신 재는 2효관에 복신으로 일진에 휴수하고 월파를 맞아 회생될 기미가 보이지 않는다. 원신인 손효가 일진과 동효에 극을 받으니 공망이 벗어날 시기에는 사업을 할수 없을뿐 아니라 재앙이 있을수 있을 것이다.

실제로 己巳일 巳亥沖되어 손효가 공망에서 벗어나고 상효 未土가 부효의 극을 받아 사고가 생겨 어린 자식이 집근처에서 사고를 당해 입원을 하였다. 공망이 양효 자손효에 임했으니 아들의 일이며 현무가 임했으니 은밀하게 손상되는 일이며 4효에 위치하니 집 밖에서 멀지 않은 곳이 된다.

■구재점

・辰月, 乙卯日, 子丑 空亡

세효가 丑土 재효에 있고 공망이 되었으며, 巳화의 생부를 받았으나 회두극아 되어 丑土 재를 생할 수가 없게 되었다. 재효가 생부를 받지 못하므로 재를 구하기가 어려울 것이다.

하지만 辰월 丑토가 되면 재효가 유기하게 된다. 고서에 말하기를 유기하면 공망이 아니라고 하였고 단언할수 없으므로 재점을 하였다.

■구재점(再占)-辰月, 乙卯日

화택규→산택손 (巽木宮)	
父 巳 ㅣ	玄
兄 未 ‖ 財 子(伏)	白
兄 戌 孫 酉 ✕ 世	蛇
兄 丑 ‖	句
官 卯 ㅣ	朱
父 巳 ㅣ 應	靑

전괘와 합하여 결론을 말하자면 재효가 무력하니 애를 쓸 필요가 없다. 내가 말하기를 전괘의 재효 丑土는 공망이라도 유기하였고 재점에 재효 子水는 未土에 공망으로 복신이 되니 공망되고 파극되었으므로 재물을 구하기 어려움을 의심할 필요가 없다. 이후에 전혀 재물을 얻지 못하였다.

■아버지가 어느날 돌아올 것인가?

・寅月, 辛卯日, 午未 空亡
이 괘는 부모효가 동하여 진공망을 만나고 일월이 상하고 극했다. 비록 발동해서 공망이 되지 않는다지만 상한 것이 매우 심하니 의심스럽다. 내가 감히 판단하지 못하겠다. 어느 때 가

셨는가?

그가 말하기를 아버지가 개점한 곳이 여기서 삼백여리에 떨어진 곳으로 항시 왕래하는데 어제 전하는 소식에 이틀 후면 도착한다고 했으나 움직이셨는지를 알지못하겠습니다. 내가 재점을 명하였다.

■아버지가 어느날 돌아올 것인가?(再占)-寅月, 辛卯日

천택리→풍택중부 (艮土宮)		
兄 戌 ▮		蛇
孫 申 ▮ 世 財 子 (伏)		句
兄 未 父 午 ✕		朱
		青
兄 丑 ▮▮		
官 卯 ▮ 應		玄
父 巳 ▮		白

재점괘 또한 부효가 동하여 공망이 되었지만 월건에서 생부를 받았다. 부효가 동하여 세효를 극하는 것이 더욱 길하다. 출행점에서 세효를 득하면 속히 돌아온다고 하였으나 甲午일 또는 乙未일에는 돌아 오리라 乙未일에 집으로 돌아왔다.

고서에 말하기를 월건이 부효를 생하니 필히 온다는 것은 맞는 말이다 하지만 전괘에서는 진공망인데 어찌하여 흉함이 없는가? 神에는 두가지 이치가 없으므로 이괘가 맞는다면 전괘는 틀린 것이 아닌가?

내가 말하기를 未 부효가 지세하여 순공망이지만 출공하면 아버지를 보는 것이다. 즉 전괘는 회두생이 되고 원신이 유력하여 합이 되지만 진공망이니 생도 극도 아닌게 되지만 未일에 원신과 용신이 모두 출공하여 움직이게 된 것이다. 용신의 안부를 물은 것이 아니기 때문에 진공망의 의미를 달리 살펴야 한다.

■ 친구와 같이 당일 비가 오겠는가를 점친 것

· 午月, 己丑日, 午未空亡

지택림 → 지수사 (坤土宮)	
孫 酉 ‖	句
財 亥 ‖ 應	朱
兄 丑 ‖	靑
兄 丑 ‖	玄
官 卯 ㅣ 世	白
官 寅 父 巳 ㇒	蛇

午月 己丑日 날씨를 점하니 초효 巳화가 부효에 동하여 巳일에 비가 오는 것으로 판단하였다. 하지만 癸巳일 아침에 하늘이 붉은 햇빛으로 가득찼는데 易을 아는 친구가 앉아 있다가 당일 비가 오겠는가 점을 쳐보자고 하였다.

수화기제 → 택화혁 (坎水宮)	
兄 子 ‖ 應	句
官 戌 ㅣ	朱
兄 亥 父 申 ㇒	靑
兄 亥 ㅣ 世 財 午(伏)	玄
官 丑 ‖	白
孫 卯 ㅣ	蛇

내가 말하기를 오늘 申時에 비가 오겠다 하거늘 친구가 말하기를 부효가 동하였으나 월건과 일진이 극을 하고 巳와 申이 합을 하니 어찌하여 비가 온다고 하겠는가? 하였다 내가 말하기를 반드시 큰비가 오리라 하였다, 과연 申酉時에 雷雨가

번갈아 왔다. 다음날 친구가 묻기를 월에 극하고 일에 합하여 큰비가 올 것이라 한 게 아니라면 어떻게 그리 신통한가?

내가 말하기를 오직 어제에 괘만 있었으면 그리 판단하지 않았으리라 내가 神에게 묻기를 전괘에서 비가 온다고 하였으나 오늘 비가 올 것인가 하니 마치 神이 申時에 비가 온다고 답한 것과 같으니 어찌 극하고 합하는 것에 있겠는가? 모든 점하는 자는 반드시 神과 합하여야 하니 융통성이 없어서는 아니된다. 비록 神과 합하여 질수 없을지라도 다점에 있어서는 神과 같은 융통성을 깨달아야 할 것이다.

14. 육효(六爻)의 합(合)과 충(冲)

합(合)은 목적사의 성사를 말하며 충(冲)은 일의 어긋남을 말한다. 즉 길한 것은 합이 되어야 하고 흉은 충이 되어야 한다. 육효학에서는 괘의 충합과 효의 충합이 있으며 합은 육합을 말하고 충은 육충을 말한다.(제2장 참조)

1) 삼합(三合)

12지지 오행 세 개(12운성의 生旺墓支)가 모여 하나의 오행으로 합화하는 것을 말한다. 사물은 시간적으로는 시작과 종말이 있고 사물은 공간적으로는 같은 기운끼리 뭉치려는 성질이 있다.

사물은 시간과 공간의 인연따라 흩어지고 모이는데, 모이면 그 세력이 강해진다.

	생(生)	왕(旺)	묘(墓)
木국	亥	卯	未
火국	寅	午	戌
金국	巳	酉	丑
水국	申	子	辰

삼합은 오행의 왕지(旺地)인 子, 午, 卯, 酉를 중심으로, 生을 하는 寅, 申, 巳, 亥와, 묘(墓)가 되는 辰, 戌, 丑, 未가 모여서 국(局)을 이룬 것을 말하며, 회국(會局)이라고도 한다.

· 육효학에서 삼합국이 되는 경우는 다음과 같다.

① 세 개의 지지가 모두 갖추어져야 삼합국이 된다.
② 爻세개가 모두 動하여야 한다.
③ 세 개의 효중에 두 개가 동하였거나 하나의 효가 공망일 경우는 한 개의 효가 비화 되었을 때

동효, 동효, 동효	3개의 효가 모두 동
동효, 동효, 변효	2개의 동효와 1개의 변효
동효, 동효, 암동	2개의 동효와 1개의 암동효
동효, 동효, 정효	1개의 정효가 치되거나 동할 때
동효, 동효, 공망	1개의 공망효가 출공되는 때
동효, 동효, 복신	1개의 복신이 출현하는 때

④ 두 개의 효가 동하고 한 개의 효가 월건과 일진 또는 변효에 있는 경우

⑤ 두 개의 효가 본괘와 동효, 변효에 있고 한 개의 효가 월건과 일진에 있는 경우이다.

• 삼합국이 되는 오행이 육효에서는 왕상하게 되며, 합하여 용신의 길흉에 영향을 주게 되된다. 예를들면, 혼인점, 공명점, 재관을 구하는 점 등에는 크게 왕성하게 되며, 관재구설, 질병, 출행, 대인점에서는 문제가 중단되거나 끝나게 된다.

• 삼합국이 용신을 생부하면 길하게 되고 기신을 생부하면 흉하게 되며 절지가 되거나 회두극이 되면 길하지만 후에 흉하게 된다.

• 용신이 삼합국으로 기신이 되거나 생부하게 되면 흉하게 된다.

■ 위아래 마을에서 밭에 대는 용수로 인한 분쟁점

• 卯月, 丁巳日, 子丑空亡

이위화→곤위지 (離火宮)	
財 酉 兄 巳 ✕ 世	靑
孫 未 ‖	玄
孫 •丑 財 酉 ✕	白
父 卯 官 亥 ✕ 應	蛇
孫 •丑 ‖	句
孫 未 父 卯 ✕	朱

내괘는 나의 마을이 되고 木局이 되었다, 외괘는 다른 마을로 金局이 되니 금이 목을 극하니 상대가 이기고 우리 마을이 지는 형국이 된다, 하지만 쇠약한 金이 왕한 木을 극하기 어려우니 두려워 하지 않아도 된다.

더욱이 육충괘가 동하여 육충괘가 되니 화해시킬 중재자가 있어 싸움이 되지 않을 것이다. 후에 화해를 권고하여 흩어지게 되었다.

혹자가 묻기를 피차에 세력은 세응을 보아야 하는 것인데 어찌하여 세응을 살피지 않는가?

내가 말하기를 내외로 국이 되지 않았다면 반드시 세응을 살펴야 할 것이다. 하지만 지금은 내,외괘가 합이 되니 묘하게 된 것으로 세응을 버리고 용신을 쓰지 않은 것이다. 육충괘가 동하여 육충괘가 되지 않았다면 시비가 되었을 것이다.

■결석된 자리를 얻을수 있겠는가.?

・巳月, 丁酉日, 辰巳 空亡

건위천→수천수 (乾金宮)		
孫 子	父 戌 ╱ 世	青
	兄 申 ∣	玄
兄 申	官 午 ╱	白
	父 辰 ∣ 應	蛇
	財 寅 ∣	句
	孫 子 ∣	朱

월건에 생부를 받아 왕상한 관효가 세효를 생하니 결석된 자리를 얻을 것이다. 하지만 寅, 午, 戌 관국으로 寅木이 동하지 아니 하였으니 寅일을 기다리면 채용 될 것이다.

과연 寅일에 특별히 우편국에 특채로 채용되었다. 이것은 虛一로 代用 한 것이다.

■언제 승진이 될것인가.?

・寅月, 丙辰日, 子丑空亡

건위천→풍천소축 (乾金宮)			
	父 戌	世	靑
	兄 申		玄
父	官 午 ✕		白
	父 辰	應	蛇
	財 寅		句
	孫 子		朱

고서에 의하면 午火 관성이 독발하니 午月에 승진 할 것이다. 또는 관효가 동하여 형효와 합이 되었으니 충개(冲開)를 기다려 丑月에 이룰 것이라 할 것이다. 그러나 그렇지 않다. 午火가 동하였고 상효 戌土가 암동하여 월건과 함께 하여야 삼합을 이루게 된다. 따라서 이번 달에 반드시 승진이 될 것이다.

과연 당월에 먼 남쪽지방에서 승진되었다. 그이유는 세효가 상육효에서 암동하여 먼 곳이며 관이 午火에 임하였기 때문이다.

■다시 복직 할수 있을까.?

택지췌→택화혁 (兌金宮)			
	父 未		靑
	兄 酉	應	玄
	孫 亥		白
孫 亥	財 卯 ✕		蛇
	官 巳	世	句
	財 卯 父 未 ✕		朱

・辰月, 丁亥日, 午未空亡

내괘가 亥, 卯, 未 재국을 이루어 세효 巳火 관효를 생한다. 세효가 역마이고 亥일과 충하여 암동하니 돈을 들이지 않아도 未월에는 복직 할 수 있을

것이다. 후에 복직 되었다. 未月에 승진한 것은 實空이 되는 월이 되기 때문이다

2) 육합(六合)

육효학에서는 서로 짝하는 효(대효)끼리의 합을 말하는데 생합(生合)과 극합(尅合)으로 구분 할 수 있다. 생합은 자의에 의하여 합하고 극합은 타의에 의하여 합한다. 극합의 경우에는 합이 풀리면 다시 극하게 되어 불순함을 말하는 것으로 예를들어 애인이나 동업자 등이 배신하게 된다.

생합(生合)	극합(尅合)
寅亥, 辰酉, 午未	子丑, 卯戌, 巳申

육효의 생합은 생극제화를 보아야 하는데 寅亥 합은 인목이 왕하게 되는 것이고, 극합은 子丑 합으로 丑이 子를 극하는 것이고 巳申은 극과 형이 동시에 일어남으로 매우 흉하지만 휴수하고 유정하면 화를 면할 수 있다.

• 육합이 성립되는 경우는 다음과 같다.

① 월건과 일진은 각효를 합충 할 수 있다.
② 동효와 동효, 동효와 변효는 합충 할 수 있다.
③ 동효가 월건, 동효, 변효등과 합하면 왕상하게 되지만 일진과 합하면 합반이라 하여 묶이게 되어 작용하지 않는다.
④ 정효는 월건과 일진과는 합이 되지만 동효와는 합이 되지

않는다.

  육합이 되면 사업, 경영, 혼인점에는 용신이 왕상하여야 하는데 기신이나 원신과 합이 되더라도 왕상하게 되며, 질병, 관재, 출행, 대인점 등에는 합주되면 일의 진행이 어렵게 되거나 오래가게 되며 용신이 동하면 길하게 된다. 예를 들면 질병점은 합주되면 긴병이 되고 충이되면 낫게된다.

3) 육충(六冲)

  육충은 12지지가 방위상으로 보았을 때 서로 대응되는 관계를 말한다. 충은 상(傷)하게 됨을 말하는데 월건과 상충되는 것을 월파라 하고 일진과 상충되는 것은 목적사가 무산되거나 흩어지는 경우를 말한다. 육충에는 子午, 寅申, 卯酉, 辰戌, 巳亥등 6가지가 있다.

4) 육합괘(六合卦)와 육충괘(六冲卦)

  육합괘는 대효끼리 육합이 되는 것이고 육충괘는 육충이 되는 것이다. 육합괘가 되거나 육합괘로 변하면 길한 것은 더욱 길하게 되고 흉한 것은 더 흉하게 되어 일이 풀리지 않는다. 육충괘가 되거나 육충괘로 변하면 만사가 오래 지속되기 어렵다. 따라서 혼인,매매등의 경사에는 흉하게 되고 질병,관재등의 흉한일에는 길하게 된다.

육합괘	천지비	택수곤	화산여	뇌지예	수택절	산화비	지뢰복	지천태
	天地否 戌| 申| 午| 卯|| 巳|| 未||	澤水困 未|| 酉| 亥| 午|| 辰| 寅||	火山旅 巳| 未|| 酉| 申| 午|| 辰||	雷地豫 戌|| 申|| 午| 卯|| 巳|| 未||	水澤節 子|| 戌| 申|| 丑|| 卯| 巳|	山火賁 寅| 子|| 戌|| 亥| 丑|| 卯|	地雷復 酉|| 亥|| 丑|| 辰|| 寅|| 子|	地天泰 酉|| 亥|| 丑|| 辰| 寅| 子|

육충괘	건위천	태위택	이위화	진위뢰	손위풍	간위산
	乾爲天 戌| 申| 午| 辰| 寅| 子|	兌爲澤 未|| 酉| 亥| 丑|| 卯| 巳|	離爲火 巳| 未|| 酉| 亥| 丑|| 卯|	震爲雷 戌|| 申|| 午| 辰|| 寅|| 子|	巽爲風 卯| 巳| 未|| 酉| 亥| 丑||	艮爲山 寅| 子|| 戌|| 申| 午|| 辰||
	곤위지	뇌천대장	천뢰무망			
	坤爲地 酉|| 亥|| 丑|| 卯|| 巳|| 未||	雷天大壯 戌|| 申|| 午| 辰| 寅| 子|	天雷无妄 戌| 申| 午| 辰|| 寅|| 子|			

합처봉충 (合處逢冲)	효가 육합이 되거나 육합괘가 월건과 일진에 의해 충파가 되어 합이 깨지는 경우를 말한다. 혼인점에서 합처봉충이 되면 타인의 방해가 있고, 공명점에서는 변동이 있게되며 구재점에서는 재물이 들어올 듯 하지만 들어오지 않고 송사나 질병은 위험하다가도 구제함이 있다.
충중봉합 (冲中逢合)	육충괘가 육합괘로 변하거나 용신이나 세효가 월건과 일진 그리고 동효에 합이 되는 것을 말한다. 단 용신의 왕쇠함을 잘 살펴야 한다.
합처봉합 (合處逢合)	육합괘를 얻거나 육합괘로 변했을 때 용신이나 세효가 월건과 일진, 동효나 변효에 합이 되는 것을 말한다. 길한 것은 더욱 길하게 되고 흉한 것은 매우 흉하게 된다.

충중봉충 (冲中逢冲)	육충괘를 얻거나 육충괘로 변할 경우 월건과 일진, 동효나 변효에 충이 되는 경우를 말한다.
절처봉생 (絕處逢生)	용신이 12운성 상으로 절이 되어 무기할 때 월건과 일진이나 동효와 변효등에서 생부를 받아 길하게 되는 것을 말한다. 단, 기신이나 원신이 동한 경우에는 기신과 원신의 왕쇠를 살펴야 한다. 절처봉생이 되면 당장은 어렵거나 곤궁해도 곧 벗어날 수 있는 것으로 혼인점에서는 처음에는 힘들지만 성사되게 되고 출산점에서는 당장은 자손이 위험하더라도 살아나게 되며, 구재점에서는 어려움을 겪은 후에 재물을 얻게되며 공명점에서는 귀인의 도움이 있으며 송사점에서는 이득이 있고 재효의 동정에 따라 관에 돈을 쓰게된다.

■아들과 타인이 서로 다투는데 害가 될것인가. 아닌가?

・亥月, 壬子日, 寅卯 空亡

뢰천대장→지천태 (坤土宮)	
兄 戌 ǁ	白
孫 申 ǁ	蛇
兄 丑 父 午 ✗ 世	句
兄 辰 丨	朱
官 寅 丨	靑
財 子 丨 應	玄

4효 부효가 동하여 육충괘가 육합괘로 변하였다. 화해를 권고하는 사람이 있을 것이다. 부효에 지세하여 손를 극하니 아버지가 아들을 질타하는것이지 타인에게 害를 당하지는 않을 것이다.

과연 어떤 사람이 화해를 청하여 서로에게 이치를 따지니 그의 아들이 잘못하였다. 아버지가 아들을 질타하니 중재하는 사람이 권고하여 그만 두었다. 서로 때리고 싸우지 않은 것은 일진이 세효를 충극하니 자식을 때릴 수가 없는 것이다.

■출외무역에서 재물과 신수가 어떠 할 것인가?

・午月, 丙辰日, 子丑 空亡

뇌풍항→뇌지예 (震木宮)
財 戌 ‖ 應　　　　　　青
官 申 ‖　　　　　　　玄
孫 午 ∣　　　　　　　白
兄 卯 官 酉 ╳ 世　　　　蛇
孫 巳 父 亥 ╳　 兄 寅(伏) 句
財 丑 ‖　　　　　　　朱

세효 酉金 관이 형효로 변하여 충하니 반음괘가 된다. 또한 일진과 합하여 충중봉합이 되고 재효가 암동하여 세효를 생부하니 재물에는 이익이 될 것이다. 이 사람이 갔다가 다시 돌아오기를 세 번이나 하니 중도에 화물을 모두 팔았다. 효가 동하여 충으로 변하면 회두극이 되는 것인데 원수를 만난것과 같다. 하지만 이 점괘는 충하나 극하지 않았고 동하여 세효를 생하니 길하게 된 것이다.

■문서점

・酉月, 庚子日, 辰巳 空亡

寅木 부효가 용신인데 동하여 세효 午火를 생한다. 문서운이 반드시 吉할 것이다. 하지만 申金 재효가 동하여 부효를 극하

천수송→화택규 (離化宮)
孫 戌 ∣　　　　　　　蛇
孫 未 財 申 ╳　　　　　句
兄 午 ∣ 世　　　　　　朱
兄 午 ‖　　官 亥(伏) 青
孫 辰 ∣　　　　　　　玄
兄 巳 父 寅 ╳ 應　　　白

니 필히 寅日 申金을 충거하여야 문서가 나타난다. 寅日 문서를 받았다.

■ 자식이 오랫동안 가출하여 돌아오지 않고 있다. 생사(生死)가 어떠한가?

· 酉月, 乙未日, 辰巳空亡

곤위지 (坤土宮)	
孫 酉 ‖ 世	玄
財 亥 ‖	白
兄 丑 ‖	蛇
官 卯 ‖ 應	句
父 巳 ‖	朱
兄 未 ‖	靑

손효 財가 지세하여 월건에 생부하였다. 또한 일진에서도 생부하니 육충괘라 할지라도 자식은 돌아올 것이다. 子年이 지나 卯年에 뜻을 이루어 돌아왔다. 정효가 봉충이 되는 해에 돌아오게 된 것이다.

■ 선생을 초빙하여 자식을 가리키고자 한다.

· 巳月, 甲寅日, 子丑空亡

천지비→건위천 (乾金宮)	
父 戌 丨 應	玄
兄 申 丨	白
官 午 丨	蛇
父 辰 財 卯 ‖ 世	句
財 寅 官 巳 ‖	朱
孫 子 父 未 ‖ 孫 子(伏)	靑

응효가 용신이 된다. 세와 응이 합을 이루는데 응효가 부효 戌土에 있고 월건에 생부함이 있으나 학문이 높은 선생이겠다. 하지만 괘가 동하여 육충괘가 되니 오래가지 못할 것이다.

나에게 왜 오래가지 못하는가? 물어 말하되 손효 子水가 순공이고 부효 未土가 동하니 자손에 재앙이 있을 것이다.

과연 두달이 조금지나 자식이 병에 걸려 선생을 내보내게 되었고 오래지 않아 자식이 죽었다.

■전당포를 열고자 한다.

· 午月, 丙子日, 申酉 空亡

뇌천대장→손위풍 (坤土宮)			
官 卯 兄 戌 ⚋			靑
父 巳 孫 申 ⚋			玄
兄 未 父 午 ⚊ 世			白
兄 辰 ⚊			蛇
官 寅 ⚊			句
兄 丑 財 子 ⚊ 應			朱

午火 부효에 지세하고 월건에서 당령하였으니 충을 당해도 害함이 없을 것이다. 또한 未土와 합이 되니 吉하다. 하지만 육충괘가 동하여 육충괘가 되니 용신이 왕상하여도 개점하여 오래가지는 못할 것이다.

과연 오래가지 못하고 폐점하였다. 내외괘가 충하는 것은 상하가 불화하여 관계가 밀접한 사람이나 가까운 사람이 반목하고 서로 나쁜 마음을 품어 끝까지 가지 멋한다 또한 용신이 극을 받는 경우에는 대흉한데 용신이 왕상하더라도 오래가지 못한다.

■아버지와 아들이 7명과 같이 잡혀들어갔다 어찌될것인가?

· 申月, 乙卯日, 子丑 空亡

손괘가 곤괘로 화한 것을 화거(化去)라고 한다. 화거(化去)는 극을 당하지 않으니 害가 없다. 하지만 세효가 관효로 동하니 金克木이 되어 상함을 입었다. 또한 손효가 부효로 동하여 서로 극하니 양효가 모두 상하였다.

손위풍 → 곤위지 (巽木宮)				
官	酉	兄 卯 ⚋ 世		玄
父	亥	孫 巳 ⚋		白
		財 未 ⚋		蛇
兄	卯	官 酉 ⚋ 應		句
孫	巳	父 亥 ⚋		朱
		財 丑 ⚋		青

육충괘가 동하여 육충괘가 되어 충돌하니 대흉(大凶)한 괘이다. 이후에 법대로 처형되었다.

■동생이 천연두로 이미 위급하여 형이 물었다.

・辰月, 丙申日, 辰巳 空亡 (극처봉생)

수화기제 → 택화혁 (坎水宮)				
		兄 子 ⚋ 應		青
		官 戌 ⚊		玄
兄	亥	父 申 ⚋		白
		兄 亥 ⚊ 世 財 午(伏)		蛇
		官 丑 ⚋		句
		孫 卯 ⚊		朱

亥水 兄爻가 월건 辰土에 극을 당하였다 다만 일진에서 생부를 받았고 회두생을 받으니 현재는 위급하나 구함이 있을 것이다. 과연 申日 酉時에 명의를 만나 치료를 받아 亥日에 완전히 나았다. 申日에 申爻가 동하여 명의를 만난것이고 동하여 亥水가 亥日을 만나 병이 나은 것이다.

5) 삼형(三刑)

형충파해의 모든 원리는 오행의 상생상극의 법칙만을 따를 수 없는 음양 부조화의 생극에 있다.

寅이 巳를 木生火로 생함인데 刑이라 하고 卯가 酉에게 金剋木 당함인데 刑한다 하고, 午가 丑을 생함인데 육해라거나 원진이라고 한다. 그것은 모두 음양의 부조화를 말하는 것이니 오행이 순조로운 行을 하지 못하는 것을 의미한다.

삼형이란 寅巳申, 丑戌未, 子卯를 말하며, 자형이란 辰辰 午午 酉酉 亥亥의 형(刑)을 말하는 것이다.

寅은 巳를 형하고, 巳는 申을 형하며, 丑은 戌을 형하며 戌은 未를 형하며, 子는 卯를 형하고, 卯는 子를 형한다.

• 육효에서는 삼형이 온전히 이루어지려면 세 글자가 조건을 구비해야 한다.

子卯는 水나 木이 忌神이 되는 경우에 刑으로 발생 되며 寅巳는 火가 기신이 되는 경우에 刑으로 발생 되며, 巳申은 金이 기신이 되는 경우에 刑으로 발생 되고, 丑戌未는 土가 기신이 되는 경우에 刑으로 발생 되며, 辰辰 午午 酉酉 亥亥의 自刑은 가볍다.

일월은 효(爻)를 刑하고 변효는 동효를 刑할 수 있다. 刑이 음효에 임하면 간사하고 탐욕스런 일이 많고 刑이 양효에 임하면 강폭하고 거친 일이 많다.

寅巳申 삼형은 직장구설 관재구설이나 사고 수술등에 주로 나타나며 丑戌未 삼형은 개인적인 문제나 재물 분쟁등에 주로 나타난다. 형(刑)이 되면 물건은 피폐해지고, 심적으로는 근심이 많아지며, 일은 붕뜨고 궁박해지며, 매사 순조롭지 못하게 된다. 작게는 불화나 방해가 많으며 크게는 형벌, 분쟁, 수술, 사고, 소송등의 일이 생기게 된다.

■자식이 천연두 병을 얻었나 어찌 될것인가.

· 寅月, 庚申日, 子丑 空亡

풍화가인→이위화 (巽木宮)		
兄 卯 /		蛇
財 未 孫 巳 / 應		句
官 酉 財 未 //		朱
父 亥 /	官 酉(伏)	靑
財 丑 // 世		玄
兄 卯 /		白

손효 巳火다 당령하여 자손이 왕상하니 치료가 될 것이다. 하지만 寅日 寅時에 죽었다. 나중에 점괘를 살피니 월건이 寅이고 일진은 申이 되고 5효 손효와 함께 삼형을 이루었기 때문이었다. 다른 효로부터 상함이 없이 삼형이 맞는 경우는 이 한괘 뿐으로 子卯刑, 丑戌未 三刑 또한 흉함을 더할 것이다.

· 신명점에서 형(刑)을 만나면 골육간의 분쟁이나 해로움이

두렵고,
- 혼인점에 형(刑)을 만나면 가문의 방해나 압력이 두렵고,
- 직장인이 형(刑)을 만나면 안으로 지위를 잃을 근심이 있으며,
- 병점에서는 형(刑)이 되면 질병에 드는 것을 방비해야 하며,
- 관귀가 세효를 극하는데 刑을 만나면 소송수가 발생하는 것이며,
- 5효에서 세효를 극하면 윗전을 향해 상소하는 것이니 세효가 형(刑)이 되면 흉하다.

15. 응기(應氣)

응기란? 알고 싶은 일이 언제, 어떻게, 일어나는가를 알 수 있는 때를 말한다. 즉 발동하는 시기이다.

응기의 분별은 장구(長久)한 일은(경영, 혼사, 가택, 묘지, 수명점등) 년, 월에 응하고, 중단기적인 일은(신수, 질병, 고나재) 월, 일에 응하며 출산점이나 천시점 등 시급한 일은 일, 시에 응하게 된다.

- 응기의 시기

① 용신이 정(또는 합주)하면 일이 늦어지고, 동하면 빨리 이루어 지고, 용신이 일진에 있거나 충, 합되면 급한 사안일 경우에는 당일에 이루어진다.

② 용신이 월건의 생부를 받아 왕하면 해당 월 해당 절기내

에 이루어지고 용신이 유기한데 월파가 해당 월 해당 절기가 지나야 이루어진다. 또한 용신이 일과 월에 절처봉생되면 전실될 때 이루어진다.

③ 단기적인 사인일 경우 육충괘가 되고 용신이 공망이면 길흉을 막론하고 속히 이루어지고, 용신이 유기한 경우에 일진이나 동효와 합이되면 합을 충할 때 일이 성사된다.

④ 용신이 태왕하면 충극되거나 입묘될 때 일이 이루어지고, 용신이 쇠약하면 용신이 생부를 받을 때 즉 용신이 공망, 파, 묘, 충합 되었을때는 전실되는 때를 가장 좋아한다.

⑤ 용신이 정하여 있으면 충하여 일으켜 줄때에 또는 합하여 끄집어내줄때에 일의 성사여부가 결정된다. 단, 휴수무기한 경우에는 흉하게 된다.(병약한 환자를 억지로 움직이면 병이 악화됨과 같다.)

⑥ 동한 것이 합이 되면 합주로써 주저 않으니 병점, 출산, 대인, 관재, 출행점 등에서는 일이 지연되어 지지부진해지지만 모사점이나 장구한 일에 용신이 동하면 합될때와 전실될때에 일이 성사된다.

⑦ 용신이 일과 월 또는 동효에 충파가 되면 합이 되거나 전실될 때 일이 성사된다. 한편 출산이나 질병등은 합됨을 꺼려 하는데 이 경우에는 전실되거나 충처를 제화시킬때를 응기로 본다.

⑧ 공망이 된 것은 충, 합, 전실될 때 출공한다. 용신이 휴수

할 경우에 원신에 의지하는데 원신이 공망, 파, 묘 되면 공망, 파, 묘에서 벗어날 때에 일이 성사된다. 또한 기신이 동하였을 때는 원신이 충극될 때에 흉하게 된다. 원신이나 기신이 정하면 사안이 가벼우므로 용신이 왕할 때 길함이 있다.

⑨ 복음된 경우에는 동해도 동하지 않음과 같으므로 유기한 것은 충할 때 성사되나 휴수한 것은 충할 때 흉함이 있다. 한편 반음된 것은 용신이 충절로 인해 반복과 중복의 어려움이 있는 것이므로 변효나 동효를 충극할때에 일의 길흉이 나타난다.

⑩ 용신이 공망, 파, 묘 된 것은 일, 월이 구름에 가리운 것과 같고 함정에 빠져 있는 것과 같다. 이 경우에 용신이 묘고에 들어있을 때 휴수무기 하다면 충개로 솟아나올때에 흉함을 맞이하게 된다.

⑪ 용신이 복신일 경우 왕하면 전실될 때 출현하여 일이 성사되지만 휴수무기 하면 충극될 때 흉함이 있다.

• 근병이나 출산점에 용신이 공망일때는 출공일에 병이 치유되고 분만을 하게되나 구병에는 용신이 왕해도 충이될 때 위험하다. 또한 병점이나 관재점에 공망이 합이 되면 공망을 논하지 않고 합주만을 논하므로 근병이라도 구병이 되어 대흉하다.

제 6 장

육효의 통변(通變)

1. 신수점(身數占)
2. 공명점(功名占), 구직점(求職占)
3. 대인점(待人占), 소식점(消息占)
4. 천시점(天時占)
5. 혼인점(婚姻占)
6. 질병점(疾病占)
7. 구재점(求財占), 재수점(財數占)
8. 수명점(壽命占)
9. 부부점(夫婦占)
10. 출산점(出産占), 임신점(姙娠占)
11. 실물점(實物占)
12. 관재점(官災占), 소송점(訴訟占)
13. 가택점(家宅占)
14. 출행점(出行占)
15. 매매점(賣買占)
16. 시험점(試驗占)
17. 이사점(移徙占)
18. 평생점(平生占)

제6장 육효의 통변(通變)

1. 신수점(身數占)

- 世爻가 용신이다. 世가 왕상하면 만사형통하다.
- 孫잡아라!!! 財잡아라!!!.
- 世와 身이 입묘하면 일을 계획하기는 하지만 결과를 보기 어렵다.

• 신수점이란 세효가 동하면 신변의 변화가 일어나는데 세효가 유정하여 건왕하면 개업, 전업, 출행 등의 길경사가 있겠고 세효가 휴수무기하여 공망, 파, 묘등 충극이 되면 본인의 질병등 근심 걱정이 있는 형상으로 육친의 상의에 의해 길흉을 판단한다. 세효가 월파를 만남은 두려운 것으로 비록 일진의 생부를 받아도 좋은 신수라 할 수가 없다.

• 형효가 지세하면 왕상휴수를 불문하고 사업상의 변화와 처첩등의 문제로 고통이 따른다.

• 손효가 지세하고 왕상하면 사업등 자손이 기쁘고 경사스러운일이 있겠고 휴수충파되면 실질 파직(여자는 남편의 일)등의 문제가 생긴다.

• 관효가 지세하고 유정하여 건왕하면 승진, 유임(여자는 남

자의 문제)등에 길경사가 있고 휴수무기충극이면 관재, 구설, 가내의 질병, 우환 등이 있다.

• 육수에서 청룡(靑龍)이 지세하면 희경사이기는 하나 주색과 낭비가 있고 주작(朱雀)이 지세하면 관재구설수가있고, 구진(句陳)이 지세하면 매사 하는 일마다 더디고, 등사(騰蛇)나 백호(白虎)가 지세하면 사고나 질병에 주의가 있어야하고, 현무(玄武)가 지세하면 사기나 도난을 당할 우려가 있다.

사례1]
• 신수점에서 世爻가 용신이다.
• 孫은 자손이고 경사스러움이다. 孫에 지세하여 財를 生하면 더욱 좋다.

▌丁酉月, 庚午日, 戌亥空亡

지풍승 → 지수사 (震木宮)	
官 酉 ‖　　　　　蛇	
父 亥 ‖　　　　　句	
財 丑 ‖ 世 孫 午(伏) 朱	
孫 午 官 酉 ✕　　　青	
父 亥 ㅣ 兄 寅(伏) 玄	
財 丑 ‖ 應　　　　白	

• 세효가 재(丑)에 지세하고 일(午)에 생을 받아 왕상하다. 관(酉)이 동하여 손(午)이 재(丑)를 생하므로 더욱 좋다. 평생 재물이 들어온다.

다만 세효에 육수 주작이 있어 관재구설이 따를수 있겠다.

사례2]

■ 丁酉月, 辛未日, 戌亥空亡

수산건→ 택산함 (兌金宮)
孫 子 ‖ 　　　　　　蛇
父 戌 ｜ 　　　　　　句
孫 亥　兄 申 ✕ 世　　朱
兄 申 ｜ 　　　　　　青
官 午 ‖ 　財 卯(伏)　玄
父 辰 ‖ 應　　　　　　白

· 세효가 형효(兄爻)에 지세하는 경우

· 세효가 형효(申)에 지세하고 월(酉)과 일(未)에 생을 받아 왕상하다. 하지만 세효가 형(申)효에 지세하였고 動하여 재(卯)를 극하게 되므로 사업에 변화가 예상된다. 하지만 현재는 재(卯)가 복신으로 사업자 금의 융통이 어려운지를 물으니 거래처로부터 결재가 안되어 고통을 받고 있다고 한다. 복신이 출 공하는 유(酉)월 결재가 될 것 이다.

사례3]

■ 戊辰月, 壬寅日, 辰巳空亡

손위풍→ 천풍구 (巽木宮)
兄 卯 ｜ 世　　　　　　白
孫 巳 ｜ 　　　　　　蛇
孫 午　財 未 ✕ 　　　句
官 酉 ｜ 應　　　　　　朱
父 亥 ｜ 　　　　　　青
財 丑 ‖ 　　　　　　玄

· 40대 남자가 상담을 위해 방문 하겠다고 하여 신수점을 보았다. 세효가 형(卯)효에 지세하고 일(寅)에 생을 받아 왕상하다.

· 재(未)가 동하여 손(巳)으로부터 회두생을 받아 금전적

인 문제는 아니다. 4효 재(未)에 구진이 지세함으로 아내가 아픈지를 물으니 그렇다고 하였다.

· 재(未)가 동하여 관(酉)을 생조하니 병원에 가도 쉽게 낫지 않고 근심이 있을 것이다. 라고 하였다.

사례4]

· 세효가 손효(孫爻)에 지세하는 경우(50대 주부의 신수점)

▌戊寅月, 壬寅日, 辰巳空亡

```
풍산점 → 풍지관 (艮土宮)
官  卯 ┃   應           白
父 ·巳 ┃     財 子(伏)    蛇
兄  未 ┃┃                句
官 卯 孫 申 ╳ 世           朱
父  午 ┃┃                靑
兄 ·辰 ┃┃                玄
```

· 세효가 손(申)에 지세하고 동하여 관(卯)로 변하였다. 또한 월(寅)과 일(寅)에서 파를 만나고 응효 관(卯)에 백호가 임하여 사고가 있을거라 예측하였다.

· 남편이 직장에서 계약을 잘 못하여 실직 당할 위기에 있다고 하였다. 세효는 월파를 당하였지만 응효 관(卯)은 월(寅)과 일(寅)에 왕상하므로 괜찮을 거라고 하였다.

사례5]

· 세효가 재효(財爻)에 지세하는 경우(30대 남자 신수점)

▌丁酉月, 壬申日, 戌亥空亡

• 세효가 재(戌)에 지세 하였지만 월(酉)과 일(申)에 휴수 하였다. 또한 재(辰)가 동하여 부(子)를 극하였고, 더욱이 구진이 임하므로 일의 진행이 미루어 질 것이라 하였다.

• 제품에 대한 발주(文)를 직원(孫)에게 지시하였으나 해당 협력업체의 문제로 납품이 제 날짜에 입고될 수 없다고 연락이 왔다. 2일 뒤 술(戌)일 세효가 왕상 해지고 동한 효를 충하므로 해결될 것이라 하였더니 술(戌)일에 정상 입고 되었다고 하였다.

사례6]

■ 丁巳月, 丙午日, 寅卯空亡

• 세효가 관(丑)에 지세하고 동하여 재(午)로 변하여 회두생이 되었다. 또한 월(巳)과 일(午)에 생을 받아 건왕하다. 상담자에게 응효가 주작으로 직장이 시끄럽겠지만 승진 등의 경사가 있을 것이라고 하였다.

• 상담자는 일주일 후(丑日)

승진하여 감사하다고 알려주었다.

사례7]

■ 戊子月, 庚子日, 辰巳空亡

• 세효가 부효(父爻)에 지세하는 경우(40대 여자 신수점)
• 세효가 부(丑)에 지세하였고 월(子)과 일(子)에 휴수되었다.
• 세효가 청룡에 임하여 경사가 있을 수도 있지만 왕상하지 못하다. 따라서 계약이나 매매에는 불리하다. 자(子)월 아파트를 매매하려 하였으나 재(卯)에 현무가 임하여 사기 계약을 당할뻔하였다. 다행히 계약은 이루어지지 않았다.
• 육효는 왕상하지 못하다 하여 반드시 불길하고 왕상하다 하여 반드시 길하지 않으니 다양한 통변 방법을 능숙히 활용하여야 한다.

사례8]

■ 庚午月, 丙午日, 寅卯空亡
• 직장여성의 일년운이다.

• 세효가 형(丑)에 지세하고 월(午)과 일(午)에서 생을 받아 왕상하다. 5효 재(子)가 동하여 세효를 생하여 주는것 또한 길하다. 하지만 동한 효가 세효와 암동하여 부(巳)를 극하니 문서나 부모의 문제가 있고, 형(兄)효가 왕하여 재물이 약하고 일에 막힘이 있겠다.

```
산택손 → 풍택중부 (艮土宮)

    官  寅 |  應      青
 父 巳 財 子 ⦀         玄
    兄  戌 ⦀           白
    兄  丑 ⦀ 世 孫 申(伏) 蛇
    官  卯 |           句
    父  巳 |           朱
```

• 申월부터는 재(子)가 합을 이루므로 윗사람의 도움으로 운은 풀리겠으나 남자나 이직으로 인한 고민도 있겠다.

사례9]

■ 丁丑月, 戊子日, 午未空亡

```
지수사 → 감위수 (坎水宮)

    父  酉 ⦀ 應     朱
 官 戌 兄 亥 ⦀       青
    官  丑 ⦀        玄
    財  午 ⦀ 世     白
    官  辰 |         蛇
    孫  寅 ⦀         句
```

• 신수짐에서는 世爻가 공망이 되면 人事에 일이 성사되기 어렵다. 3효 世가 재(午)에 지세 하였으나 월(丑)과 일(子)에서 휴수하였고 공망으로 평생 여자와 재물과는 인연이 없다.

• 5효 형(亥)이 동하여 관(戌)으로 회두극을 당하여 재

로 인한 관재구설이 많겠고, 또한 世에 육수가 백호가 지세하여 사고나 질병으로 인하여 재물에 손실이 많겠다.

사례10]

■ 乙酉月, 乙丑日, 戌亥空亡

뢰천대장→뢰택위매 (坤土宮)		
兄 戌 ‖		玄
孫 申 ‖		白
父 午 ∣ 世		蛇
兄 丑	兄 辰 ✕	勾
	官 寅 ∣	朱
	財 子 ∣ 應	靑

• 육합괘는 일이 순조롭게 이루어 지지만 육충괘는 시작은 있으되 결과를 얻기 어렵다.

• 남자의 부모가 결혼성사여부를 물어온 것이다. 육충괘가 되어 결혼이 성사되기 어렵겠다.

• 용신 세효가 부(午)에 지세하였으나 월(酉)과 일(丑)에 휴수되어 자식이 능력이 없고, 형(辰)이 동하고 형(丑)으로 변하여 응효 재(子)을 극하므로 결혼 혼수 등의 여러 가지 현실적인 문제에 대하여 뜻이 서로 다르겠다.

사례11]

■癸酉月, 乙丑日, 戌亥空亡

• 육합괘로 결혼점이나 사업점에는 매우좋다. 이괘의 3효 세효(卯)가 월파를 당하여 합처봉충이 되었다.

```
천지비 (乾金宮)
父 戌 | 應        玄
兄 申 |          白
官 午 |          蛇
財 卯 || 世      句
官 巳 ||         朱
父 未 ||  孫子(伏) 靑
```

· 결혼점이라면 이루어지기 어렵고, 사업점에도 재물이 모이기 어렵다.

사례12]

■ 丁酉月, 乙丑日, 戌亥空亡

```
뢰천대장→ 지천태 (坤土宮)
       兄 戌 ||              玄
       孫 申 ||              白
兄 丑  父 午 / 世            蛇
       兄 辰 |               句
       官 寅 |               朱
       財 子 | 應            靑
```

· 육충괘가 동하여 육합괘로 변한 충중봉합괘이다.

· 세효 父(午)가 동하여 형(丑)을 화출하였고 응효 재(子)와 합이 되어 결혼점이라면 이루어 지겠다.

· 육충괘라 하여 무조건 일이 이루어지지 않고 육합괘라 하여 모든 일이 순조롭지는 않다. 세효의 왕상과 동효의 변화에 따라 일의 성사 여부가 결정됨으로 신중히 통변해야 할 것이다.

2. 공명점(功名占), 구직점(求職占)

> • 官효가 용신이다.
> • 재효가 관효를 돕는 원신이 되고 부효는 문서(추천서, 이력서)로써 함께 살펴야한다.
> • 관효가 세효를 생하여 주고 세효가 왕상하며 세효, 관효, 부효가 삼합국이 되면 大吉하다.

• 시험을 치르지 않고 이루어지는 취직, 승진, 당선, 임용, 재임 등의 점에서는 관효를 용신으로 한다. 이때에 재효가 관록의 원신이 되고 부표는 문서(추천서, 이력서)로써의 역할을 하기에 겸하여 살펴야 한다.

• 공명과 구직점에서는 세효와 관효를 살피되 관이 세효를 생해주고, 세효가 왕하며 世, 官, 父효가 삼합국이 되면 공명과 시험점에서는 대길하다.

• 관청, 회사 등의 취직에는 관효로써 그 왕쇠를 살펴보나 개인 사무실, 개인 업소 등의 취직에는 응효를 그 주인으로 살펴본다. 또한 도박등 승부에 관한 것도 세와 응의 관계를 보아야 한다.

• 공명점에서 세효, 재효, 관효의 유기유정으로 승진과 명예를 이루고 특히 대세나 5효가 관효로서 지세, 생세, 합세를 하면 군왕의 신이을 얻는 것으로 높은 곳으로 영전된다.

• 관은 왕한데 재가 쇠하면 근원이 없는 관이므로 한직 등 명

예직으로 쫓겨나게 된다.

• 관귀가 지세하고 또한 세효가 수귀입묘 되며 중상, 모략, 질병등의 신액을 당하고, 이때에 손효가 동하면 파직을 당한다.

• 형효가 동하면 대물이 나가고 손효가 동하면 추구하는 일이 성사되지 않고 화가 따른다. 그러나 재효가 동하면 승진, 영전된다.

• 관효가 일, 월지에 비화되고 자오묘유(子午卯酉)에 임하면 정식 사원이지만 진술축미(辰戌丑未)에 임하면 임시 잡직이다. 또한 인신사해(寅申巳亥)에 임하면 외근직이나 리더를 보좌하는 사원이다.

• 재관이 건왕하고 재효가 동하면 구직을 위해 금전을 쓸수 있으나(뇌물등) 재효가 휴수하고 정하여 관리 쇠하면 괜히 재물만 소모하고 구설수에 휩싸인다.

• 세효 또는 관효가 공망이면 시험점과 구직점에 불리하고, 또한 일진이 세효나 관효를 극하면 파직의 위험이 있다.

• 관직자는 부효와 관효가 세효를 부조하고 더불어 재효가 왕하면 아름답기 그지없다. 한편 손효가 동하여 관효를 극하면 관직자는 화가 따른다.

• 세효나 응효가 공망인 가운데 일, 월에 형극을 받고 타효의 도움을 받지 못하면 큰재앙을 당한다.

• 태세와 관이 다 세효를 충극하거나 월건, 동효가 다 세효를 극하면 직장에서 뜻밖의 실수로 파직을 당할수 있다.

• 관효가 세효를 생합하거나 동한 관효가 진신이 되면 승진수가 있고, 손효가 동하고 재효가 복장되면 파직을 당할 수 있다.

• 괘중에 부효가 있어야 좋다. 또한 공망이 되지 않음이 좋고 세효를 생부하여야 한다.

사례1]

■ 申月, 丁亥日, 午未空亡

택화혁 → 천화동인 (坎水宮)			
官 戌	官 未 ‖		青
	父 酉 ㅣ		玄
	兄 亥 ㅣ 世		白
	兄 亥 ㅣ	財 午 (伏)	蛇
	官 丑 ‖		句
	孫 卯 ㅣ 應		朱

• 승진점-관(未)이 동하여 관(戌)을 화출 하였으므로 공망이라도 유정하다.

• 괘중에 부(酉)가 있고 공망이 되지 않았으며, 부(酉)효와 일진(亥)이 세효 형(亥)을 생부 하였으므로 승진은 가능하다 할 것이다 하지만 형(兄)효가 다출(多出) 하였으므로 경쟁이 심하겠다

사례2]

■ 戌月, 丁酉日, 辰巳空亡

• 공명점-모 대학교수로 임명이 되겠는가?

• 임용점에는 관효를 용신으로 한다.

• 세효 손(戌)은 월(戌)에 생조를 받고 관(子) 또한 일(酉)에 생을 받아 왕상하다. 형(午)이 재(酉)로 변하여 관(子)을 생함으로 더욱 길하다.

• 관(子)효가 5효 제왕의 자리에 임하므로 교수가 될 것이다. 亥월 모 대학교수로 임명을 받아 큰 무중이다.

사례3]

■ 戌月, 己丑日, 午未空亡

• 변동점-사내 보직을 변경 가능할까요?

• 형(午)이 관(亥)으로 변하여 회두극 되었고 세효 손(辰)이 월파를 맞았다.

• 형(午)이 회두극 되였으나 공망으로 세효가 자리를 유지할 것처럼 보일 수 있지만 형(午)효가 공망에서 벗어나면 오히려 관(亥)효를 충극하여 파직될 우려가 있으며 내년 辰월에는 세효가 비화되어 보직 변경이

가능하겠다.

사례4]

산뢰이→ 지뢰복 (巽木宮)	
官 酉 兄 寅 ✕	白
父 子 ‖ 孫 巳 (伏)蛇	
財 戌 ‖ 世	句
財 辰 ‖ 官 酉 (伏)朱	
兄 寅 ‖	靑
父 子 丨 應	玄

■ 丑月, 癸丑日, 寅卯空亡
· 직장에서 누가 해고되겠는가?
· 상대방과의 경쟁이나 선택을 받을 때는 세효와 응효의 왕쇠를 잘살펴야 한다.
· 형(寅)가 변하여 관(酉)으로 변하였다. 관(酉)이 응효 (子)를 생하였고 형(兄)효가 두개 화출되어 서로 경쟁함이 심하다. 하지만 월(丑)과 일(丑)이 세효 재(戌)를 생하고 세가 관(酉)을 생한다. 따라서 세효의 관은 문제가 생기지 않겠지만 세효 재(戌)가 응효 부(子)를 극하므로 응효가 해고 될 것이다.

사례5]

■ 子月, 辛酉日, 子丑空亡
· 남편이 승진이 될까?
· 관(卯)이 세효에 지세하였지만 일충을 맞았고 상효 관(寅)이 손(酉)으로 변하여 회두극이 되어 더욱 흉하다. 그러나

산화비→ 지화명이 (艮土宮)	
孫 酉 官 寅 ✕	蛇
財 子 ‖	句
兄 戌 ‖ 應	朱
財 亥 丨 孫 申 (伏)靑	
兄 丑 ‖ 父 午 (伏)玄	
官 卯 丨 世	白

봄철(卯月)에 승진 여부가 발표된다면 손(酉)을 冲하여 회두극을 해제하고 월과 재(子)가 왕상하게 되어 관(卯)을 생하게 되고 육수 청룡이 있어 승진도 되고 재에도 吉함이 있을 것이다.

사례6]

■丑月, 申酉日, 子丑 空亡

이위화 → 천화동인 (離火宮)

	兄	巳 ㅣ 世		蛇
財	申 孫	未 ｜｜		句
	財	酉 ㅣ		朱
	官	亥 ㅣ 應		靑
	孫	·丑 ｜｜		玄
	父	卯 ㅣ		白

• 국가 고위 공무원으로 승진이 될 수 있을까요?
• 공명점에서 관(亥)이 육충괘가 되면 승진이 어렵다. 육충괘는 그 기운이 무산되고 흩어지는 것이다. 더욱이 세효 형(巳)이 월(丑)과 일(酉)에 휴수되어 승진이 어려울 것이라 볼 수도 있다. 하지만 부(卯)가 암동하여 세효 형(巳)을 생함으로 유기하게 되었고 용신 관(亥)이 육수 청룡이 임하여 응효에 지세하고 일진에 생조를 받아 세효를 생하므로 귀하게 되었다. 세효가 상괘에 있어 귀하게 되면 고위직 공무원이다.

사례7]

■辰月, 辛丑日, 辰巳 空亡
• 언제쯤 직업을 구할 수 있을까?
• 구직점에는 관효가 용신이다.

• 관(子)과 월(辰)이 반합하고 일(丑)에는 육합으로 용신이 왕상하다.

• 형효(午)가 동해 재효(酉)로 변해서 관효(子)를 생함으로 바로 직업을 구할 수 있을 것이다. 다음날 면접에 합격하여 근무를 시작하였다.

산수몽→ 산풍고 (離火宮)		
父 寅 ▬		蛇
官 子 ▬▬		句
孫 戌 ▬▬ 世	財 酉(伏)	朱
財 酉 兄 午 ✕		靑
孫 辰 ▬		玄
父 寅 ▬▬ 應		白

사례8]

■ 卯月, 壬申日, 戌亥 空亡

산천대축→ 화천대유 (艮土宮)		
官 寅 ▬		白
財 子 ▬▬ 應		蛇
孫 酉 兄 戌 ✕		句
兄 辰 ▬	孫 申(伏)	朱
官 寅 ▬ 世	父 午(伏)	靑
財 子 ▬		玄

• 언제쯤 면접을 본 직장에서 연락이 오겠습니까?

• 세효가 관(寅)에 지세 하였지만 일파 를 당하여 쇠약하다 또한 형효(戌)가 동해 손(酉)으로 변하여 관(寅)를 극하게 되었다.

• 당장은 응효에 등사 또한 있어 채용 여부를 논의 중 이거나 사정이 생겨 어렵겠지만 형(戌)을 충하는 辰월이 되면 연락이 올 것 이다.

3. 대인점(待人占), 소식점(消息占)

- 소식점은 "부효" 대인점은 용신의 왕쇠에 따른다.
- 언제나 용신과 부효를 같이 살펴야 한다.
- 소식점은 왕상하고 동하면 大吉하다.

• 사람이나 소식을 기다릴 때는 용신이 왕상하고 동하는 것이 가장 吉하다. 용신이 왕상하면 세효의 왕쇠와 관계없이 돌아올 마음이 있는 것이고, 용신이 쇠약하면 돌아올 형편이 안되거나 마음이 없는 것이다.

• 대인, 소식점에서는 용신이 동하는 것이 길하지만 도적점에는 용신이 정하여 동하지 않아야 길하다. 만약 용신이 동하지 않아 돌아오지 않더라도 일진이나 동효의 충을 받으면 돌아 올 것이나 월건이나 동효의 극을 받으면 일진에 충을 하여도 돌아오지 않는다.

• 소식점에서 세응을 볼 때는 모두 공망인 경우에는 소식이 없으며 기다리는 사람도 돌아오지 않는다.

• 세가 공망인 경우에 용신이 동하면 속히 돌아오고 용신이 공망이면 출공할 때 돌아오며 용신효와 세효가 생합하면 소식이 늦게온다.

• 용신이 동하여 합이 되는날 용신이 정하면 충하여 돌아오고 용신이 쇠약하면 왕해거지나 진술축미일(墓支)에 돌아온다. 용신이 복신이면 용신과 월건이나 일진이 합이 되는날 돌

아온다.

• 소식점에서 부효에 청룡, 주작에 임하거나 동하면 소식이 온다. 단, 용신이 왕상하여야 한다. 소식점에서 부효가 합이 되면 충되는 날에 충되면 합되는 날에 소식이 오고 부효와 응효가 공망을 만날때나, 묘와 절이 임하는 경우에는 소식을 들을 수 없다.

• 유혼괘에서는 용신이 동하면 심신이 복잡하여 돌아오지 못하고 유혼괘로 변하면 평생 돌아오지 않는다. 유혼괘가 귀혼괘로 변하면 돌아오고, 귀혼괘가 유혼괘로 변하면 돌아오지 않는다.

• 용신의 왕쇠에 관계없이 세효와 용신이 공망이면 출공하여야 돌아오고 용신이 동하여 합이 되거나 용신이 입묘되면 충개될 때 돌아오고 용신이 동하여 충극됨이 없으면 지세와 관계없이 비화되는 날에 돌아온다.

• 용신이 충극됨으로 휴수무기 할 때 백호, 등사가 임하면 병이 들거나 사고로 못돌아 오는 것이고 세효와 신(身)이 모두 공망이면 돌아오지 못한다.

• 용신이 본괘나 동효에 없고 변효에만 있으면 변효의 월, 일에 돌아오고 용신이 휴수하고 육충괘, 반음괘, 유혼괘가 되거나 기신이 지세하면 돌아오지 못한다. 세효가 주작에 임하고 부효를 극하면 돌아올 마음이 없다.

• 용신이 관귀에 임하고 은복 되었거나 백호가 임하면 감옥에 있고, 재고에 은복되고 현무에 임하면 주색으로 인하여 재물을 탕진하여 못돌아오는 경우이다.

사례1]

■ 丁卯月, 壬申日, 戌亥空亡

• 자녀부부가 함께 살려고 할까요?

• 자녀의 문제임으로 손(未)을 용신으로 한다. 세효에 손(辰)이 지세 하였지만 월(卯)과 일(申)에서 휴수하고 쇠약하다.

• 더욱이 본괘가 육합괘에서 육충괘로 변하고 동효가 많은 난동괘가 되었으므로 뜻을 이루기 어려울 것이다. 난동괘가 되면 재점(再占)을 하는것이 좋다.

사례2]

■ 辰月, 乙酉日, 午未空亡

• 취업하려는 회사에서 연락이 올까요?

• 소식점은 부효를 용신으로 한다. 부(酉)가 동하여 부(申)를 화출 한것은 길 하다. 또한 월(辰)과 일(酉)에서 생부를 받음이 더욱 이롭다.

택화혁 → 뢰화풍 (坎水宮)	
官 未 ‖	玄
父 申 父 酉 ✕	白
兄 亥 丨 世	蛇
兄 亥 丨 財 午(伏)	句
官 丑 ‖	朱
孫 卯 丨 應	青

- 다만 세효 형(亥)이 월(辰)에 극을 받아 쇠약하고 응효 손(卯)을 월(辰)과 일(酉)에서 극하고 동한효가 응효를 더욱 극하므로 상대방에 사정으로 연락은 오지 않을 것이다.

사례3]

▎午月, 庚子日, 辰巳空亡

천뢰무망 → 천지비 (巽木宮)	
財 戌 丨	蛇
官 申 丨	句
孫 午 丨 世	朱
財 辰 ‖	青
兄 寅 ‖	玄
財 未 父 子 ✕ 應	白

- 오늘 만난 사람의 성격은 어떨까요?
- 대인점은 부효를 용신으로 판단한다. 부(子)가 동하여 재(未), 고(庫)로 변하였다. 또한 육수 백호가 임하므로 재물로 인하여 감옥에 갔던 사람이고 다혈질이며 폭력적이다. 세효와 응효를 살펴보니 서로 충하여 성격을 맞추기 어렵고 부딪치게 될 것이다.

사례 4]

■戌月, 己亥日, 辰巳空亡

• 친구가 소식이 없는데 연락이 언제 올까요?

천화동인→ 풍화가인(離火宮)			
	孫 戌 ▬	應	蛇
	財 申 ▬		句
孫 未	兄 午 ⚊		朱
	官 亥 ▬	世	靑
	孫 丑 ▬▬		玄
	父 卯 ▬		白

• 부(卯)가 쇠약하다. 형(午)이 동해 손효(未)로 변하고 재(申)를 생함으로 용신 부(卯)를 극하게 되어 더욱 좋지 않다. 더욱이 손(未)이 입묘되어 당분간은 연락이 오지 않을 것이다. 세효 관(亥)이 일(亥)에서 생을 받아 왕상하지만 응효 손(戌)은 그렇지 못하다. 친구가 답답한 일이 생겨 동쪽으로 출행하여 돌아오지 않고 있을 것이다.

사례 5]

■辰月, 壬子日, 寅卯空亡

산화비→ 간위산(艮土宮)				
官 寅 ⚊				白
財 子 ▬▬				蛇
兄 戌 ▬▬	應			句
財 亥 ⚊		孫 申	(伏)	朱
兄 丑 ▬▬		父 午	(伏)	靑
兄 辰 官 卯 ⚋	世			玄

• 헤어졌던 그녀를 다시 만날까?

• 세효 관(卯)이 공망이 되었고 응효 형(戌)은 세효 관(卯)과 합처봉충 되었다. 육합괘가 육충괘로 변하였으므로 다시 만나기 어렵겠다. 또한 관(卯)이 동해 형(辰)으로 변하여 손

(申)를 생하나 복신으로 무기하다. 더욱이 세효 관(卯)동하여 화출한 형(辰)이 응효 형(戌)과 충하므로 그녀와는 만난다 해도 곧 헤어지게 될 것이다.

사례6]

■戌月, 甲寅日, 子丑공망

• 학생이 집을 나갔는데 언제 돌아올 수 있을까?

• 세효가 손(辰)에 지세하고 월(戌)에 생을 받았다. 하지만 용신효 부(卯)가 복신이고 손(未)이 동하여 재(申)로 화출하고 관효(亥)를 생하지만 그 또한 복신이므로 무기하다.

화산려→ 천산둔 (離火宮)			
兄	巳 丨		玄
財 申 孫	未 ⊪ 身		白
財	酉 丨 應		蛇
財	申 丨	官 亥(伏)	句
兄	午 ⊪ 命		朱
孫	辰 ⊪ 世	父 卯(伏)	靑

• 세효에 구진이 있어 재물로 인하여 다툼이 생겨 집을 나간 것으로 세효와 신(身)이 모두 공망이 되는날 돌아 올 것이다.

사례7]

■巳月, 辛丑日, 辰巳공망

• 도둑을 언제쯤 잡을 수 있을까?

• 관효를 용신으로 한다.

• 용신 관(卯)이 동하였으나 관(寅)으로 변하여 부(巳) 생하니 길하다. 하지만 공망이 되어 무기하고 관효(卯)가 현무에 있

어 동하게 됨으로 도난을 당하였다. 그러나 세효 손(酉)이 월(巳)과 형(丑)으로 삼합국이 되어 멀리 가지 않아 잡을 수 있을 것으로 보인다. 현재는 부(巳)가 공망이므로 출공하게 되는 辛일 동쪽으로 가면 잡을 수 있다고 하였더니 그대로 되었다.

사례8]

■亥月, 壬寅日, 辰巳空亡

- ○○○과 동업해도 될까요?
- 세효 형(丑)이 월(亥)과 일(寅)에 쇠약하나 응효 관(寅)은 월(亥)과 일(寅)에 생을 받아 왕상하다. 이 때문에 상대방이 상담자의 의견대로 따라주지 않으려 할 것이다.
- 사업임으로 재효를 용신으로 대인점을 본다면 월(亥)건에서 생조를 받았고 응을 생하므로 나의 재를 필요로 함으로 동업은 상대방이 응하여야 하는것으로 사업은 하겠지만 진행상에 구설시비가 있겠다.

4. 천시점(天時占)

- 천시점이란 시간의 흐름에 따라 변하는 기상을 예측하는 것으로 현대에는 활용도가 적을 수 있으나 경우에 따라서는 매우 유용한 정보를 얻을 수 있다.
- 천시점은 동효를 용신으로 한다. 즉 부(父)효가 동하면 비와 눈과 이슬 그리고 서리를 살펴야 하고, 관(官)효가 동하면 안개, 우뢰, 번개를 살피고 재(財)효가 동하면 청명한 날이고 손(孫)효가 동하면 일, 월과 별을 살피고 형(兄)효가 동하면 바람과 구름을 살펴야 한다, 따라서 동효의 왕쇠에 의하여 변화를 살핀다.

부효	관효	재효	손효	형효
비, 눈	안개, 구름 우뢰, 번개	청명	해, 달, 별	바람, 구름

- 용신의 유기유정함을 원칙으로 육친에 의한 기상의 변화는 다음과 같다.

- 형효(風雲之神): 바람과 구름을 주관하며 형효가 동하면 바람과 구름으로 인하여 해와 달의 명암을 다르게 하고 비바람과 천둥을 부르기도 한다.

- 재효(晴明之神): 부효를 극하고 관효의 원신인 재효가 동하는경우나 손효가 관효를 극하거나 동하면 청명한 날이 되고 손

효가 동하지 않으면 청명한 가운데 구름이 낀 날씨이다.

• 손효(日,月,星斗): 해와 달 그리고 별의 신인 손효가 동하면 하늘을 청명하게 하고 일, 월, 별을 잘 보이게 한다. 즉 관효를 억제하고 재효의 원신이 손효이기 때문이다.

• 관효(露雲之神): 구름, 안개, 서리, 혹서, 혹한등 바람과 천둥의 관효가 동하면 하늘이 평온하지 않고 손효의 영향을 받는다.

• 부효(雨雪之神): 비, 눈, 서리등의 신으로서 원신인 관효의 생을 받아 같이 동하고 재효가 무기하면 천둥과 광풍, 비바람을 동반한 시상으로 악천후가 된다.

■ 택일과 기상

• 가정의 대소사 등 공사의 일로 택일을 할 경우 동효를 위주로 하고 동효가 없을 경우는 육친의 왕쇠를 보아야 한다.

• 재효나 손효가 동하고 부효가 정하여 있는 경우는 날씨가 청명하고, 재효나 관효가 정하고 부효가 동하면 점친 당일에 비가 오는 것이고, 관효나 형효가 독발한 경우에는 구름이 끼거나 안개가 끼고 바람이 불게 된다.

• 부효와 재효가 동하면 서로 힘겨루기를 하는 상이며 비가 오락가락하여 날씨가 변덕스럽다.

• 부효가 휴수무기하고 관귀가 왕할 경우는 가랑비 정도이고 부효가 월건과 비화하면 큰 비가 오래 내린다.

• 부효가 일진, 동효등과 삼합이 되면 비가 오고 재효가 일진, 동효등과 삼합이 되면 비가 오지 않는다.

• 용신이나 동효가 진신이거나 회두생 되면 기세가 강하게 되고, 퇴신이나 회두극 되면 기세가 약하게 되므로 기상의 변화가 있게 된다. 반음괘의 경우는 기상의 변화가 심하고 복음괘의 경우는 기상의 변화가 없다.

• 부효가 정한데 유기하고 공파충합이 되면 비가 오고. 공망이나 합이 되는 경우에는 충이나 전실될 때, 월파나 충된 것은 합이나 전실될 때 비가 오는 것이다.

• 부효가 동한 경우 화(化)효가 합이 되면 충개될 때 비가 오고 일진과 합이 되면 부효를 충할 때 비가 오며, 동하여 충된 경우는 전실되거나 합이 될 때 비가 온다.

• 응기는 전실, 충, 합되는 일시의 전후를 살펴보아 정하는데 이는 하늘의 신들이 땅과 가까운 것부터 응하여 주기 때문에 이를 살피는 것이다.

• 천시점에서 세효는 땅이요, 응효는 하늘이고, 목은 바람, 화는 번개, 금은 천둥, 수는 물이고 토는 삼합에 따라 辰水, 戌火, 丑金, 未木으로 본다.

사례1]

화천대유→ 천지비 (乾金宮)			
父	戌	官 巳 ✕ 應	白
		父 未 ‖	蛇
		兄 酉 l	句
		父 辰 l 世	朱
		財 寅 l	靑
		孫 子 l	玄

■未月, 壬辰日, 午未空亡

• 학생이 찾아와 금일 비가 올 것인가를 물었다?

• 관(巳)이 동하여 세효 부(辰)를 생하고 월(未)과 일(辰)에서 세효 부(辰)를 생조하였다. 천시점에서 관효가 동할때는 손효를 살펴 판단해야 한다. 손(子)이 관(巳)을 극하거나 부(辰)를 충하는 戌시에 비가 많이 올 것이다.

사례2]

천풍구→ 택풍대과 (乾金宮)			
父 未	父 戌 ✕		靑
	兄 申 l		玄
	官 午 l 應		白
	兄 酉 l		蛇
	孫 亥 l	財 寅(伏)	句
	父 丑 ‖ 世		朱

■亥月, 丁未日, 寅卯空亡

• 금일 약속이 있는데 비가 올 것인가?

• 비의 가부는 부효를 살펴 판단한다. 세효가 부(丑)에 지세하였고 일(未)과 충하였다. 또한 상효에 부(戌)가 동하여 퇴신이 되었다. 퇴신이라 하더라도 용신이 일진에 생을 받은 경우는 비가 온다. 하지만 아주 작은 양의 비가 오거나 금새 그칠 것이다.

사례3]

■丑月, 庚申日, 子丑空亡

천산돈→ 천풍구 (乾金宮)
父 戌 ㅣ 　　　　　　　 蛇
兄 申 ㅣ 應 　　　　　 句
官 午 ㅣ 　　　　　　　 朱
兄 申 ㅣ 　　　　　　　 靑
孫 亥 官 午 ⅱ 世 財 寅(伏) 玄
父 辰 ‖ 　　 孫 子(伏) 白

• 눈이 계속오는데 언제 그칠까?
• 세효가 관(午)에 지세하고 손(亥)으로 동하여 회두극이 되니 당분간 눈은 지속 될것이다. 눈이 그치는 것은 관(午)을 충하는 자시가 되어야 할 것이다.

사례4]

■酉月, 丁卯日, 戌亥空亡

수뢰둔→ 풍뢰익 (坎水宮)
孫 卯 兄 子 ⅱ 　　　　 靑
官 戌 ㅣ 應 　　　　　 玄
父 申 ‖ 　　　　　　　 白
官 辰 ‖ 　　 財 午(伏) 蛇
孫 寅 ‖ 世 　　　　　 句
兄 子 ㅣ 　　　　　　　 朱

• 오늘 패러글라이딩에 좋은 바람이 불까요?
• 형효는 바람이다
• 형(子)이 동하여 손(卯)이 되었고 월(酉)에 생을 받으니 날씨가 맑고 순풍이 불어 패러글라이딩하기에 지장이 없을 것이다.

5. 혼인점(婚姻占)

> • 세효가 강할까? 응효가 강할까?
> • 세응의 왕쇠와 생극을 반드시 살펴라.
> • 재효 多 여자가 많고, 관효 多 남자가 많다.

• 혼인점에서 상대방(신랑 또는 신부)의 능력, 성정, 외모 등을 볼 때는 용신의 왕쇠와 용신효와 세효의 생극으로써 길흉을 판단한다. 혼인의 성사와 양가의 화합은 응효의 왕쇠나 세응의 생극 관계를 통해 판단한다.

• 혼인점의 경우 남자 쪽에서는 재효가 용신이고, 여자쪽에서는 관효가 용신이 된다. 재효는 처첩이며 관효는 남편이 되기 때문이다. 괘중에 재효가 중첩되면 남자에게 여자가 많은 것이고 관효가 중첩되면 여자에게 남자가 많은 것이다.

• 혼인점에서 용신인 관효나 재효가 동하면 경쟁자가 있어 먼저 취하는 것이고, 용신이 중첩되면 경쟁자가 많은 것이다.

• 남자의 점에서 관효에 지세하면 본인이 되지만 지세하지 못하면 관귀로 판단하게 된다. 따라서 정한 관귀는 무해하지만 동하게 되면 본인에게 피해를 주는 다른 남자나 도적이 될 수 있다. 이럴 때는 세효가 관귀보다 왕상하면 구설수가 있긴해도 무탈하며 관귀가 세효보다 왕하면 큰 해를 입을 수 있다.

• 용신효는 유기해야 길하고 휴수하면 흉하다. 용신효가 동하거나 생부를 받거나 합하면 유정하다. 용신효가 관효나 재효

이외의 효를 합하면 상대의 정이 다른 곳에 있는 것이고 일진이나 동효가 용신효를 합하면 다른 사람을 선택하게 된다.

• 남자의 점에서 형효가 동하면 처재를 파하므로 이런 경우는 관효가 동하여 극하면 길하지만 관재구설을 동반한 도적을 만나게 되니 이를 잘 판단하여야 한다.

• 기신이 지세하거나 동하면 혼인이 어렵지만 기신 용신효와 합이 되거나 세효가 용신효를 화출하였을 때는 성혼이 되지만 오래 살지는 못하게 된다.

• 간효중에 기신이 있어 동하면 가까운 사람이나 중매쟁이등의 방해가 있는데 이런 경우에는 원신이 동하면 중매쟁이나 주변의 방해가 있어도 성혼이 된다. 만약 육충괘나 육합괘가 되면 성혼이 될 때는 어려워도 후에는 잘 살게되니 무해하다.

• 남자의 점에서 관효가 지세한 경우 응효에 재효가 임하면 음양이 화합되니 순리대로 되고, 재효가 지세하고 응효에 관효가 임하면 음양이 어긋난 것으로 여자가 남자 위에 군림하게 되는 것이다.

• 세효가 응효를 생하거나 응효가 동하여 세효와 합하면 상대방이 먼저 청혼하게 된다.

• 여자의 점에서 관효가 동하여 세효가 아닌 다른 효와 합을 하면 지금 혼인 하려는 사람이 아닌 다른 사람과 혼인한다. 남자점에서 세가 동하여 재효와 합이 되면 성혼이 되나, 형효가

동하면 혼인하려는 여자가 다른 곳으로 시집간다.

• 木용신은 키가 크고 마른편이고, 火용신에 주작이 임하면 영리하고, 土용신은 비대한 편이고, 金용신은 까칠하고, 水용신은 현명하고 총명하다.

• 세효가 응효를 극하면 결정권이 세효에 있고 응효가 세효를 극하면 상대에게 결정권이 있다. 또한 세효와 응효가 상극하면 혼인 성립이 어렵지만 이때 간효가 동하면 혼인이 성사된다.

• 괘중에 간효 두 개가 동하면 중매인이 둘이상이고 남자점에 재효가 둘이상이고 여자점에 관귀가 두 개 있으면 남녀 공히 재혼의 가능성이 있다.

사례1]

천산돈→ 간위산 (乾金宮)	
父 戌 丨	蛇
孫 子 兄 申 ✗ 應	句
父 戌 官 午 ✗	朱
兄 申 丨	靑
官 午 ‖ 世 財 寅(伏)	玄
父 辰 ‖ 孫 子(伏)	白

■丑月, 庚子日, 辰巳空亡

• 선보는 아가씨와 혼인이 될까요?

• 용신 재(寅)가 복신이 되어 만나려는 여자에게는 마음이 없고 다른 여자에게 마음이 있다. 더욱이 형(申)이 동하여 손(子)으로 변하여 세효 관(午)을 충함으로 결혼하기 어렵고 형(申)와 관(午)이가 동시에 동하고 다출하여 형제간 관재구설만 많게 될 것이다.

사례2]

천풍구 → 건위천 (乾金宮)			
父 戌 ㅣ			靑
兄 申 ㅣ			玄
官 午 ㅣ 應			白
兄 酉 ㅣ			蛇
孫 亥 ㅣ	財 寅 (伏)		句
孫 子 父 丑 ⅱ 世			朱

■丑月, 丁亥日, 午未空亡

· 궁합이 잘 맞을까?

· 세효는 부(丑)에 지세하고 동하여 육충괘가 되었고 상대방 응효는 관(午)에 지세하였지만 세효가 동한 손효(子)와 응효가 관(午)과 충하였다. 궁합에서 세효와 응효가 충하게 되면 궁합이 맞지 않음은 물론 파혼하게 될 것이다.

· 남자는 부효(丑)가 동하여 손효(子)와 합을 하니 출중하고 훌륭한 남자다. 여자는 공망이 되어 영문을 모르고 파혼을 당할 것이다.

사례3]

산수몽 → 산풍고 (離火宮)			
父 寅 ㅣ			白
官 子 ⅱ			蛇
孫 戌 ⅱ 世	財 酉 (伏)		句
財 酉 兄 午 ⅱ			朱
孫 辰 ㅣ			靑
父 寅 ⅱ 應			玄

■戌月, 壬午日, 申酉空亡

· 남자가 프로포즈 하면 받아 줄까요?

· 결혼점에는 세효가 陽, 응효가 陰이어야 원만하다.

· 세효 손(戌)과 응효 부(寅)이 모두 陽이다. 또한 세효가

일(午)에 생을 받아 왕하고 형(午)이 동하여 재(酉)로 변하고 세효 부(戌)가 변효 재(酉)를 생하므로 프로포즈를 할 수 있을 것이다. 하지만 응효 부(寅)가 쇠약하므로 준비가 되어 있지 않은 것이고 응효 부(寅)가 세효(戌)를 극하므로 돈만쓰고 받아주지 않을 것이다.

사례4]

■亥月, 辛亥日, 寅卯空亡

```
풍뢰익→ 천뢰무망 (巽木宮)
        兄 卯 ▌    應    蛇
        孫 巳 ▌          句
    孫 午 財 未 ▌▌        朱
        財 辰 ▌▌ 世 官 酉(伏) 青
        兄 寅 ▌▌        玄
        父 子 ▌          白
```

• 이 남자와 결혼할수 있을까요?

• 세효가 재(辰)에 지세하였고 용신 관(酉)은 복신이다. 세효가 관(酉)을 생하므로 결혼은 성사가 된다. 상대방 남자 관(酉)은 상효에 응효가 있으므로 나이 차이가 많이 나는 사람이고 깊은 관계이다. 또한 재(未)가 동하여 손(午)으로 응효 형(卯)이 생하고 있으므로 다른 여자와 결혼을 한 경험이 있을 것이다.

사례5]

■辰月, 乙未日, 辰巳空亡

• 남편과 잘 살 수 있나요?

・육충괘에 난동괘이다. 세효 손(午)에 지세 하였으나 쇠약하다. 그러나 형(寅)과 관(申)이 동하여 충중봉합이 되니 서로 불화가 있지만 이혼을 하기는 어렵겠다. 다만 남편 관(申)이 동하여 재(未)가 회두생하고 월(辰)과 일(未)에서 생을 받아 왕상하니 같이 살고는 있지만 응효 부(子)는 휴수되어 쇠약하고 서로를 극하므로 남과 같은 남자이다. 응효 부(子)가 비화되어 왕상해지는 子월 이혼을 할 수 있을 것이다.

천뢰무망→ 화수미제 (巽木宮)
財 戌 ㅣ　　　　玄
財 未 官 申 ㄨ　　　　　白
孫 午 ㅣ 世　　　蛇
財 辰 ⅠⅠ　　　　句
財 辰 兄 寅 ㄨ　　　　朱
兄 寅 父 子 ㄨ 應　青

사례6]

■丑月, 甲寅日, 子丑空亡

손위풍→ 풍수환 (巽木宮)
兄 卯 ㅣ 世　　玄
孫 巳 ㅣ　　　白
財 未 ⅠⅠ　　　蛇
孫 午 官 酉 ㄨ 應　句
父 亥 ⅠⅠ　　　朱
財 丑 ㅣ　　　青

・남편에게 여자가 있을까요?

・남자의 점에서 재효는 여자다. 응효 관(酉)의 주변 초효와 4효에 재효가 중중하고 관(酉)을 생하니 깊은 관계다.

또한 관(酉)이 동하여 손(午)으로 변하여 회두극 당하고 월(丑)에 입묘가 되니 능력도 없고 세효 형(卯)를 극하니 처재를 힘들게 할 것이다.

사례7]

■丑月, 己卯日, 申酉空亡

수풍정 → 수천수 (震木宮)	
父 子 ‖	玄
財 戌 ㅣ 世	朱
官 申 ‖ 孫 午(伏)	靑
官 酉 ㅣ	玄
父 亥 ㅣ 應 兄 寅(伏)	白
父子 財 丑 ✕	蛇

· 결혼할 여자에게 다른 남자가 있을까요?

· 세효가 재(戌)에 지세하고 월(丑)에서 생을 받아 왕상하니 나는 여자에게 관심이 깊다. 하지만 여자의 관(申酉)이 중중하며 공망이 되고 월파기 되었고, 재(丑)가 부(子)로 변하여 합이 되니 다른 남자가 있을 것이다.

6. 질병점(疾病占)

> • 질병에서는 세효가 용신이다.
> • 身 - 육체, 命 - 생명, 世 - 정신
> • 손효를 살피고 관귀를 극하라.

• 점단을 원하는 목적사가 어느것이든 용신은 왕상하고 기신이 휴수충극 되는 것이 길하다. 질병점에서는 세효가 용신이 되고 대점에서는 육친법에 의한다 육체는 身이라 하고 命은 생명이고 세효는 정신이다. 질병점에서는 특히 관귀와 신명의 관계를 잘 살펴보고 신이나 명에 백호가 임하면 흉하다. 하지만 손효가 관귀를 극하면 평안하다.

• 병점에서 손효는 의사, 약사, 간호사로 지세하면 건강해지고 관귀는 귀신, 질병, 시체등으로 지세하면 병이 위중해지고 부효에 지세하면 병에 이롭지 못하고, 형효에 지세하면 병에 도움이 되고 재효에 지세하면 병이 위중하게 된다.

• 원신이 왕상하고 동하면 기신이 동하여도 무해하고 원신이 충극되고 기신이 왕하거나 동하여도 위험하다. 또 용신효가 휴수무기 하면 충극되고 입묘가 될 때 위험해진다.

• 용신효가 회두생되고 진신으로 변하면 치료될 수 있고 회두극이 되고 퇴신이 되면 병이 점점 깊어진다. 질병점에서는 육합괘나 용신이 일진, 동효에 합이 되면 병이 오래가고 육충괘라도 용신이 충이 되면 바로 치유가 가능하다.

• 질병점에서 관귀가 복신이고 공망이면 병이 매우 깊다. 관귀가 재효에 복신이 되면 여자, 재물, 음식에 의한 것이고 손효가 복신이면 주색으로 인한 것이다.

• 신명(身命)이 공망이 되고 등사, 백호가 함께 임하고 관귀가 왕상하면 백약이 무효하다.

　＊관귀에 청룡이 임하면 주색이 문제이고
　＊관귀에 주작이 임하면 관재구설로 마음이 아프고
　＊관귀에 구진이 임하면 위장, 비장에 문제가 있으며
　＊관귀에 등사가 임하면 심신의 문제이다.
　＊관귀에 백호가 임하면 피를 보게 되고 여자는 생리통이거나 산후통이다.
　＊관귀에 현무가 임하면 색욕의 문제이다.

• 부모의 병에 형효가 동하면 병의 치료가 늦어지고, 손효나 재효가 동하면 병이 중하게 되어 치료 하기가 힘들게 되지만 관효가 왕상해지면 관이 부를 생하니 길하다.

• 아내의 병에 관귀가 왕상하고 동하면 병이 점점 깊어지고 남편의 병에 형효나 손효가 동하거나 같이 출현하면 병석에서 일어나기 어렵다.

• 자손의 병에 관귀가 동하여 손효로 변하면 병이 깊어지나 형효가 왕상하고 손효가 동하면 병이 치유된다.

사례1]

■ 申月, 丙戌日, 午未空亡

• 내가 올해 건강할수 있을까요?

• 질병점에서는 세효가 용신인데 관효에 지세하면 흉하다. 세효가 관(丑)에 지세하고 일(戌)에 충을 맞아 건강이 좋지 않다. 또한 관(丑)이 동하여 손(寅)으로 변하고 회두극과 월파가 되었다. 지금은 몸이 낫지 않을 것이지만 손(寅)를 충하는 申일이 되면 병이 나을 것이다.

지화명이→ 지천태 (坎水宮)
父 酉 ‖   青
兄 亥 ‖   玄
官 丑 ‖ 世   白
兄 亥 ㅣ   財 午(伏) 蛇
孫 寅 官 丑 ╳   句
孫 卯 ㅣ 應   朱

사례2]

■ 戌月, 辛卯日, 午未空亡

• 시어머니의 병환이 위급한데 어떻게 될까요?

• 세효 부(申)가 월(戌)에 생을 받아 왕상하지만 응효가 관(丑)에 지세하였고 관(戌)이 동하여 입묘 되었다. 더욱이 관(戌)이 재(巳)로 퇴신이 되니 건강이 점점 쇠약해지며 나아지지 않고 중(重)하여 지겠다.

뢰화풍→ 이위화 (坎水宮)
財 巳 官 戌 ╳   蛇
父 申 ‖ 世   句
財 午 ㅣ   朱
兄 亥 ㅣ   青
官 丑 ‖ 應   玄
孫 卯 ㅣ   白

사례 3]

■ 寅月, 己亥日, 辰巳 空亡

화산려 → 천산둔 (離火宮)
兄 巳 ㅣ · 　　　　　　 句
財 申 孫 未 ╱╱ 　　　　　朱
財 酉 ㅣ 應 　　　　　　 青
財 申 ㅣ 　　官 亥(伏) 玄
兄 午 ╱╱ 　　　　　　 白
孫 辰 ╱╱ 世 父 卯(伏) 蛇

• 남편의 건강은 어떠한가?

• 남편의 건강점은 관효를 용신으로 한다. 관(亥)이 일(亥)에 생을 받았고 복신으로 무탈해 보인다. 하지만 손(未)이 동하여 재(申)로 변하여 월파(寅)를 당해 출공 하여도 관효(亥)를 생할 수가 없다. 또한 세효 손(辰)과 응효 재(酉)가 원진으로 남편을 이유 없이 원망하거나 미워 할 수 있겠다.

사례 4]

■ 乙丑月, 甲寅日, 子丑 空亡

• 자식의 질병이 나아질수 있을까?

• 손(子)가 복신으로 오래된 질병이 있다. 하지만 재(卯)가 동하여 형(申)을 화출하고 회두극 되었다. 손(子)이 비화되는 자일이 되거나 출공하는 오일날 형(申)이 생하여 나을수 있겠다.

사례 5]

■ 卯月, 庚戌日, 寅卯空亡

뢰천대장→ 뢰풍항 (坤土宮)	
兄 戌 ‖	蛇
孫 申 ‖	句
父 午 ∣ 世	朱
兄 辰 ∣	靑
官 寅 ∣	玄
兄 丑 財 子 ╳ 應	白

- 약이 효과가 있을까?
- 자신에게 먹는 약의 효과를 물을때는 세효가 용신이다. 세효 부(午)가 월(卯)에서 생을 받아 왕상하다. 그러나 재(子)가 동하여 형(丑)과 육합이 되고 관(寅)이 공망이라 병이 오래 갈 수 있어 약효가 빨리 나타나기는 어렵다.

사례 6]

■ 戊辰月, 丙午日, 寅卯空亡

뢰수해→ 뢰지예 (震木宮)	
財 戌 ‖	靑
官 申 ‖ 應	玄
孫 午 ∣	白
孫 午 ‖	蛇
孫 巳 財 辰 ╳ 世	句
兄 寅 ‖ 父 子(伏)	朱

- 몸이 아파 한약을 먹으려고 하는데 효과가 있을까?
- 용신 세효 재(辰)가 동하여 손(巳)으로 회두생이 되고 월(辰)과 일(午)로부터 생을 받아 왕상하므로 약효가 반드시 있을 것이다. 다만 손(午)이 두개이상 공존함으로 두가지 이상의 질병에 약을 같이 먹어야 한다.

7. 구재점(求財占), 재수점(財數占)

- 손효는 재원의 神, 형효는 파재의 神
- 세와 응 또는 재와 용의 왕쇠를 반드시 살펴야 한다.
- 응효가 공망이면 돈을 받거나 빌릴 수 없다.

• 금전의 문제에서 세는 신용이 있어야 한다. 상대는 능력이 있어야 피차에 오고감이 있을 것이고 신용과 능력은 유기유정으로 왕상 해야 한다. 휴수무기 하면 어떤 일도 불가능할 것이다. 따라서 구재점에서는 응효가 왕한 가운데 생세나 합세등으로 세효가 왕상해야 만사형통이다.

• 내점자의 대차, 수금. 투자, 위탁, 합작 등의 목적사에 따라 응효의 육친에 따라 달라지는 것은 반드시 살펴야 한다. 은행, 회사 등 관청은 관효가 상대방이 되기도 하고 그 외의 육친관계는 육친법에 의한다. 따라서 단순한 구재의 경우 재효를 용신으로 하고 상대방의 능력을 같이 살핀다.

• 구재점에서는 재효가 왕하고 손효가 공망 되지 않아야 한다. 형효는 재를 극하는 기신으로 형효가 동하여 왕하거나 지세하거나 교중되면 금전, 재물, 사업점에서는 모두 흉하다.

• 재효가 중첩되고 태과하면 재물운이 나빠지며 재효가 합이 되면 재물이 늦게 들어오고, 재효가 손효와 삼합을 이루면 들어오는 재물이 배가 되어 들어올 수가 있다.

• 재효가 동하여 관귀로 화하면 관재구설수가 있고 재효가 동하여 형효로 화하면 손재수가 있다. 그러나 왕한 재효가 세효를 극하거나 재효에 지세하면 장사꾼에게는 이익이 된다.

• 내괘, 외괘의 세응이 비화되거나 왕상하고 공망이 되지 않으면 재물운이 길하다. 한편 돈을 받는 경우 또는 빌리는 경우는 응효가 공망을 만나면 돈을 받을 수 없다.

• 재효가 유기유정하면 뜻대로 재물이 들어오고 재효가 공망 되면 출공할 때 재물이 들어온다. 하지만 재효가 휴수무기 하고 충극이 되면 신액을 당하고 극처한다.

• 재수점이나 사업점에는 형효를 꺼리지만 타인과의 동업은 형효가 왕해도 무방하고, 재효와 응효가 모두 공망이 되면 금전상 문제가 생긴다.

사례1]

지택림 → 뢰택귀매(坤土宮)

```
孫 酉 ||            白
財 亥 ||  應         蛇
孫 午  兄 丑 ||x     句
       兄 丑 ||      朱
       官 卯 |   世  青
       父 巳 |       玄
```

■ 酉月, 癸亥日, 子丑空亡

• 빌려준 돈을 받을수 있을까.?

• 구재점에서는 세효와 응효가이 왕상함이 제일이다. 세효 관(卯)은 일(亥)에서 응효 재(亥)는 월(酉)과 일(亥)에 생을 받았다. 상대방이 재물을 줄

마음과 능력이 있다.

· 다만 형(丑)이 동하여 손(午)으로 부터 회두생을 받아 세효와 극이 되므로 나에게 줄 것을 방해하고 있다. 형(丑)이 비화되는 다음달 戌월에 받을 수 있을 것이다.

사례2]

택수곤 → 감위수(兌金宮)	
父 未 ‖	白
兄 酉 ∣	蛇
兄 申 孫 亥 ✗ 應	句
官 午 ‖	朱
父 辰 ∣	靑
財 寅 ‖ 世	玄

■ 戌月, 壬午日, 申酉空亡

· 남자친구에게 돈을 빌리고자 한다. 줄까요?

· 세효가 재(寅)에 지세하였지만 월(戌)과 일(午)에 휴수되어 쇠약하고 재물이 필요하다. 다만 응효는 손(亥)에 지세하였고 동하여 형(申)에 회두생을 받아 세효 재(寅)를 생하니 돈을 빌려줄 마음이 있으나 현재는 공망으로 돈이 없다. 부탁을 해놓는다면 형(申)이 출공하는 寅일 빌려 줄 것이다.

사례3]

■ 戌月, 辛卯日, 午未空亡

· 30대 여자의 재물운이다.

· 세효 재(未)에 지세하고 재(戌)가 동하여 손(巳)를 화출하고 회두생 되어 세효 재(未)를 생한다. 또한 육합괘가 되었으니

뢰지예→ 화지진(震木宮)	
孫 巳 財 戌 ∦	蛇
官 申 ‖	句
孫 午 ∣ 應	朱
兄 卯 ‖	靑
孫 巳 ‖	玄
財 未 ‖ 世 父 子 (伏)	白

평생 재물운이 따른다. 다만 현재는 세효와 응효가 공망이라 때가 되지 않았으니 출공할 때에 재복이 응할 것이다.

사례4]

■ 戌月, 甲辰日, 寅卯空亡

• 철학관을 운영하고자 한다. 재물운이 있겠는가?

• 재(卯)가 용신이다. 재(卯)와 월(戌)이 합되어 왕상하다.

또한 손(亥)이 동하여 형(申)을 화출하고 회두생으로 재(卯)를 생하고 있다. 재물운이 따를

태위택→ 수택절(兌金宮)	
父 未 ‖ 世	玄
兄 酉 ∣	白
兄 申 孫 亥 ⚊	蛇
父 丑 ‖ 應	句
財 卯 ∣	朱
官 巳 ‖	靑

것이나 현재는 재(卯) 공망으로 출공 하는 때 재물이 들어올 것이다.

사례5]

■ 寅月, 壬寅日, 辰巳空亡

• 여러번 돈을 준다고 하고 주지 않았다. 이번에는 돈을 줄까?

• 세효가 재(戌)에 지세하였으나 월(寅)과 일(寅)에서 쇠약하여 이번에도 돈은 주지 않을 것이다. 다만 응효가 부(亥)에 지세하고 월(寅)과 일(寅)에서 합이 되어 다른 사람에게 빌려서 주려고 하지만 이 또한 여의치 못하다.

사례6]

■ 戌月, 丁亥日, 午未空亡

```
수천수→ 풍택중부(坤土宮)
官 卯  財 子 ⚋        青
       兄 戌 ⚊        玄
       孫 申 ⚋ 世      白
兄 丑  兄 辰 ⚋        蛇
       官 寅 ⚊   父 巳(伏) 句
       財 子 ⚊ 應      朱
```

• 사업을 준비하는 지인이 투자를 하라고 한다. 재물운이 있겠는가?

• 세효 지인은 손(申)에 지세하고 형(辰)이 동하여 세효 손(申)을 생하니 투자 하려는 사람이 세 사람이다.(申子辰)

• 형(辰)이 동하여 형(丑)을 화출하니 파(破)가 되어 서로 사이가 좋지 못하다. 하지만 응효가 재(子)에 지세하고 일진(亥)에 생을 받아 투자하면 동하지 않은 형(戌)이 세효 손(申)을 생하니 재물은 될 것이다.

사례7]

■ 乙丑月, 戊午日, 子丑空亡

• 사업차 출장을 가려한다. 이번 출장에 재물운이 있을까?

• 세효가 재(戌)에 지세하였고 월(丑)과 일(午)에서 왕상하다. 하지만 육충괘가 되었고 관(申)이 동하였다. 재(戌)로 변하여 회두생 하고있다.

진위뢰→ 수뢰둔(震木宮)				
	財	戌 ‖ 世		朱
財 戌	官	申 ⚊X		青
官 申	孫	午 ⚊X		玄
	財	辰 ‖ 應		白
	兄	寅 ‖		蛇
	父	子 ⚊		句

• 재물운에서 육충괘가 되고 더욱이 관귀가 동하여 회두생을 받았으므로 일은 많아 바쁘지만 문제가 있어 성과를 이루기는 어려울 것이다.

사례8]

뢰화풍→ 진위뢰(坎水宮)				
	官	戌 ‖		蛇
	父	申 ‖ 世		句
	財	午 ⚊		朱
官 辰	兄	亥 ⚊X		青
	官	丑 ‖ 應		玄
	孫	卯 ⚊		白

■ 寅月, 庚寅日, 午未空亡

• 시부모님께서 사업자금을 주실 것인가?

• 형(亥)이 동하여 관(辰)을 화출하고 세효 父(申)를 생하니 재물운이 있어 보인다. 그러나 재(午)가 공망이고 세효 父(申)가 월(寅)과 일(寅)에서 충극이 되어 쇠약하니 형제들이 방해하여 사업 자금을 받기는 어려울 것이다.

8. 수명점(壽命占)

> • 세효가 왕상하면 부귀장수 한다.
> • 세효의 충극이나 공망은 빈천단명 한다.

• 수명이 길고 짧은 것은 세효 용신의 왕쇠에 의하여 판단한다. 세가 왕상하면 부귀장수 하고 세가 휴수하고 공망이 되면 빈천하고 단명한다. 수명은 보통 年으로 판단하지만 화급한 상황이거나 또는 노인은 세효가 휴수하거나 충극을 당하면 월건과 일진을 살펴야 한다.

• 세효를 생하는 효를 살펴 수명을 판단한다. 또한 생, 왕, 묘로 초년, 중년, 말년을 구분한다.

• 세효(용신)가 합으로 태왕해질 때 휴수묘절이 되면 위험하고, 관귀가 지세하여 휴수충극 하거나 세효가 공망이 되고 육충괘가 되면 대흉하다.

• 세효에 백호가 임하면 용맹은 하나 성질이 사납고 급하여 본인의 잘못으로 불의의 액운을 당하는 일이 있다.

• 수명을 논하는데 있어 용신, 원신, 기신 등은 정함이 좋고 동함은 수명의 기한을 말하는 것이므로 흉하다.

• 용신이 휴수하여 원신에 의지하고 있을 때는 원신이 충극되고 입묘될 때 위태롭다.

• 용신이 독발하여 회두극이나 퇴신이 되면 변효가 비화될

때 위태롭다.

• 용신이 쇠한데 기신이 합을 이루면 탐합망극으로 그 합되는 것이 충이 됨으로 흉함이 생기게 된다.

• 손효나 부효가 사, 묘, 절, 공이 되면 처자를 이별하고 극하는 팔자로 스님팔자이다.

• 세효와 신명이 관귀를 수반하고 일묘(日墓)되면 일생에 질병이 그치지 않고 육충, 육합괘가 관귀지세하면 평생 병으로 시달린다.

사례1]

■ 申月, 癸巳日, 午未空亡

천택리(艮土宮)	
兄 戌 ―	白
孫 申 ― 世 財 子(伏)	蛇
父 午 ―	句
兄 丑 ∥	朱
官 卯 ― 應	靑
財 巳 ―	玄

• 암 환자로 병원에서 길어야 6개월을 살수 있다고 한다. 과연 얼마나 살 수 있을까요?

• 점을 친자가 본인일 경우에는 세효 손(申)이 용신이 된다. 세효 손(申)이 월(申)에 비화되고 일진(巳)에 합이 된다. 근구병은 합이 되면 죽게 된다. 세효 가 합이 되고 장생지가 되어 태왕하다. 丑일이 되어 죽었다.

사례2]

■ 辰月, 丙子日, 申酉空亡

뢰산소과→ 지화명이(兌金宮)						
		父	戌 ‖			靑
		兄	申 ‖			玄
父	丑	官	午 ╱ 世	孫	亥 (伏)	白
		兄	申 ∣			蛇
		官	午 ‖	財	卯 (伏)	句
財	卯	父	辰 ╳ 應			朱

• 시어머니가 병상에 있는데 앞으로 어찌 되실까?

• 수명점에서는 쇠약한 것도 좋지 않지만 태왕 해도 吉하지 않다. 세효 관(午)이 지세하여 동했고 부(丑)가 월(辰)과 비화 됨으로 왕하다. 또한 원신인 부(辰)가 동하여 재(卯)를 화출하고 회두극을 당하니 좋지 않다. 세효 관(午)을 충하는 子월이나 원신 부(辰)를 충하는 戌월이 위험하다.

사례3]

뢰지예→ 뢰수해(震木宮)						
		財	戌 ‖			靑
		官	申 ‖			玄
		孫	午 ∣ 應			白
		兄	卯 ‖			蛇
財	辰	孫	巳 ╳			句
		財	未 ‖ 世	父	子 (伏)	朱

■ 丁卯月, 丙子日, 申酉空亡

• 90이 넘으신 어르신의 수명이다?

• 세효가 재(未)에 지세하여 복신인 용신 부(子)를 극하였고 월(卯)과 일(子)에 생을 받지 못해 쇠약하다 하지만 용신 부(子)가 복신이 되어 당분간은 별일이 없을 것이나 辰월 복신이 입묘하는 달을 넘기기 어려울 것이다.

사례4]

▎申月, 丙辰日, 子丑空亡

풍수환→ 풍택중부(離火宮)			
父 卯 ㅣ			靑
兄 巳 ㅣ 世			玄
孫 未 ‖	財 酉 (伏)		白
兄 午 ‖	官 亥 (伏)		蛇
孫 辰 ㅣ 應			句
兄 巳 父 寅 ⚊			朱

• 암 수술을 하신 어머니의 병세가 좋지 않다 얼마나 사실 수 있을 것인가?
• 용신 부(寅)가 동하여 형(巳)를 화출하고 세효 형(巳)을 생하였다. 하지만 부(寅)가 월(申)에 충극을 당하고 세효와 월이 寅巳申 삼형이 되었다. 가을철 부(寅)와 세효 형(巳)이 휴수되어 더욱 위험하니 얼마 사시지 못 할 것이다.

사례5]

▎寅月, 壬寅日, 辰巳空亡

지택림→ 지천태(坤土宮)		
孫 酉 ‖		白
財 亥 ‖ 應		蛇
兄 丑 ‖		句
兄 辰 兄 丑 ⚊		朱
官 卯 ㅣ 世		靑
父 巳 ㅣ		玄

• 췌장암 말기인 친구의 수명점이다. 어떻게 될 것인가?
• 친구의 병점은 형효를 용신으로 한다. 병점에는 관효가 지세하고 중중하면 흉하다.
• 이 괘는 세효가 관(卯)에 지세하고 월(寅)과 일(寅)로부터 생을 받아 병이 매우 위중해

보인다. 또한 부(巳)가 공망이라 더욱 흉하다. 친구의 병점이니 용신 형(丑)이 충하는 未월 수명을 다 할 것이라 하였으나 부(巳)를 충하는 亥월 申일 寅巳申삼형이 되어 사망하였다.

9. 부부점(夫婦占)

• 부부점에서 재효는 처첩으로 남편의 여자가 되고, 관효는 남편 또는 부인의 남자가 된다.

• 부부점에서 재효가 중첩되면 남자에게 여자가 많은 상이고 관효가 많으면 여자에게 남자가 많은 것이다. 만약 재효가 중첩된 경우에는 응효의 재효를 정부인으로 본다.

• 부부의 화목과 해로를 점할 때는 용신이 유기유정함을 원칙으로 하고 휴수공망됨을 흉으로 본다. 또한 용신효가 정함을 기뻐하고 동함을 꺼리게 된다. 동한다는 것은 언젠가 그 끝이 있기에 혹여 진신되어 길하게 변하여도 충극되거나 극세 될 수 있고 아니면 퇴신이나 충극되어 흉하게 변할 수 있다.

• 용신이 동하는 경우

① 동한 용신이 세효를 극한 때는 배우자가 난폭하다
② 동한 용신이 회출한 변효나 세효를 극한 때는 부부간 오행의 음양이 서로를 극하면 배우자의 이성문제가 발생한다. 용신이 극세할 때는 세효가 왕상하면 이혼을 하지만 용신이 왕상한데 세효가 휴수되면 재앙이 따른다.

• 처재가 점을 친 경우에는 재효가 남편의 정부가 되고 남편이 점을 친 경우에는 관효가 부인의 정부가 된다. 따라서 처재점에는 관효가 화출한 변효가 재(財)효일 경우는 남편한테 여자가 생긴 것이다. 이때 화출한 재효가 세효를 극하면 정부가

나를 상해하는 것이다. 반대로 남편이 친 점에서 재효가 화출한 변효가 관효일 경우에는 처재에게 남자가 생긴 것으로 이때 화출한 관효가 세효를 극한다면 남편을 상해하는 것이 된다.

• 배우자의 이성 문제로 점을 친 경우에는 동성효를 용신으로 한다. 예를 들어 남편 측에서 점을 친 경우에는 관효를 용신으로 보고 처재 측에서 점을 친 경우에는 재효를 용신으로 본다. 이때 관효든 재효든 중첩되어 있으면 부부 서로에게 이성이 많은 것으로 판단한다.

• 부부점에서 용신효가 유기유정하면 화합이 상이고 동성의 효가 휴수충극되면 정부가 떨어져 나가는 상으로 남자가 점을 친 경우는 재효가 용신이 되고, 여자가 점을 친 경우는 관효가 용신이 된다.

• 용신효가 퇴신이 되면 생사이별의 경우가 되고, 용신효가 반음이 되면 이합(離合)의 반복이 있겠고, 복음괘가 되면 변동이 없지만 우울증으로 시달리게 된다.

사례1]

■ 申月, 丁亥日, 午未空亡
• 남편이 부인과의 해로점을 보았다.
• 세효가 형(申)에 지세하여 월(申)에 생을 받았다. 하지만 3효 형(申)이 동하여 용신 재(卯)를 화출하고 회두극 하므로 해로 하기는 어려울 것이다. 형(申)이 동한 처재(卯)가 세효 형

```
수산건→ 수지비(兌金宮)
         孫 子 ||        靑
         父 戌 |         玄
         兄 申 || 世      白
    財 卯 兄 申 X         蛇
         官 午 ||  財 卯(伏) 句
         父 辰 || 應      朱
```

(申)을 극하므로 형제가 나의 결혼 생활을 방해하는 방해꾼이 된다. 이후 형제로 인하여 이혼을 하고 친구처럼 지내게 되었다.

사례2]

■辰月, 乙未日, 辰巳空亡

```
천뢰무망→ 화수미제(巽木宮)
         財 戌 |         玄
    財 未 官 申 X         白
         孫 午 | 世       蛇
         財 辰 ||        句
    財 辰 兄 寅 ||        朱
    兄 寅 父 子 X 應       靑
```

• 부인이 남편과 앞으로 잘 살것인가를 물었다.

• 육충괘가 되었으나 괘가 동하여 충중봉합 괘가 되었다. 현재는 무탈하게 생활 하고 있으나 상담자 세효 손(午)이 일(未)과 합하여 나밖에 모르고 응효 父(子)가 동하여 형(寅)으로 변하여 관(申)을 충하므로 관심이 없고 세효 손(午)은 외괘에 있고 응효는 내괘에 있어 같이 살기 어렵다. 이후 불화하여 이혼을 준비중이라 한다.

10. 출산점(出産占), 임신점(妊娠占)

> • 임신점에는 손효를 용신으로 하고 그 왕쇠에 따라 자녀의 많고 적음과 길흉을 판단한다.

• 손효가 왕상하고 진신 또는 회두생되면 다(多)자의 상이고 퇴신이나 회두극이 되면 생산의 능력이 적은 경우이다. 임신점에 태효(12운성의 胎를 말한다)를 살피고 태효가 일월에 충극되었거나 공망을 만나면 잉태하지 않은 것이다. 단, 잉태된 뒤에는 손효를 용신으로 한다.

• 태효나 손효가 팔괘중에 양괘(건궁, 진궁, 감궁, 간궁)이면 아들이고, 음괘(곤궁, 태궁, 이궁, 손궁)이면 딸을 출산한다고 판단한다.

• 손효가 동하면 일정대로 순산하게 되고 동하지 않고 암동도 없으면 일정에 어긋나서 출산이 지연된다.

• 태효와 손효가 모두 공망이면 임신되지 않고, 태효가 월건과 일진에 생부를 받으면서 관효 또는 부효에 임하지 않고 공망도 아니되면 임신이 된다. 이때 태효가 양효이면 아들이고 음효이면 딸을 낳게 된다.

• 손효가 동하여 재효를 충극하고 관귀로 화하면 산모의 건강이 위험하고 산액을 당할 수 있다.

• 태효가 중첩되거나 태효가 동하여 태효로 변하면 쌍둥이를

임신할 가능성이 있다. 손효나 태효가 2효에 있으면서 청룡이 임하고 동하면 쌍둥이의 가능성이 있다.

• 유혼괘에 관귀가 공망이면 남편이 없을 때 출산하다. 관귀가 복신인 경우 공망을 만나서 묘절에 임하게 되면 남편이 사망한 것으로 유복자를 낳겠으나 복신된 관귀가 타효의 생부를 받아 왕상하면 남편이 타향에 있는 것이지 죽은 것은 아니다.

• 부효에 백호 또는 등사가 임하고 동하면 난산이 되고 관효가 태에 임하면 임산부가 질병으로 고생한다.

• 출산의 시기는 손효와 세효를 함께 살펴야 한다. 모효(본인점에는 세효, 대점에는 재효)가 왕상하고 손효가 유기하면 순산하나 손효가 유기하더라도 모효가 공상되었으면 산모가 산고로 고생한다. 그리고 공망이 물러가는 일시에 출산하게 된다.

• 손효 또는 모효가 동해야 속히 출산하고 일진에 비화되면 당일에 출산한다. 하지만 공, 파, 묘가 없어야 한다.

• 손효나 모효가 휴수무기한 경우 충극을 받으면 태아는 사산의 위험이 있고 산모는 산액을 당할 수 있다.

• 손효가 공, 파, 묘에 해당하면 흉하게 되는데 특히 손효가 관귀로 화하거나 관귀가 손효로 화하면 유산의 위험이 있다. 태효나 손효에 백호가 임히여 동해도 태아가 사망의 위험이 있다. 백호가 재효에 임해도 마찬가지의 경우이다.

사례1]

■ 丙申月, 己巳日, 戌亥空亡

지뢰복 → 산뢰이 (坤土宮)			
官 寅	孫 酉 ‖·		句
	財 亥 ‖		朱
	兄 丑 ‖	應	靑
	兄 辰 ‖		玄
	官 寅 ‖	父 巳(伏)	白
	財 子 ㅣ	世	蛇

• 부인이 결혼후 아이의 임신 여부를 물었다.

• 세효 재(子)가 월(申)에 생을 받았고 육합괘가 되어 잉태할 준비는 다 되어 있어 보인다 그러나 손(酉)이 동하여 관(寅)을 화출하여 회두극이 되었고 태효(午)가 보이지 않는다. 잉태는 되지 않았을 것이라 하였다. 점을 친후 임신 테스트기로 체크하니 과연 임신이 아니라고 한다. 이후 손효가 왕해지는 유월 또는 복신 부(巳)가 충개하는 亥월에 임신 가능성이 있어 보인다.

사례2]

천지비 → 천뢰무망 (乾金宮)			
	父 戌 ㅣ·	應	白
	兄 申 ㅣ		蛇
	官 午 ㅣ		句
	財 卯 ‖	世	朱
	官 巳 ‖		靑
孫 子	父 未 ‖·	孫 子(伏)	玄

■ 未月, 壬申日, 戌亥空亡

• 직장동료 와이프가 임신을 하였는데 태아의 성별이 뭘까 물었다?

• 태아의 성별은 음이 변해 양이 되면 아들이고 양이 변해

음이 되면 여아이다. 부(未)가 동하여 손(子)을 화출하고 세효 재(卯)를 생하고 음효가 변하여 양효가 되니 아들일 것이라 했는데 이후 아들을 낳았다.

사례3]

■ 未月, 癸酉日, 戌亥空亡

산천대축 → 풍천소축(艮土宮)			
	官 寅 ⎯		白
父 巳	財 子 ⎯⎯ 應		蛇
	兄 ·戌 ⎯⎯		句
	兄 辰 ⎯	孫 申(伏)	朱
	官 寅 ⎯ 世	父 午(伏)	靑
	財 子 ⎯		玄

• 친구 아내가 아이를 언제나 낳을까? 물어 아이 아빠가 점을 보았다?

• 손(申)이 용신인데 복신이 되었고 세효가 관(寅)에 지세하여 월(未)과 일(酉)에 쇠약하다. 또한 재(子)가 동하여 부(巳)를 화출여고 회두극이 되니 처가 산액이 있을 것이다. 복신 부(午)가 출공하는 巳월에 출산 할 것이라 하였는데 복신 손(申)이 화출하는 子월 庚寅일에 출산하였다.

11. 실물점(實物占)

1) 용신의 구분

용신	구분
재효	돈, 상품, 금은 보석, 곡물
부효	증권, 문서, 인장, 의복, 자동차, 배, 장신구
손효	동물, 식물
관효	도적, 사기꾼, 공무원, 시체

2) 소재지와 방향

• 본궁(건태 금궁, 진손 목궁, 간곤 토궁, 이화궁, 감수궁)으로 地, 水, 火, 風의 처소를 알고 용신의 오행으로 방향을 판단하며 효위에 동효에 의한 육친의 상의를 기초로 판단한다. 단 용신이 합충될 경우에는 그 육친의 상의에 의한다.

• 도적을 찾는 경우에는 관귀가 건, 태, 이, 진, 손, 감, 간, 곤괘에 있을 때 괘의 방위에 있는 사람을 범인으로 판단한다.

3) 찾을 수 있는 경우와 없는 경우

• 용신이 동하면 찾을 수 없고 용신이 동하여 용신을 화출하면 스스로 돌아오며 휴수무기한 용신이 왕한 세효에 극을 당하거나 복신이면 용신이 비신으로부터 극을 당할 때 찾을 수 있다.

• 육합괘가 되면 숨어 있는 것으로 찾기 어렵고 육충괘가 되면 나돌아 다니는 것으로 찾을 수가 있다.

4) 용신의 효위에 의한 소재지

• 용신효가 내괘에 있으면 집안이고 용신효가 외괘에 있으면 집밖에 있다.

초효	2효	3효	4효	5효	상효
우물, 수돗가	부엌	방	거실, 현관	도로, 진입로	선반, 담장밖

• 본궁이 본궁으로 변하면 인근이고 본궁이 타궁으로 변하면 타지나 외국이다. 예를들어 외괘의 형효가 동하여 관귀를 화출하고 타궁으로 변했다면 친구가 도적으로 변하여 멀리 타지 또는 외국에 있다고 판단한다.

• 원근은 효위를 중시하고 방위는 용신의 오행을 중히 하며 인물은 육친을 중시하여 판단한다.

5) 용신의 상의

• 용신효가 복신되거나 화출하거나 충합되었을 때 육친효에 의한 소재의 파악은 다음과 같이 한다.

용신	관효	관효	부효	손효	재효
복신	부엌	방	거실, 현관	도로, 진입로	선반, 담장밖
내괘와동한 손효에 은복	남자, 도적, 사기꾼, 관인	형제, 친구, 동료	사장, 스승, 문인	자식, 스님, 의사, 동물	처, 첩, 여자, 상인, 기술자
손효가 용신효를 충합	사당, 불상, 묘지, 정자	화장실, 벽장	책장, 옷장, 문서함	방안, 절, 병원, 가축우리	부엌, 창고

• 오행과 소재

木(동)	火(남)	金(서)	水(북)
숲, 목공소	공장, 보일러실	사원, 철물점	호수, 연못가, 물탱크

• 오행이 진술축미의 경우에는 묘고가 되는데 예들들어 진토는 水庫(호수, 물탱크), 미토는 木庫로 숲속이나 목재소등으로 보는 것이다.

• 도적을 찾는 경우는 기신이 지세함을 기뻐한다. 구재나 대인점에서는 기신은 방해꾼으로 원하는 일을 어렵게 만들지만 도적을 잡는 일에는 기신이 지세하면 도적이 멀리 갈수가 없어 잡을 수가 있게된다. 만약 도적을 찾을 때 용신이 왕하여 동하면 잡기가 어렵고, 이럴때는 왕한 기가 묘고될 때 잡을 수 있는 것으로 판단한다.

예를 들어 도망자를 잡는 경우에 용신이 쇠약하거나 충극됨을 기뻐하고 용신이 극함을 당하면 도망자가 돌아와서 나를 극하는 것이니 그냥 놓아 주는 것이 좋다.

• 실물점이나 가출점의 경우에는 용신이 휴수하여 충극되는 것은 좋지 않다. 휴수충극되면 잃어버린 물건은 변조되고 가출인은 재액을 당한 연고이다.

• 도적을 잡는 일에 재효가 휴수충극 되면 도적을 잡더라도 재물은 이미 없어져 찾을 수 없다.

• 용신이 지세하면 스스로 돌아오는 것이고 복신이 되면 신변에 있는 것이니 실물점에는 길하지만 도적을 잡는 경우에는 신변에 재앙이 따르므로 흉하다, 만약 관귀가 지세하였어도 동한 손효가 일진에 있다면 도적이 체포되니 무해하다.

• 일진은 육효의 주재 신으로 월파된 효를 합, 충할 수 있고 쇠약하면 생부 할 수도 있으며 강왕한 것은 억제하고 동한 것은 제어하고 복장된 것은 발탁하여 등용 할수 있다.

• 관귀가 왕상하여 동하면 도적을 맞은 것이고 쇠약하여 정하면 잃어버린 것이다. 복신이거나 공파되어도 마찬가지로 판단한다.

• 도망자의 입장에서 점하는 경우에는 세효가 묘에 들면 구금될것이고 월건과 일진이 동하여 세효를 형, 충, 극, 해하면 재앙이 닥친다.

사례1]

■ 酉月, 甲子日, 戌亥空亡

• 핸드폰을 분실하였다. 오늘 찾을 수 있겠는가?

• 부효를 용신으로 하여 점을 친 결과이다. 부(辰)가 동하여 관(巳)을 화출하였고 세효 형(申)이 동하여 부(丑)를

택산함 → 태위택(兌金宮)

父 未 ‖ 應			玄
兄 酉 ┃			白
孫 亥 ┃			蛇
父 丑 兄 申 ✕ 世			句
財 卯 官 午 ‖		財 卯(伏)	朱
官 巳 父 辰 ‖			靑

일진에서 합을 하니 찾을 수 있을 것이다. 또한 내괘가 모두 동하여 집안에 있을 것이고 부(辰)를 충하는 戌시에 찾을거라 하였는데 당일 찾지 못하고 戌일에 찾았다.

사례2]

■ 辰月, 己卯日, 申酉空亡

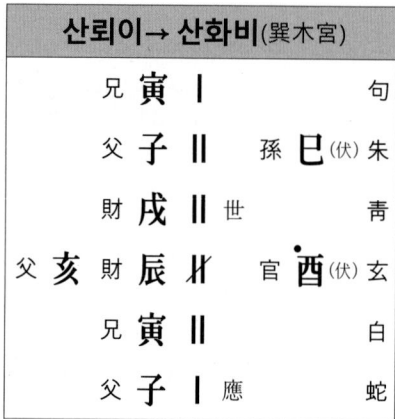

• 내가 아끼는 옷이 없어졌다 어디에 있을까?

• 세효가 재(戌)에 지세하였고 월파가 당하여 옷을 분실하였다. 다만 용신 재(辰)가 동하였으나 관(酉)이 복신으로 재(辰)의 생을 받지 못하였다. 따라서 당장은 찾지 못하나 용신 재(辰)가 내괘에서 동하여 방안에 있을 것이고 원신인 손(巳)을 충하는 亥시에 찾을 것이라고 하였다.

사례3]

■ 卯月, 庚辰日, 申酉空亡

• 해외 직구로 상품을 구매하였는데 분실하였다고 한다. 찾을 수 있을까?

• 용신이 되는 부(亥)가 응효에 있고 세효 재(戌)가 일파를 맞고 암동하여 부(子)를 극한다.

수풍정→ 택수곤(震木宮)	
父 子 ‖	蛇
財 戌 ∣ 世	句
父 亥 官 申 ⚊ 孫 午(伏)	朱
孫 午 官 酉 ⚊	青
父 亥 ∣ 應 兄 寅(伏)	玄
財 丑 ‖	白

• 문서 처리상의 오류로 출고가 지연되어 배송이 늦어지고 있다. 세효 재(戌)가 왕상해지는 戌일 찾을 것이다.

12. 관재점(官災占), 소송점(訴訟占)

- 형사사건, 행정소송 등의 송사일 경우에는 관효가 관청이 되고, 민사소송 등 일반인과의 소송일 때는 응효가 상대가 된다.

- 소송, 송사에 부효는 소장, 증빙서류, 진정서 등이다. 손효는 변호사가 되며 간효는 증인으로 본다. 관귀가 공망으로 신효(身爻)가 왕상하면 관재의 근심이 사라지고 신효에 육해가 임하면 관재를 면하기 어렵다. 관귀에 백호가 임하면 형을 받고 구진이 임하면 옥에 갇히게 되지만 태세가 관귀를 충하면 죄를 사면 받는다. 그러나 일진과 관귀가 상극되면 처벌을 면하기 어렵다.

- 왕한 관귀가 身을 극하면 형을 면하지 못하고, 관귀가 세효나 신에 복신되면 죄를 면하기 어렵다. 육수 청룡이 동하면 화해하게 되고 주작, 관귀가 동하면, 구속되며 구진이 동하면, 법원의 소환장을 받고, 백호가 동하면 실형을 받고, 등사가 동하면 구속되고, 현무가 동하면 매우 불리하다.

- 세와 응이 합이 되거나 모두 공망이 되면 쌍방에 서로 합의한다.

- 민사사건의 경우에는 세효가 왕상하고 응효가 쇠약함이 길하고, 관사일 경우에는 세효가 유정하고 관효가 유기하여야 뜻을 이룰 수 있다.

• 형사사건에서는 관귀가 지세하고 수귀입묘가 되면 감옥에 가고 월건과 일진 그리고 동효에 관귀가 세효를 극하게 되면 본인이 중한 형액을 당한다. 만일 상대가 있는 경우에는 관귀가 응효를 극하면 상대가 형액을 당하게 된다.

• 관재에 손효가 동하여 지세나 극세를 하여도 모든 근심걱정이 사라지지만 선거와 명리(名利)의 일에는 손효가 관효를 극하므로 관효가 빛을 잃으니 중단하는 것이 좋다.

• 소송점에서 부효가 지세하면 내가 고소를 하려는 것이고 응효가 부효에 임하여 동하면 상대가 이미 고소한 상태이다.

• 소송점에서는 형효가 지세하였거나 동하면 손재가 많은 것으로 판단한다. 이때에 관효가 동하여 억제하면 손재가 없게 된다.

• 간효가 세효 옆에 있으면 나의 증인이고, 응효 옆에 있으면 상대의 증인이며, 간효가 세효를 충극하면 나를 해하려 하는 것이고, 간효가 응효를 충극하면 상대를 해하려 하는 것이다.

• 관귀가 간효에 임하여 응효를 극하면 잘못이 상대에 있는 것이고 세효를 극하면 나에게 잘못이 있는 것으로 판단한다.

• 관귀가 巳午 火이면서 왕상하면 중형이 예상되고 형효에 지세하여 백호가 임하면 소송이 장기적으로 끌게 되어 재산상의 피해만 입게 된다.

• 부효와 관효가 합이 되어 세효를 생부하여 주면 관의 소환을 받고 부효가 동하여 관효를 통관 시키면 진정서 또는 증빙서류 등으로 유리하게 갈 수 있다. 하지만 반드시 부효가 유기하여야 하고 공상됨이 없어야 한다.

• 부효와 관효가 중첩되면 증빙서류 등이 불분명하여 관의 의견이 분분한 상황으로 일처리가 지연된다.

• 감옥에 있는 사람이 세효와 태세가 생합되거나 세효와 월건이 생합되면 풀려나고, 세효가 일진과 생합을 하거나 부효와 생합이 되면 시간은 걸리지만 사면 될 수 있다.

• 고소 또는 항소등의 길흉에는 세효와 응효의 왕쇠와 부효를 같이 살펴 보아야 한다. 부효가 유기하고 세효가 유정하면 길한 것이고 세효가 휴수하거나 공상이 되면 헛수고가 된다. 부효가 왕상하고 동하여 극세하면 오히려 재앙이 있으니 중지하여야 한다.

• 일반인이 형효가 지세하고 재효와 부효가 휴수무기 하면 재물의 손해가 있고, 공직자가 손효에 지세하여 동하면 파직의 우려가 있다. 공직자의 경우 손효가 지세하고 동한다는 것은 근심 걱정거리가 없어지는 상으로 상황을 잘 판단하여야 한다.

사례1]

▮申月, 庚寅日, 午未空亡

뢰화풍→ 이위화(坎水宮)		
財 巳	官 戌 ⚊⚊ ╱	蛇
	父 申 ⚋ 世	句
	財 午 ⚊	朱
	兄 亥 ⚊	靑
	官 丑 ⚋ 應	玄
	孫 卯 ⚊	白

• 형제들간에 분쟁이 있어 소송점을 보았다. 형이 이길 수 있을까?

• 세효 부(申)가 월(申)에 생을 받았고 관(戌)이 동하여 회두생 되어 세효 부(申)를 생하므로 형이 이길 것이다. 일(寅)에서 문서효 부(申)가 충을 받아 문제가 생겼으나 동효가 세효 부(申)를 생하기 때문이다. 관이 두 곳이라 재판을 하는 곳도 두 곳이 되고 재판도 두번은 더 해야 할 것이다. 동하여 관(戌)과 합이 되는 卯월에 해결 될 것이다.

사례2]

지풍승→ 지수사(震木宮)		
	官 酉 ⚋	朱
	父 亥 ⚋	靑
	財 丑 ⚋ 世 孫 午(伏)	玄
孫 午	官 酉 ⚊ ╱	白
	父 亥 ⚊ 兄 寅(伏)	蛇
	財 丑 ⚋ 應	句

▮丑月, 戊申日, 寅卯空亡

• 친한 친구와 관재송사를 하게 되었다.

• 세효 재(丑)와 응효 재(丑) 둘 다 월(丑)에 생을 받아 왕상하여 서로 다투고 있다. 관(酉)이 동하여 손(午)효를 화출하

육효(六爻)의 통변(通變) 277

여 회두극 되어 관(酉)을 극하고 있으니 관재가 소멸될 수 있을 것이다. 관재는 소멸되나 관(酉)이 중중하여 건강이 염려되니 유념해야 할 것이다.

사례3]

▎酉月, 乙酉日, 午未空亡

곤위지 → 산지박(坤土宮)	
官 寅 孫 酉 ∥ 世	玄
財 亥 ∥	白
兄 丑 ∥	蛇
官 卯 ∥ 應	句
父 巳 ∥	朱
兄 未 ∥	靑

• 기일이 잡혔습니다. 재판이 어찌 될까요?

• 세효 손(酉)이 월(酉)과 일(酉)에 생을 받아 왕상하다. 손(酉)이 동해 관(寅)을 화출하여 부(巳)를 생하니 증거 등의 문서도 세효 손(酉)에게 유리하다. 또한 응효 관(卯)은 월(酉)과 일(酉)에 쇠약하여 세응의 관계에서 불리하니 반드시 이기게 된다.

13. 가택점(家宅占)

> • 가택점에서 내, 외괘를 판단함에 있어 2爻가 택효(宅爻)이고, 5爻가 인구효(人口爻)가 된다.

• 5효가 2효를 극하면 가장이 평안하고 2효가 동하여 5효를 극하면 집안 식구가 우환이나 재액을 겪게 된다.

• 택효(2효)에 손효나 재효가 임하면 가내 평안하고, 관귀가 임하면 관재나 질병 등의 액운이 있다. 또한 형효가 임하면 손재수요, 부효가 임하면 자손에게 액운이 있다.

• 택효에 응효가 임하면 다른 성(姓)이 집안에 같이 있음이고 택효가 동하여 세효를 생하면 1-2년이내 이사를 하게 된다.

• 가택을 양택(陽宅)으로 보며 분묘는 음택(陰宅)으로 본다.

• 세효는 만사 만물의 주인이다. 초효는 主山의 토대가 되고 2효는 가택이 되며, 2효의 대효인 5효는 인구효(도로)가 된다. 그러므로 주택과 인사의 길흉을 논할 때에는 세효와 부효의 왕쇠를 살피고 초효와 2효를 참고하여 판단한다.

• 택지의 길흉은 세효가 내괘에 임하고 유기하여 왕상하고 정하는 것이 길하다. 특히 양택의 근원이 되는 초효와 2효는 왕상하여 세효와 유정함이 길하고, 휴수충극되면 빈약하여 凶하다. 따라서 초효와 2효가 세효를 충극하는 경우에는 주산

또는 용맥이 택지를 억압하여 누르고 찌르는 것이 되므로 가내에 재앙이 많은 상이된다.

• 세효는 택지가 되고 부효는 건물이 되어 세효와 부효가 동하여 극세하면 건물과 택지가 화합이 안되어 흉한데 이럴 때는 대문 또는 건물의 방위에 문제가 있는 것으로 판단한다. 응효가 세효를 극할 때도 이와 같이 판단한다.

• 세효가 휴수무기 할 때 관귀가 지세하거나 세효가 화출된 변효로 인해 관귀로 회두극이 되면 흉하며, 가택효가 공망이면 이사를 하지 않는 것이 길하고, 부효나 5효, 인구효가 역마라면 이사를 해도 무해하다.

• 세효가 왕상하여 내괘에 임하면 길하고, 세효가 휴수무기하여 외괘에 있으면 흉하고, 부효가 세효까지 극하면 가내에 흉사가 빈번하다.

사례1]

풍천소축→ 수천수(巽木宮)		
父 子 兄 卯 ╱		靑
孫 巳 ㅣ		玄
財 未 ‖ 應		白
財 辰 ㅣ	官 酉(伏)	蛇
兄 寅 ㅣ		句
父 子 ㅣ 世		朱

■酉月, 丙寅日, 戌亥空亡

• 집을 사려고 하는데 가정이 평안하게 잘 될까요?

• 가택점에 용신은 손효와 재효이다. 세효 부(子)가 월(酉)과 일(寅)에서 휴수되어 쇠약하고 형(卯)이 동해 부(子)를

화출하여 용신 손(巳)을 극한다. 나에게 평안함을 주기는 어려울 것이다.

사례2]

곤위지→ 수지비(坤土宮)	
孫 酉 ‖ 世	白
兄 戌 財 亥 ⚋	蛇
兄 丑 ‖	句
官 卯 ‖ 應	朱
父 巳 ‖	青
兄 未 ‖	玄

■ 癸丑月, 癸丑日, 寅卯空亡

• 모처로 이사하고자 한다. 이사하는게 괜찮을까?

• 세효 손(酉)에 지세하여 월(丑)과 일(丑)에 왕상하다. 집안이 화평할 것이다. 하지만 재(亥)가 동하여 형(戌)을 화출하고 회두극이 되니 재물운은 약할 것이다.

사례3]

수산건→ 수풍정(兌金宮)	
孫 子 ‖	玄
父 戌 丨	白
兄 申 ‖ 世	蛇
兄 申 丨	句
孫 亥 官 午 ⚋ 財 卯 (伏)	朱
父 辰 ‖ 應	青

■ 戌月, 甲申日, 午未空亡

• 이사를 어느 쪽으로 가면 좋을까?

• 이사하는 방위는 세효를 생하여는 방향이 길하다. 응효 부(辰)가 임한 방향이 좋지만 월파(戌)를 당하여 이동하지 않는 것이 좋겠다. 또한 관(午)이

동해 손(亥)를 화출하여 회두극이 되니 근심 걱정은 해결 될 것이다.

사례4]

■ 酉月, 庚辰日, 申酉空亡

풍택중부 → 천택리(艮土宮)	
官 卯 ㅣ	蛇
父 巳 ㅣ 財 子(伏)	句
父 午 兄 未 ㅼ 世	朱
兄 丑 ㅣㅣ 孫 申(伏)	靑
官 卯 ㅣ	玄
父 巳 ㅣ 應	白

• 강원도에 땅을 사두면 어떠 하겠는가?

• 세효 형(未)이 동해 부(午)를 화출하여 용신 손(申)을 극한다. 다행이 현재는 손(申)이 복신으로 보호 되지만 손(申)이 출공하면 사둔 땅의 활용이 어려워지고 재(子)가 복신이라 땅을 사는데 재물의 어려움이 따르겠다.

14. 출행점(出行占)

- 출행점에서 자기 자신의 안녕은 세효를 위주로 판단한다.

• 만나는 상대는 응효를 보지만 출행의 목적에 따라 재효, 관효등을 용신으로 정하여 세효와 같이 살펴 판단 하기도 한다. 이럴때는 간효가 동행자가 되고 경비는 재효를 살펴 판단한다. 하지만 사안의 경중에 따라서 세효와 용신의 경중을 따져야 한다.

• 출행점에 세효가 유기하고 공상되지 않음이 우선이고 손효가 지세하고 동하는 것이 길하다. 손효가 동하면 지세 극세를 보지 않고 모든 근심걱정이 없는 것으로 판단한다. 하지만 관효를 용신으로 하였을 때 손효가 지세하거나 동하는 것은 흉하다.

• 세효가 진신이 되면 출행함이 길하고 세효가 퇴신이 되면 출행치 아니함만 못하며 세효가 복음이 되면 부동하여 출행하지 못한다.

• 출행점에서 세효가 동하여 출행을 결심하여도 세효가 충파합이 되거나 공상이 되면 피치 못할 사정으로 출행치 못하고 있는 것이다.

• 세효가 휴수하고 월건과 일진 그리고 동효에 충극되고 청룡이나 현무가 임하면 주색으로 인하여 망신살이 뻗친다.

• 세효가 왕상하여도 동한 손효가 세효를 충극하면 주색으로 인하여 병을 얻게 되고, 이럴 때 동한 손효가 관귀로 변하여 세

를 극상하게 되면 주색의 결과로 관재구설이나 소송등에 시달리게 된다.

• 관귀가 내괘에 있거나 외괘가 월건과 일진, 동효에 극을 받으면 집을 떠나고 외괘에 관귀가 있거나 외괘가 극을 받으면 집을 나서는 것이 좋지 않다. 출행점에서 세효가 응효를 극하거나 세효와 응효가 비화되면 출행에 이로운 일이 생긴다.

• 육충괘가 육합괘로 변하면 출행에 길하나 관귀가 중첩되고 동하고 현무가 되면 도적을 근심해야 한다.

• 괘의 상의로 보면 건궁, 진궁에 관귀가 동하면 교통사고를 조심하고 태궁, 감궁에 관귀가 동하면 풍파를 조심하고, 이궁, 손궁에 관귀가 동하면 화액과 산림에서의 재앙을 조심하고, 곤궁과 간궁에 관귀가 동하면 토석, 평야, 산간에서 흉함이 생길 수 있다.

• 용신이 유기한데 공상이 될 경우에는 공상을 벗어날 때 일의 성취가 되는 것처럼 출행에서도 세효가 유기한 경우에 공상이 되면 공상에서 벗어날 때 출행하게 되고, 세효가 동하여 충파된 것은 합되는 때에, 동하여 합된 것은 충개 될 때에 출행하게 된다.

• 출행점에서의 육수의 상해에 대한 상의

청룡(靑)	주작(朱)	구진(句)	등사(蛇)	백호(白)	현무(玄)
주색(酒色)	재앙, 구설	감금, 묶임	풍사	횡액, 질병, 관액	도적

사례1]

▪ 申月, 辛巳日, 申酉空亡

곤위지 → 산지박 (坤土宮)
官 寅 孫 酉 ‖ 世   蛇
財 亥 ‖   句
兄 丑 ‖   朱
官 卯 ‖ 應   靑
父 巳 ‖   玄
兄 未 ‖   白

• 친구가 모친상을 당하였다. 다녀와도 괜찮을까?

• 세효 손(酉)이 동하여 관(寅)을 화출하였고 육충괘가 되니 상가 집에 가는 것이 좋지 않다. 세효 손(酉)이 동하여 재(亥)를 생하니 부조금만 보낼 것이다.

사례2]

▪ 戌月, 戊寅日, 申酉空亡

• 내일 출장이 편안할까?

• 세효가 형(巳)에 지세하고 일(寅)에 생을 받았으나 월(戌)에는 입묘가 된다. 형(午)이 동해 재(酉)를 화출하여 손(未)를 생하니 출장길에 먹을 복이 있게 되고 복신 재(酉)가 출공하면 재물복도 있으리라

다만 관(亥)이 복신이 되고 응효 손(辰)이 월파(戌)를 당하였으므로 출장의 결과는 좋지 못할 것이다.

사례3]

▌卯月, 癸亥日, 子丑空亡

뢰택귀매→ 지택림(兌金宮)
父 戌 ‖ 應　　　　白
兄 申 ‖　　　　　　蛇
父丑 官 午 ✕　孫亥(伏) 句
父 丑 ‖ 世　　　　朱
財 卯 ∣　　　　　　靑
官 巳 ∣　　　　　　玄

• 자식이 가출을 하였는데 언제 돌아올까?

• 세효가 부(丑)에 지세하여 손(亥)을 극한다. 또한 손(亥)이 복신이 관(午)이 동하여 부(丑)로 변하여 墓지가 되니 부친에게 야단을 맞아 가출을 한 것으로 부(丑)가 墓지가 되어 근심거리가 되었다. 손(亥)이 왕상한 서북방으로 가면 찾을수 있을거라 하였더니 손(亥)이 출공하는 子일 자식이 집으로 돌아왔다.

사례4]

화산려→ 뢰산소과(離火宮)
孫 戌 兄 巳 ✕　　　　玄
孫 未 ‖　　　　　　白
財 酉 ∣ 應　　　　　蛇
財 申 ∣　　官 亥(伏) 句
兄 午 ‖　　　　　　朱
孫 辰 ‖ 世 父 卯(伏) 靑

▌子月, 乙酉日, 午未空亡

• 남자가 애인과 해외여행을 잘 다녀올 수 있을까?

• 세효가 손(辰)에 지세하였고 형(巳)이 동하여 손(戌)으로 변하여 관(亥)을 극하지만 복신이 되었다. 따라서 여행은 평안히 출발하겠으나 여행을 다녀와 관(亥)이 출공하면 헤어져 다른 남자에게 갈 것이다.

15. 매매점(賣買占)

> • 부동산 등의 매입 등에 관한 점은 부효가 용신이다. 생세하거나 합세하여 유기하여야 하며, 매도할 때는 응효를 생하거나 합하는 것도 吉하다.

• 부효가 정하면 충할 때에 성취되고, 부효가 동하여 공망이 되면 출공할 때 이루어지며, 부효가 합이 될 때는 충개될 때 이루어 진다.

• 매매점에 육충괘는 흉하고 육합괘는 길하다 또한 용신이 많으면 경쟁자가 있다는 것으로 이럴 때는 공상함이 되었는지 동정을 잘 살펴야 한다.

• 매매점에서 간효는 중개인이다. 간효가 동하여 세효나 응효를 극하면 중개인의 방해로 성사가 어렵고, 간효가 부효를 충합하면 타인이 중간에서 가로채는 것이다.

• 매매나 임대차의 경우는 부효의 왕쇠로 성사 여부를 판단하고 상호간의 계약관계는 응효와 부효를 겸하여 살핀다.

• 어떤 사안을 살필 때 점치려는 사안보다 더 급한 일이 있으면 神은 그 급안 사안을 먼저 알려주는 것이니, 선후의 판단에 오류가 없도록 잘 살펴야 한다.

• 매도인의 점을 칠때는 세효가 매도인이 되고 응효가 매수인이 되며 매수인의 점일 때는 세효가 매수인이 되고 응효가 매도

인이 된다. 따라서 세효와 응효가 상생상합되면 매매가 이루어지고 공상묘절되면 매매가 이루어지지 않는 것이다.

• 재효가 동하여 부효로 변하거나 부효가 동하여 재효로 변하면 매매가 이루어지고, 응효가 동하여 재효로 변하면 계약이 파기된다. 또한 극함도 이와 같다.

• 가옥과 계약서는 부효가 용신이 되고 원신은 관효가 됨으로 부효와 관효가 왕상하면 길하고 공상묘절이면 흉하다.

• 초효가 부효로 일진과 비화되면 땅의 매매건이고, 택효가 부효로 일진과 비화되면 집의 매매건이다.

• 세효와 응효가 상생상합되면 매매가 성사되고, 서로가 충극되면 매매가 이루어지지 않지만, 간효가 동하여 통관이 되면 중재자가 나서서 매매를 성사시킨다.

• 세효와 응효가 같이 공망이면 상호간에 매매의사가 없는 것이다.

• 초효와 가택효가 공망으로 입묘되거나 겁살이 동거하면 저당 잡힌 집이고, 왕상한 관효가 부효를 생하면 과다한 담보로 인하여 법적인 문제가 생긴다.

• 육합괘는 일이 순조롭게 진행되는 것으로 길하고 육충괘는 일의 장애가 있는 것이다. 또한 충중봉합은 결과적으로 일이 성사되는 것이며 합처봉충은 일이 안되고 깨지는 것이다.

사례1]

■ 申月, 丙戌日, 午未空亡

천지비→ 택지췌(乾金宮)	
父 未 ∙ 父 戌 ╱ 應	青
兄 申 ∣	玄
官 午 ∙ ∣	白
財 卯 ∥ 世	蛇
官 巳 ∥	句
父 未 ∙ ∥ 孫 子(伏)	朱

• 집이 언제 매매가 될까요?

• 세효가 재(卯)에 지세하여 육합괘가 되었다. 매매가 성사될 것이다. 하지만 현재는 응효 부(戌)가 동해 부(未)를 화출하여 공망이 되었고 관(巳)이 일진(戌)에 입묘되어 사려는 사람이 없다. 또한 세효 재(卯)가 월(申)과 일(戌)에 휴수되어 쇠약하니 빨리 매매를 하여야 한다면 손해를 봐야 할것이니 복신 손이 (子)출공하여 세효 재(卯)를 생하거나 왕상해지는 때를 기다려야 할 것이다.

사례 2]

■ 丑月, 癸丑日, 寅卯空亡

풍화가인→ 풍산점(巽木宮)	
兄 卯 ∣	白
孫 巳 ∣ 應	蛇
財 未 ∥	句
父 亥 ∣ 官 酉(伏)	朱
財 丑 ∥ 世	青
財 辰 兄 卯 ╱	玄

• 현재 운영중인 가게를 매매하려고 한다. 좋은 가격에 팔릴까?

• 세효가 財(丑)에 지세하였고 월(丑)과 일(丑)에서 생을 받아 왕상하다. 가게를 사려는 상대방 응효 또한 손(巳)에 지세하여 세효를 생한다. 서로 좋

은 입장에서 매매가 이루어 질것이다. 다만 형(卯)이 동해 재(辰)를 화출하여 부(亥)를 극하니 계약은 복신 관(酉)이 출공하는 酉일이 되어야 될 것이다.

사례3]

■ 未月, 庚戌日, 寅卯空亡

```
산지박 → 산뢰이 (乾金宮)
財  ·寅 |            蛇
孫   子 || 世 兄 申(伏)  句
父   戌 ||            朱
財  ·卯 ||            靑
官   巳 || 應          玄
孫 子 父 未 ㄨ         白
```

· 사정이 어려워 가지고 있는 자동차를 팔려고 한다. 좋은 가격에 매매가 될까?

· 세효가 손(子)에 지세하였으나 월(未)과 일(戌)에 극을 받아 쇠약하다. 또한 용신 부(未)가 동해 손(子)이 화출되어 세효를 극할 뿐 아니라 재(寅)가 공망이니 매우 어렵고 곤궁할 것이다. 따라서 나의 재(寅)를 생하는 손(子)이 왕상해지는 子일 매매를 하는 것이 좋을 것이다.

사례4]

■ 申月, 癸丑日, 寅卯空亡

· 시골에 있는 땅을 매매하려 한다. 좋은 가격에 매매가 될까?

풍뢰익 → 천화동인(巽木宮)		
兄 卯 ㅣ 應		白蛇
孫 巳 ㅣ		蛇
孫 午 財 未 ‖		句
父 亥 財 辰 ‖ 世 官 酉(伏)		朱
兄 寅 ‖		靑
父 子 ㅣ		玄

• 세효가 재(辰)가 지세하고 동하여 부(亥)를 화출 하였으나 회두극 당하였다. 또한 매매 당사자인 응효 형(卯)이 공망이 되어 세효를 극한다. 매매가 이루어지지 않을 뿐아니라 혹 해를 입을까. 두렵다.

16. 시험점(試驗占)

> • 시험점에서는 본인점, 대점을 불문하고 부효(공부나 스승)를 용신으로 한다. 그리고 관효(학교, 회사, 관청)는 시험의 주최자로서 부효의 원신이 된다. 부효와 관효가 모두 왕상해야 한다.

• 시험점에서 관직을 원할 경우는 부효와 관효가 모두 왕상해야 한다. 만일 하나만 왕하고 하나는 극하면 시험에 떨어진다. 만약 세효가 동하여 관효가 되고 관효가 세효를 극하면 회두극이 되어 공부한 것이 허사가 된다.

• 대점(부모가 자손의 시험의 합격 여부를 보는 경우)의 경우에는 부효를 용신으로 하고 관효를 원신으로 하여 판단하는데 이때 부효가 왕상함이 길하다. 그러나 부효가 동하는 것은 괘상에 부모의 사생활이 되어 자손의 시험점에서는 자손의 신수점을 반드시 같이 보아야 한다. 재점하여 자손의 신수점에 손효가 휴수충극 된다고 한다면 부모의 사생활에 관한것이므로 자손의 앞날에 변화가 예상된다. 예를들어 학교나 전공 등과 휴학의 여부 등이 예상됨으로 살펴 보아야 한다. 그러나 손효가 유기하여 상해됨이 없으면 괘상이 부모의 일이 아닌 자손의 일이 된다.

• 부효가 유기하고 유정하면 우수한 성적으로 시험에 합격하고, 부효가 유기하나 공상됨이 있으면 공상됨이 벗어나는 때 성취하게 된다. 만약 쇠약한 부효가 길하게 변하거나 육충괘가 육

합괘로 변하면 그만 두었다가도 작심하고 다시 시작하게 된다. 하지만 쇠약한 부효가 공상이 되고 회두극이나 퇴신이 되거나 재효가 지세하고 육합괘가 육충괘로 변하면 중도하차 하게됨으로 진로를 변경함도 살펴야 한다.

• 부효와 관효가 유기하여 유정하면 부왕관쇠라도 시험에 합격하고, 관효가 휴수하여 공상되고 관효가 동하여 극세하면 불합격한다. 예를 들어 국가고시 같은 경우에는 관이 쇠약하면 합격하기 어렵다.

• 재효가 부효를 극하고 손효를 관효를 극하므로 재효와 손효가 지세하거나 동하면 부효, 관효가 아무리 유기하여도 합격이 어렵다. 하지만 재효와 관효가 함께 동하여 지세하거나 생세하여 재효를 통관하면 길하다.

• 세효는 월건과 일진 그리고 동효의 관효나 부효와 합하는 것을 기뻐한다. 특히 5효가 관효일 때 생세하면 어떤 경우보다도 최우선으로 살핀다.

• 형효가 동한 가운데 월건과 일진에 생부를 받으면 시험에 합격하지만 세효가 동하여 관으로 변하고 그 관이 다시 세효를 극하는(회두극) 경우에는 관직이나 시험에서 뜻을 이루기 어렵다.

• 세효, 부효, 관효가 삼합으로 부국이나 관국을 이루면 시험에 합격하고 관직의 뜻을 이룬다. 하지만 삼합이 손국이나 손효에 지세하는 경우에는 뜻을 이루기 어렵다.

사례1]

■ 戌月, 庚子日, 辰巳空亡

```
뢰택귀매→ 진위뢰(兌金宮)
      父 戌 ‖ 應         蛇
      兄 申 ‖            句
      官 午 ∣   孫 亥(伏) 朱
      父 丑 ‖ 世         靑
   財 寅 財 卯 ╳          玄
         官 巳 ∣          白
```

• 공무원 면접시험을 보았다. 합격하겠는가?

• 세효가 부(丑)에 지세하고 월(戌)에 생을 받았고 일(子)과는 합이 되어 길하다. 다만 면접관 윗사람 응효 부(戌)가 동한 재(卯)와 합을 하고 퇴신이 되었다. 시험을 보지 않고 면접 만으로 합격 가부를 결정한다면 내정자가 있는 것으로 보아 합격하기 어려울 것이다.

사례2]

■ 酉月, 辛酉日, 子丑空亡

```
택지췌→ 진위뢰(兌金宮)
         父 未 ‖           蛇
   兄 申 兄 酉 ╳ 應          句
         孫 亥 ∣           朱
         財 卯 ‖           靑
         官 巳 ‖ 世         玄
   孫 子 父 未 ╳             白
```

• 자식이 원하는 대학에 합격할것인가?

• 세효가 관(巳)에 지세하였으나 월(酉)과 일(酉)에 휴수되어 쇠약하다. 또한 부(未)가 동하여 용신 손(子)을 화출하였으나 회두극이 되었고 공망이다. 따라서 원하는 대학에 합격

을 하기에는 실력이나 준비가 미흡하다 할 것이다.

사례3]

■ 卯月, 丙午日, 寅卯空亡

지화명이 → 산화비(坎水宮)				
孫 寅	父 酉 ⚋⚋			青
	兄 亥 ⚋⚋			玄
	官 丑 ⚋⚋	世		白
	兄 亥 ⚊		財 午 (伏)	蛇
	官 丑 ⚋⚋			句
	孫 卯 ⚊	應		朱

• 국어교사 임용시험에 합격할 수 있을까요?

• 세효가 관(丑)에 지세하여 길하나 월(卯)에 휴수되어 휴수하다. 또한 부(酉)가 동하여 손(寅)을 화출 하였으나 월파를 당하였고 절지가 되니 합격하기 어렵다. 국가 채용시험에서는 관(丑)이 월(卯)과 일(午)생을 받아 왕상하여도 부(酉)가 충극되어 세효에 도움이 되지 않으면 어렵다 할 것이다.

사례4]

화풍정 → 뢰풍항(離火宮)				
孫 戌	兄 巳 ⚊			白
	孫 未 ⚋⚋	應		蛇
	財 酉 ⚊			句
	財 酉 ⚊			朱
	官 亥 ⚊	世		青
	孫 丑 ⚋⚋		父 卯 (伏)	玄

■ 戊辰月, 壬寅日, 辰巳空亡

• 자격증 시험을 보려고 한다. 합격 할 수 있을까?

• 세효가 관(亥)에 지세하였으나 월(辰)에 입묘되었고 용신 부(卯)는 일(寅)에 생을 받았으나 복신이다. 또한 형(巳)이 동

하여 세효 관(亥)과 충하고 일(寅)과 합을 하니 충중봉합이 되었다. 그러나 충중봉합은 되었다 하더라도 세효 관(亥)과 용신 부(卯)가 복신이 되어 쇠약하니 불합격할 것이다.

사례5]

■ 未月, 乙卯日, 子丑空亡

천지비→ 택지췌(乾金宮)			
父 未	父 戌 ✗	應	玄
兄 申 ǀ			白
官 午 ǀ			蛇
財 卯 ǁ		世	句
官 巳 ǁ			朱
父 未 ǁ	孫 子(伏)		靑

• 공모전에 참가하려고 한다. 입상할 수 있을까요?

• 세효가 재(卯)에 임하고 일(卯)에 생을 받았다. 또한 응효 부(戌)가 동하여 부(未)를 화출하여 형(申)을 생하니 뛰어난 경쟁자들이 많으며 상괘에 위치한다. 그러나 세효 재(卯)와 응효 부(戌)가 합이 되고 육합괘가 되어 입상은 할 수 있을 것이다.

17. 이사점(移徙占)

> • 이사의 방위는 세효와 응효를 생하는 방향으로 함이 길하다. 세효와 응효를 극하는 방향은 흉조가 되지만 관효가 지세하면 길하다.

• 거주를 목적으로 하는 주택의 매입인과 임대차를 하여 이사를 할 경우에는 부효가 용신이 된다. 이럴 때는 부효가 동하여 세효를 극하면 흉하고 세효가 휴수무기하고 관귀가 지세하거나 극세하면 이 또한 흉하다. 세효가 관귀로 변하거나 회두극되어도 마찬가지이다.

• 이사를 할 때 육충, 반음, 유혼, 귀혼괘가 되면 이사하려고 해도 여의치 못하고 혹 이사를 하더라도 바로 또다시 이사하게 된다.

• 백호 또는 관귀나 형효가 동하면 이사로 인한 손재 또는 반목과 실시로 인한 재앙이 따르니 이사하지 않는게 좋다. 진정하거나 진발하는 것도 마찬가지이다.

• 어느 방향으로 이사를 가면 좋은가는 택지의 문제로 지리적인 길흉을 보는 것인데 이때는 용신을 세효로 하여 왕쇠를 살펴보는 것이다.

• 지금 사는 집은 내괘이고 이사 갈 집은 외괘인데 내괘가 외괘를 극하면 세효의 왕쇠를 잘 살펴야 한다. 이사를 가지 말고

지금 집에 사는 것이 좋다. 만약 반대의 경우라면 이사를 가는 것이 길하다.

- 내괘의 부효나 가택효가 동하면 이사를 가게 되는데 이때 가택효가 암동이 되면 자의가 아닌 타의에 의해 이사를 하게 된다.

- 부효나 가택효가 동하여 퇴신이 되거나 반음, 복음이 되면 이사를 가기 어렵다. 이사를 가게 된다면 곧 다시 이사를 하게 된다.

- 이사점에서 형효가 동하면 구설수와 손재수가 있고 손효가 동하면 기쁘고 경사스러운 일이 있지만 남편에게 흉사가 있을 수 있고 재효가 동하면 부모에게 근심스러운 일이 생기고 가옥에 문제가 생긴다.

- 관효가 동하면 관재와 질병의 일이 생기고, 부효가 동하면 고단한 일이 생기거나 자식에게 흉사가 있을 수 있다.

18. 평생점(平生占)

> • 세효에 관귀가 임하고 일진에 입묘되면 일생에 질병에 시달리고 관재와 재액이 따르고 세효가 일진에 충을 만나면 흉한데 월파를 만나면 더욱 흉하다.

• 평생점에 육수에 대한 상의

청룡(靑龍)	주작(朱雀)	구진(句陳)	등사(螣蛇)	백호(白虎)	현무(玄武)
외유내강, 총명, 낭만, 주색	불같은 성격, 화술이 좋음	어리석음 우둔함	방탕, 사치, 게으름, 허욕	용맹, 횡폭, 횡액, 지기싫어함	간계, 거짓, 도벽, 음험

• 육친별 지세에 따른 통변

육친	통변
부효지세	평생 어려움이 많다.
관효지세	일생 질병에 시달림 또는 출세하여 귀하게 됨
형효지세	재물이 모이지 않고 처궁이 좋지않다.
손효지세	덕망있고 의식이 풍부하다.
재효지세	금전이 따르고 경영이 순탄하다

• 왕한 부효가 세효를 생하면 조상과 윗사람의 사랑이 있고 손효가 세효를 생하면 자식과 아랫사람의 덕이 있으며, 재효가 세효를 생하면 처재의 복이 있고, 관효가 세효를 생하면 귀인

과 공인의 도움을 받는다.

• 세효가 왕상하고 동하면 자수성가 하고 세효가 지효(地爻)의 생부를 받아 왕하면 인덕이 많은 것이며, 세효가 태세와 월건의 충극을 받으면 윗사람의 덕이 없고, 재효가 지효의 생부로 왕해지면 상업쪽이고 관효와 부효가 함께 왕상하면 학문쪽으로 출세한다. 만약 세효와 命이 휴수한데 왕한 관귀효가 세를 극하면 단명한다.

• 여자는 관효로 남편을 삼으니 관효가 왕상해야 남편의 덕이 있고 공망을 만나면 평생 해로 하기 어렵다. 만약 관효가 휴수무기 하고 등사나 구진이 임하면 어리석고 무능한 남편을 만난다.

附 錄

육효(六爻)의 십팔문답(十八問答)

십팔문답(十八問答)

제1문 삼전극(三傳剋)

- 문 : 삼전극이란 무엇입니까?

- 답 : 연월일이 세나 용신을 극하는 것으로 만사가 이루어지지 않는 것이다.

- 문 : 一爻는 생하고 一爻는 극하면 어떻게 됩니까?

- 답 : 탐생망극이니 무방하다. 一爻는 생하고 一爻는 극하는 가운데 변효가 또 극하면 좋지 않다.

- 문 : 월이 극하는 것과 일이 극하는 것은 어떻게 달리 봐야 하는 것입니까?

- 답 : 動한 一爻는 극하고 動한 一爻는 생하면 무해하다.

▌辰월 丙申일 아우의 병점

점하여 보니 이 점은 형이 아우의 점을 한 것으로 형제가 용신이 된다. 월건이 亥수 형제를 극하였고 신일 亥수 형제를 생하며, 申금이 사효에서 동하여 亥수를 생하니 당일 酉시에 명의를 만나 亥일에 완치 될 것이다. 과연 그렇게 되었다.

▮午월 丁未일 형제가 소송을 당한 사건

점하여 보니 酉금 형제가 용신이 된다. 월에서 극하고 일에서 생함은 무해하지만 午화가 동하여 酉금형제를 극하였고 酉금형제의 동효가 변하여 申금형제가 퇴신이 되니, 午년 申월이 되면 중형을 입을 것이다. 午월에 金이 휴수되나 申월이 되면 金이 왕상하여 응하게 된다. 고서에 말하기를 「休囚者는 來旺而」라 하였다.

▮午월 戊辰일 자매가 임신을 하였는데 그 길흉이 어떠한가?

점을 하여 보니 酉금 형제가 용신이 된다. 月이 극하고 日이 생함은 무해하다. 일진이 합하여 다음날 卯시에 출산을 하겠고 모자가 모두 평안 할 것이다. 일진 酉금이 세효에 合이 되면 반드시 冲하는 시간에 일이 이루어지게 된다. 또한 괘가 內괘의 卯와 外괘의 酉가 冲剋하는데 일진이 酉금 세효와 合이 되어 卯시애 일이 이루어지는 것이다. 황금부에 말하기를 「合待冲이요 冲待合이라」 하였다.

▮巳월 乙未일 스스로 친 본인의 병점

점을 하여보니 未토가 動하였으나 酉금도 動하여 未토가 탐생하였고, 亥수 세효를 극하지 않았고 오히려 酉금이 생을 하였다. 처음에는 凶하지만 이후에는 吉할 것이다. 하지만 四月이 되면 絕이 되어 휴수된 亥수가 월파되고 일진이 극하니 大凶할 것이다. 그 이후에는 卯일에 酉금을 冲하니 원신이 깨져서 기신이 극하게 됨으로 卯일에 사망하였다.

■ 申월 戊子일 분묘점

점하여 보니 일진 손효에 지세하고 월건이 생하였고 육수 청룡이 임하니 수가 좌로 혈을 둘러싼다. 반드시 근처에 큰물이 있을 것이며 큰 물줄기가 될 것이다. 또한 백호가 묘목에 임하니 子,卯,寅중에 생하고 재효에 임하여 장애가 될 것은 없을 것이다. 응효가 조산이 되고 화에 속하니 세효가 극함을 입었으므로 조산이 높이 않고 무토가 대안이 되어 토가 세를 극하기는 하지만 높지 않아 해가 되지 않는다. 내점자가 말하기를 점을 친 결과가 과연 대동소이하다 하였고 장례후에 삼년이 못되어 아들 둘이 과거에 갑등으로 등관하였다.

제2문 회두극(回頭剋)

- 문 : 무엇을 회두극이라고 합니까? 또 吉凶은 어떠한 것입니까?

- 답 : 土효가 동하므로 木효로 변하여 화출되고, 木효가 金으로 변하며 金효가 火효로 변하고, 또 火효가 水효

로 변하고 水효가 土효로 변화 되는 것을 회두극 이라 한다. 忌神과 仇神이 회두극되면 吉하고 원신과 용신이 회두극 되면 萬事가 이루어지지 않으니 凶하다.

■ 卯월 癸亥일 집안 사람들이 모두 평안 할 것인가?

점하여 보니 신금 자손이 지세하고 동하여 오화가 되니 회두극이 되어 본인과 자손이 극을 받는 상이다. 또한 자수 재효가 동하여 술토를 화출하니 회두극이라 처재가 극을 받으니 일가 모두가 극해를 입게 될 것이다. 이후에 오월 화왕절이 되니 왕한 화가 무토를 생하고 신금을 극하니 자수 재효에 월파가 되어 일가에 많은 식구가 회두극을 입어 사망하였다.

■ 寅월 申酉일 점포를 열어도 되겠는가?

점하여 보니 세효가 인목에 있고 목왕절이 되니 점포를 열게 될 것이다. 하지만 일진이 세를 극하고 세효가 동하여 회두극이 되니 질병을 조심해야 된다고 하였다. 또한 미월에 세가 입묘하면 우환이 있을 것이다. 이후 미월이 되어 질병으로 인하여 고통을 받았고 유월에 금왕절이 되어 세효가 극제되니 점포에서 상품을 도난 당하였다.

제3문 용신(用神)과 원신(原神)

• 문 : 용신을 생하는 것이 원신이고 길함을 주관하는 것이지만 길中에도 흉함이 있을 수 있습니까?

• 답 : 원신이 동하여 용신을 생하면 길하지만 만약에 원신이 순공이거나 쇠약하거나 복신이 나타나지 않으면 출공하거나 왕해지는 때가 되어야 만사가 이루어지게 된다.

　용신은 왕하지만 원신이 휴수가 된다든지 혹은 동하여 변효의 극을 받는다든지 節, 庫, 藏이 되든지 월파나 일충이 되든지 기신과 구신이 원신을 극하고 월건과 일진에서 상극이 되거나 변하여 퇴신이 되거나 하여 용신을 생하지 못하면 용신이 깨지고 상하여 이익이 없을뿐 아니라 대흉이 된다.

제4문 삼합팔괘성국(三合八卦成局)

• 문 : 삼합팔괘성국은 어떻게 판단해야 합니까?

• 답 : 원신과 용신이 국을 이루면 길하고 구신과 기신이 국이 되면 흉한 것이다. 삼효가 제발하여 용신국을 이루면 반드시 일효는 용신이 되며, 원신이 합하여 국을 이루면 그중 일효가 원신이 되고, 구기신이 합하여 국

을 이루면 그중 일효는 반드시 구기신이 되니 그 일효를 중심으로 병폐의 길흉을 판단하게 되기 때문이다.

정효가 일충이 되면 이것을 암동이라 하고 동효가 공망이거나 월건이나 일진을 충하면 이를 實이라고 한다. 공망이 충을 만나면 공망이 출공하기 때문이다. 삼합국에 일효는 정하고 이효는 동하면 정효로써 일의 성사 여부를 판단하고 정효가 생왕하거나 월건과 일진에 생을 받으면 일이 이루어지게 되는 것이다.

삼합국 중에 일효가 정하여 순공이 되거나 혹은 동하여 내외 양국이 되면 때를 기다려 출공되는 날에 길흉을 판단하게 된다. 정하여 합이 되거나 동하여 합이 되면 충되는 날에 길흉이 응하게 된다. 변하여 절이 되거나 일진에 절이 되면 생하는 날에 일을 성취하게 된다.

제5문 반음(反吟)

- 문 : 반음이 되면 흉한데 흉한 것의 경중을 구별하는 방법이 있습니까?

- 답 : 반음괘는 용신이 충극으로 변하지 않는한은 반음일지라도 일은 이루어지는 것이다. 하지만 용신이 충으로 변하면서 극을 받을 때는 대흉하다.

제6문 복음(伏吟)

- 문 : 복음의 길흉은 어떻게 판단해야 합니까?

- 답 : 내괘 복음은 본인 안에서 이익이 없고 외괘 복음은 밖에서 이익이 되지 않는다. 복음은 모든 점에서 좋지 못한 징조이니 동하였으나 동하지 않은 것만 못하고 괴로움에 연속이 될 수 있다. 관에 있으면 벼슬길이 좋지 않고 재수점에는 재수가 따르지 않으며 가택점에는 이사를 하고자 해도 하지 못하고 그대로 살게 되며 오래된 병이 낫지 않으며 혼인에는 성사가 되지 않고 흉하다. 밖에 나간 사람에게는 괴로운 근심이 생기고 출행에도 이익이 되지 않는다. 이렇듯 내괘 복음은 다른 사람에 의하여 지키지도 이루지도 못한다. 길흉을 알고자 한다면 용신의 생극을 잘 살펴 화복을 판단하여야 한다.

제7문 순공(旬空)

- 문 : 효가 순공(공망)이 되면 어떻게 판단해야 하는지요?

- 답 : 극함만 있고 생함이 없으면 바르고 올바른 공망이 되고, 극함이 없으면 출공되는 때에 뜻을 이루게 된다. 괘효가 흉한 것은 용신효가 순공망이 되는 것이고, 용신효가 기신이 되면 순공망이 되는 것이 吉하다.

제8문 월파(月破)

- 문 : 월파는 어떻게 판단하는 것입니까?

- 답 : 모든 하늘의 기는 월에 임하는 것으로 화복에 근본이 된다. 동하여 생함이 있으면 월파가 되지 않고, 파에서 나오는 때에 일을 이루게 될 것이다. 합하고 파가 되는 법은 극에 있고 생조함이 함께 있지 않으면 이는 올바른 공망 되는 것이 아니다.

제9문 복신(伏神)

- 문 : 용신이 발현하지 않았을 경우 복신이 어떤 효에는 있고 어떤 효에는 있지 않으면 복신이 나타나는 효의 위치에 따라 어떻게 판단해야 하는지요?

- 답 : 복신이 나타남은 유용하게 나타나는 복신과 쓸모없는 복신이 있다. 유용한 복신이란 네 가지가 있으니 첫 번째는 월권과 일진이 생조하는 효와 비신이 생하고 동효가 생하는 경우, 둘째는 월건과 일진이 동한 비신을 충하는 경우, 세 번째는 일진에 비신이 공망이나 월파가 되는 경우, 네 번째는 휴수하고 묘절이 되는 경우 등 네 가지가 유용한 경우이다.

　　복신이 쓸모 없는 경우가 네 가지가 있으니 첫 번째

는 복신이 있기는 하지만 무기하고 파극되는 경우 둘째는 비신이 왕상하여 월건과 일진이 비신을 생조하여 복신을 극해하는 경우, 셋째는 복신이 월건과 일진이 비효에 절이 되는 경우, 넷째는 복신이 휴수되고 공망이 되거나 월파 되는 경우이다. 이 네 가지는 복신이라도 없는 것과 다름이 없으며 복신이 공망이 될 때 생왕해지고 출공하게 되는 때, 일을 이루게 된다.

제10문 진신(進神)과 퇴신(退神)

- 문 : 진진과 퇴신은 동효가 변하여 된것인데 이것의 길흉은 어떠합니까?

- 답 : 길신은 동해서 화출하여 순행함을 기뻐하고, 기신은 동해서 화출하여 역행함을 기뻐한다. 진신과 퇴신의 방법에는 가가 세 가지가 있는데 진신의 방법이란, 첫째 왕상하여 그 세를 얻어 진신하는 것이고, 둘째는 휴수된 경우 왕함을 기달려 진신하는 경우이고, 세 번째는 동효에서 어느 한효가 공파충합 되었을 경우 일파된 경우는 합이 되고, 합이 된 경우는 충이 될 때, 공파될 때는 출공출파 되는 경우이다. 이 세 가지 경우를 진신이라 한다. 또한 퇴신의 방법이란 첫째 월건과 일진이 동효에서 생부하는 경우, 둘째는 휴수 되었을 때 이고, 셋째는 동효나 변효가 효중에 휴수하거나

공파되어 합이 될 때를 기다리는 경우등 세가지를 퇴신이라고 한다.

제11문 충중봉합(冲中逢合)과 합처봉충(合處逢冲)

- 문 : 충중에 합이 되거나 합중에 충이 되는 경우는 어떻게 판단해야 합니까?

- 답 : 합은 취하는 것이고 충은 흩어져야 하는 것이다. 충중에 합이 되는 것은 먼저 길하고 나중에 흉이 되는 것이요, 합중에 충이 되는 것은 먼저는 길하나 나중에는 흉하게 되는 것이다.

제12문 사생(四生) 사묘(四墓) 사절(四絶)

- 문 : 사생 사묘 사절의 흉함은 어떻게 판단해야 합니까?

- 답 : 사생, 사묘, 사절 세 가지가 있으니, 사생 사묘 사절을 하는것은 일진이요, 사생 사묘 사절을 하는것은 비신이고, 동하여 변효로 화출한 효로부터 사생하고 사묘하고 사절한다

제13문 육충(六冲)과 육합(六合)

- 문 : 육충과 육합은 어떻게 판단하는 것입니까?

- 답 : 기신이나 흉한 것은 충함이 올바른 것이고, 희신이나 길한 것은 충함이 좋지 않다. 하지만 병점에 근병은 육합이 되면 사망하게 되고, 오래된 병에는 육충이 되면 사망하게 된다. 육충괘가 일진과 용신이 합이 되거나 변효가 일진과 합이되면 충중봉합이 되어 결국에는 길하게 되고, 기신 충되고 용신이 합이되면 흉합을 제거하고 길하게 되는 것이며 용신이 충되고, 기신이 합이되면 흉함만이 남아 해가 되는 것이다.

제14문 삼형(三刑)과 육해(六害)

- 문 : 삼형육해는 어떻게 판단하는 것입니까?

- 답 : 인사신이 모두 만나면 삼형이고, 子卯나 午酉가 서로 만나면 자형이고, 丑戌未가 모두 만나면 삼형이고 辰午와 酉亥는 환자형이라고 한다. 삼형은 용신이 휴수되고 타효의 극으로 삼형이 되면 주로 재액을 당하게 된다. 괘중에 형이 용신을 상하게 하지 않고 생부되면 흉이 되지 않는다. 또한 육해는 위험하지 않음으로 육효에서는 보지 않는다.

제15문 독정(獨靜)과 독발(獨發)

- 문 : 독정과 독발은 어떻게 판단하는 것입니까?

- 답 : 5개의 효가 동하고 1개의 효가 정한 것을 독정이라고 하고, 5개의 효가 정하고 한 개의 효만이 동한 것을 독발이라고 한다. 괘중에 한 개의 효가 동하고 한 개의 효가 일진에 충을 만나는 경우는 독발이라고 하지 않으니, 독정독발이 없는 괘효의 일의 성패는 용신에 의하여 결정이 되는 것이다. 이때 용신을 버리고 판단하는 것은 잘못된 판단이다.

제16문 진정(盡靜)과 진발(盡發)

- 문 : 진정과 진발은 어떻게 판단하는 것입니까?

- 답 : 여섯 개의 효가 안정되면 봄에 꽃이 피는 것과 같이 아름다우니 사람으로서는 그 신묘함을 알아 보기가 어렵다. 비와 서리가 만물을 키움과 같은데 진발하면 꽃이 광풍을 만난 것과 같아서 부서지고 깨지게 되는 바 정한자는 아름답고 동한자는 항상 불안한 것이다.

제17문 용신다현(用神多現)

- 문 : 용신이 여러개 나타난 경우는 어떤 용신을 삼아야 합니까?

- 답 : 월파가 된다면 효를 용신으로 삼아야 하고 월파 되지 않은 효는 버린다. 순공된 효는 사용하고 순공되지 않은 효는 버리고 여섯 개의 효가 모두 안정되면 일월의 효를 용신으로 판단한다.

제18문 성심장(誠心章)

- 문 : 점을 치는 사람은 성심으로 판단하여야 한다고 합니다. 점친 자가 밝고 바르게 증험하지 않음(不驗)이란 어떠한 것입니까?

- 답 : 증험의 연고라는 것은 점을 친 자에게 있고 판단하는 자에게 있는 것은 아니다. 점을 친자가 성심으로 하되 비밀스러운 것을 어렵게 말한 것을 밝고 바르게 판단하지 못하는 경우도 있는데 이를 말한다.

參考文獻

- 육효학 관련저서 -

- 소백, 「역학강의록」

- 도은 정화, 「40일만에 완성하는 육효학」, 우신출판사, 2009

- 자중 최대환, 「육효학 정해」, 청학출판사, 2008

- 자중 최대환, 「육효365」, 청화학술원, 2010

- 경방, 「경씨역전」.찬주 최정준, 비움과소통, 2016

- 김용근/노응근, 「이것이 귀신도 곡하는 점술이다」, 안암문화사, 2014

- 신산 김용연, 「신산 육효학정해」, 안암문화사, 2015

- 정규련, 「매화심역강론」, 에드택, 2000

- 김우제 심우열, 「복서정종」, 명문당, 1991

- 추송학, 「증산복역」, 생활문화사, 1982

- 역경관련 -

- 유효군, 「주역과술수역학」, 임채우, 동과서, 2017

- 주싱, 「그림으로 풀어쓴 역경」, 고광민, 김영사, 2018

- 김석진, 「주역점해」, 대유학당, 1994

- 논문류 -

- 이기선, 「경방역의 구성체계와 응용에 관한 연구」, 원광대학교대학원 박사논문, 2015

- 황용호, 「경방역의 사유와 우주관 연구」, 동방문화대학원대학교 박사논문, 2016

- 윤태현, 「경방역의 연구」, 동국대학교대학원 박사논문, 1999

- 양형민, 「복서정종 연구」, 공주대학교대학원 석사논문, 2009

- 윤세현, 「육효학 이론의 역학적 기반에 관한 고찰」, 공주대학교대학원 박사논문, 2020

뒷담화

역학인이 삶을 바라보는 지혜와 용기

"화살을 열 번 날려 과녁에 맞추기는 어렵다. 백 번 날려 다 맞추기는 정말 어렵다. 그러나 그보다 더 어려운 것은 우리 삶에 비참한 현실을 정직하게 바라보는 것이다.

『붓다의 치명적 농담』한형조

한국의 사주 명리학 이론의 총서!

현정 신수훈 선생님의 진여명리강론
시리즈 전 5권 안내!

진여명리강론 시리즈는 현정 신수훈 선생님이 한평생 연구한 사주명리학 총서로 韓·中·日의 그 어떤 명리서 보다도 우수한 실전 사주 명리학 이론 및 통변 총서이다. 모두 전 5권으로 구성되어 있다.

제1권: 기본 이론
사주명리학 연구에 필요한 기본 이론부터 용신론의 왕법인 조후론에 이르기까지 상세한 설명과 역학자가 갖추어야 할 동양학 전반의 지식을 쌓도록 했다.

제2권: 간지론
천간지지에 감춰진 자연과 사물의 물상적 의미와 天干:天干, 天干:地支, 地支:地支등 각 대응 비결인 물상론 정수를 숨김없이 공개하였다.

제3권: 격국용신과 진여비결
명리학의 중요한 격국 용신의 정수를 통변술로 연계하여 실전에 최대한 활용할 수 있도록 하며, 모든 명리학자들의 숙원인 진여비결의 형성과 응용법을 공개했다.

제4권: 격국 연구와 통변론
편저자가 40년 간 내방객을 상담하면서 받아 온 예상 질문과 그 해법 대부분을 명리학의 격국, 육신, 신살을 통한 통변 비결을 숨김 없이 공개했다.

제5권: 종합통변론
5권에는 1~4권 전체의 이론과 미쳐 수록되지 못한 통변 비결을 전부 공개하고 실전 통변 사례를 통해 학습하도록 한 사주 명리학 종합 통변술의 종결판이다.

◆ 각 권 50,000 원
◆ 주 문 : 전국 인터넷 서점 및 부산 영광도서
◆ 출판사 창조명리 053-767-8788

오로지 실전 통변으로 통하는 현장 술사들의 필독서!

설진관 명리학 야학신결(野學神訣)

'설진관 명리학 야학신결(野學神訣)'은 1990년대부터 부산의 명리학자들 사이에 고급 통변술 강의로 유명했던 설진관 선생님의 강의록이다. 그간에 여기저기 암암리에 거래되었던 설진관 선생님의 강의 육성 녹음 파일과 노트 등이 정리된 명리학 통변 교과서이다.

윤경선

- 1955년 경남 마산 출생
- 在野 동양역학 및 인문학연구가
- 현보철학역학원운영
  (부산) 010-5555-5028
- 현장술사 역학연구회 운영위원

김초희

- 1966년 대구 출생
- 동양학전공
- 진관역학회 정회원
- 출판사 창조명리 대표
  www.창조명리co.kr
  (대구)053-767-8788

김재근

- 1973년 경북영양 출생
- 동양학전공
- 김재근 철학역학원 운영
  (부산)010-8796-8916
- 현장술사 역학연구회 운영위원

조소민

- 1975년 부산 출생
- 교육심리학 박사과정 수료
- 대운철학연구원운영
  (부산)010-8020-4544

◈ 정 가 38,000 원
◈ 주 문 : 전국 인터넷 서점 및 부산 영광도서
◈ 출판사 창조명리 053-767-8788

사주명리학 대가들의 숨겨온 秘法
[인연법] '진여비결' 해설서 출간

편저자: 설진관 (在野 역학연구가, 법학석사)

인연법 眞如秘訣 解說

-궁합, 연애, 사업, 부모 자식등 인연관계 해설집
-**진여비결**은 명리학자들 사이에 **배우자 인연법, 부부 인연법, 처자 인연법, 박도사 인연법**등 다양한 이름으로 단 7~20개 정도만 공개되어 있고 그마저도 고액에 거래되던 명리학자들이 가장 알고 싶어했던 비결이다. 그간 베일에 쌓여 있던 신수훈 선생님의 **진여비결 46개를 모두 공개하였다.**

辛 辛 辛 癸 (乾) 己
卯 未 酉 未   丑

※ 辛未日에 癸未年이라 未가 두자로 冲하는 己丑生이 처다. 財庫를 열어야 하기 때문이다.

예시) 사주 명리학과 인연법 진여비결해설 278쪽

薛 註 年支와 日支에 未土가 2개이니 冲하는 丑을 따라갑니다. 또 天干에 보면 辛金이 2개 이상이 있으니 丙火도 因緣이 될 수 있습니다. 가까이 있는 丙戌生도 가능합니다.

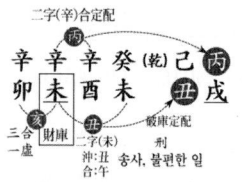

①己丑生과 丙戌生을 비교해 보니
②丙戌生은 戌未刑이 되니 곤란하지만
③己丑生은 丑未冲으로 財庫를 열어 주므로 상대적으로 이익이 크다고 볼 수 있습니다.

◆ 정 가 38,000 원
◆ 주 문 : 전국 인터넷 서점 및 부산 영광도서
◆ 출판사 창조명리 053-767-8788

사주 명리학 고수들이
숨겨온 인연법 秘訣

사주 명리학과 인연법
진여비결 해설

선천에서 타고난 나의 인연은 누구인가?

진여비결은 타고난 인연을 추리하는 비결로,
우리나라 최고의 명리학자 현정 신수훈 선생님께서
한평생 연구한 명리학의 백미이며
이를 완전히 구사하는 이가 드문 고수의 비결이다.

부산의 설진관 선생님이 진여비결 46개 공식
전체를 전수받아 이 한 권의 책에
핵심 이론을 자세히 풀어냈다.

이 책 사주 명리학과 인연법 진여비결 해설은
세인들을 행복의 길로 안내하는 나침반이다.

실용육효학

정가 33,000원

초 판 인 쇄 : 2022. 2. 21.	초 판 발 행 : 2022. 3. 2.
편 저 자 : 박재범, 고윤상	표 지 그 림 : 권은희
편집디자인 : 이주란	교 정 : 김초희
발 행 인 : 김초희	펴 낸 곳 : 창조명리

주   소 : 대구 남구 희망로 5길 12 대성유니드 105동 302호
출판사신고번호 : 제2016-000010호
전   화 : 053-767-8788
팩   스 : 053-471-8788
홈 페 이 지 : www.cjmyeonglee.co.kr
             changjomyeonglee.itrocks.kr
도 서 주 문 : cjmyeongleebook.com
이 메 일 : tiger9100@hanmail.net
ISBN 979-11-977894-0-3[03180]

- 이 책의 무단 전제 또는 복제 행위는 저작권법 제98조에 의거 5년 이하의 징역 또는 5,000만 원 이하의 벌금에 처하거나 이를 병과 할 수 있습니다.
- 잘못된 책은 바꿔 드립니다.
- 본문 중 KBIZ한마음명조체로 사용되었습니다.